Q&A
監査等委員会
設置会社の
実務

第2版

弁護士
太子堂厚子 [著]

商事法務

第 2 版はしがき

2015 年 5 月 1 日施行の改正会社法により監査等委員会設置会社が導入されてから 6 年余が経過し、監査等委員会設置会社に移行した東証上場会社は、全体の 3 割超に上っている。

本書は、2015 年 4 月に刊行された『Q&A 監査等委員会設置会社・社外取締役の実務』の後継書であり、監査等委員会設置会社への移行を検討し、あるいは、移行済みの企業にとって、具体的かつ実務的な指針となる座右の書として活用頂くことを目指したものである。幸いなことに、本書は多くの法務担当者の方等の手に取って頂くことができ、読者の方から、本書を手に監査等委員会設置会社への円滑な移行をすることができた等の複数のお声を寄せて頂いたことは、筆者にとって望外の喜びであった。

第 2 版の執筆に当たっては、初版刊行後の実務の集積や議論等を盛り込む形で、新たな QA や書式等を追加するとともに、2021 年 3 月 1 日施行の令和元年改正会社法や 2021 年 6 月に上場会社に適用されたコーポレートガバナンス・コードの改訂にも対応している。本書が、読者の方の実務対応の一助となることを願ってやまない。

なお、本書の記載中、意見にわたる部分は、すべて筆者の個人的な見解であって、筆者の属する法律事務所の見解ではない。

最後に、本書の編纂・刊行について貴重なご助言と多大なるご尽力を頂いた株式会社商事法務の井上友樹氏、木村太紀氏、本書執筆のためのデータ収集や校正作業を手伝って頂いた秘書の高橋佳与さんをはじめ、ご協力いただいた方々に、この場をかりて心より厚く御礼を申し上げる。

2021 年 7 月

森・濱田松本法律事務所

弁護士　太子堂　厚子

初版はしがき

平成 27 年 5 月 1 日施行の改正会社法により新たに導入された監査等委員会設置会社への移行を表明する上場会社は、平成 28 年 2 月をもって全上場会社の約 1 割を超えている。制度導入の初年度における移行の出足は非常によかったといえ、今後も、多くの移行が見込まれる。

改正会社法の施行初年度から、監査等委員会設置会社への移行表明企業が相当数に上ったのは、近年の上場会社のコーポレート・ガバナンスを巡る大きなうねりの中、独立社外取締役の複数選任が求められ、あるいは、経営のグローバル化の進展等を背景に経営上の意思決定のスピード感が求められる環境にあって、監査等委員会設置会社制度が、我が国の上場会社に対する 1 つの合理的な選択肢を提供するものであったことによると思われる。

本書は、平成 27 年 4 月に刊行された『Q&A 監査等委員会設置会社・社外取締役の実務』の後継書であり、前書の内容のうち、監査等委員会設置会社に関する部分を取り出し、大幅に加筆修正したものである。改正会社法の施行に伴い、実際の監査等委員会設置会社への移行企業に関する実務が多く集積する中で、新たに明らかになった問題意識や論点を盛り込むとともに、書式・記載例等も追加している。また、引き続き、企業の実務対応の参考となるよう、可能な限りわかりやすく、具体的な解説を心がけた。

本書が、監査等委員会設置会社への移行を検討し、あるいは、移行済みの企業にとって、座右の書として実務対応の一助となれば幸いである。なお、本書の記載中、意見にわたる部分は、すべて筆者の個人的な見解であって、筆者の属する法律事務所の見解ではない。

最後に、前書から引き続き、本書の編纂・刊行に忍耐力をもって多大なるご尽力をいただいた株式会社商事法務の岩佐智樹氏、水石曜一郎氏、また、本書の刊行に当たり有益な助言をいただいた澤口実弁護士、石井裕介弁護士、内田修平弁護士、渡辺邦広弁護士のほか筆者の属する法律事務所の同僚の弁護士、校正作業を手伝っていただいた秘書の高橋佳与

さんその他のスタッフの方をはじめ、ご協力いただいた方々に、この場を藉りて心より厚く御礼を申し上げる。

　平成 28 年 2 月

森・濱田松本法律事務所

弁護士　太子堂　厚子

目　次

第4章　監査等委員会設置会社の取締役会の職務・権限と運用

第5章　監査等委員会設置会社の株主総会

第6章　監査等委員会設置会社への移行手続

第7章　その他

凡　例

1　法令の略称

法	会社法
平成 26 年改正会社法	会社法の一部を改正する法律（平成 26 年法律第 90 号）
令和元年改正会社法	会社法の一部を改正する法律（令和元年法律第 70 号）
施行規則	会社法施行規則
計算規則	会社計算規則

2　文献等の略称

一問一答（平成 26 年改正）	坂本三郎編著『一問一答 平成 26 年改正会社法〔第 2 版〕』（商事法務、2015）
一問一答（令和元年改正）	竹林俊憲編著『一問一答　令和元年改正会社法』（商事法務、2020）
江　頭	江頭憲治郎『株式会社法〔第 8 版〕』（有斐閣、2021）
コンメ(7)	岩原紳作編『会社法コンメンタール(7)　機関(1)』（商事法務、2009）
コンメ(8)	落合誠一編『会社法コンメンタール(8)　機関(2)』（商事法務、2009）
コンメ(9)	岩原紳作編『会社法コンメンタール(9)　機関(3)』（商事法務、2014）
コンメ補巻	岩原紳作編『会社法コンメンタール補巻—平成 26 年改正』（商事法務、2019）

商事法務・改正会社法の解説〔Ⅰ〕	坂本三郎ほか「平成 26 年改正会社法の解説〔Ⅰ〕」商事法務 2040 号（2014）28 頁〜 37 頁
商事法務・改正会社法の解説〔Ⅱ〕	坂本三郎ほか「平成 26 年改正会社法の解説〔Ⅱ〕」商事法務 2042 号（2014）19 頁〜 29 頁
商事法務・改正会社法の解説〔Ⅲ〕	坂本三郎ほか「平成 26 年改正会社法の解説〔Ⅲ〕」商事法務 2043 号（2014）4 頁〜 14 頁
要　綱	会社法制の見直しに関する要綱
中間試案	会社法制の見直しに関する中間試案
第○回議事録△頁	法制審議会会社法制部会第○回会議△頁
平成 27 年省令パブコメ結果	法務省「会社法の改正に伴う会社更生法施行令及び会社法施行規則等の改正に関する意見募集の結果について」（2015 年 2 月 6 日付）
令和元年省令パブコメ結果	法務省「会社法の改正に伴う関係政令及び会社法施行規則の改正に関する意見募集の結果について」（2020 年 11 月 24 日付）

第 1 章

監査等委員会設置会社とは

Q1 監査等委員会設置会社の制度の概要と導入の背景

Q 監査等委員会設置会社制度とは、どのようなものですか。また、導入の背景を教えてください。

A 監査等委員会設置会社制度は、2015年5月1日に施行された平成26年改正会社法により新たに設けられた機関設計であり、代表取締役をはじめとする業務執行者に対する監督機能を強化することを目的として、3人以上の取締役から成り、かつ、その過半数を社外取締役とする監査等委員会が、監査を担うとともに、業務執行者を含む取締役の人事（指名及び報酬）に関して、株主総会における意見陳述権を有することとする制度です。

●解説

1 監査等委員会設置会社とは

2015年5月1日の平成26年改正会社法の施行前において、我が国の上場会社が選択できる株式会社の機関設計は、監査役会設置会社と委員会設置会社であったが、平成26年改正会社法において、新たな機関設計として監査等委員会設置会社[1]が導入された（これに伴い、従来の委員会設置会社は、指名委員会等設置会社と名称が変更されている。Q2・注4参照）。

監査等委員会設置会社とは、3人以上の取締役から成り、かつ、その過半数を社外取締役とする監査等委員会が、監査を担うとともに、業務執行者を含む取締役の人事（指名及び報酬）に関して、株主総会における意見陳述権を有することとする制度である[2]。

---

1) 要綱においては、仮称として「監査・監督委員会設置会社」とされていたが（要綱第1部第1、1参照）、平成26年改正会社法において、その正式名称は「監査等委員会設置会社」とされた。
2) 商事法務・改正会社法の解説〔Ⅱ〕19頁、一問一答（平成26年改正）16頁。

2　導入の背景

　監査等委員会設置会社の導入の背景には、我が国の上場会社について、代表取締役をはじめとする業務執行者に対する取締役会の監督機能の強化を目的として、社外取締役をより積極的に活用すべきであるとの指摘がある。

　我が国において、従来、商法改正及び会社法の制定に際しては、取締役の職務の執行を監査する監査役の権限が強化されてきた。しかしながら、監査役について、代表取締役・業務担当取締役の選定及び解職を含む取締役会における議決権を有しないことから、その権限には限界があるとの指摘が、特に海外の機関投資家等を中心になされていた。

　そこで、特に上場会社については、業務執行者に対する取締役会の監督機能の強化を目的として、社外取締役の機能を活用することが強く推奨されるようになったが、監査役会設置会社において、監査役の半数以上を社外監査役とすること（法335条3項）に加えて、社外取締役を設置することには、最低でも3人の社外者が必要となり、負担感・重複感があるとの指摘があった。そして、このような理由から、監査役会設置会社が、社外取締役の機能の活用という観点から必ずしも利用しやすい機関設計となっていないことが、社外取締役を任意に選任する監査役会設置会社である上場会社の数が年々増加していたものの、大多数に至らない原因として指摘されていた[3]。

　一方、平成14年の商法特例法改正によって導入された指名委員会等設置会社（平成26年改正会社法の施行前における委員会設置会社）は、取締役会の監督機能の強化を図るため、取締役会の中に、3人以上の取締役により構成されその過半数を社外取締役とする指名委員会・報酬委員会・監査委員会の3つの委員会の設置を義務付ける機関設計であるところ、これを採用する上場会社は、ごく少数にとどまっていた[4]。そして、その理由として、社外取締役が過半数を占める指名委員会及び報酬委員会に、取締役候補者の指名や取締役及び執行役の報酬の決定を委ねるこ

---

3)　平成26年改正会社法について法制審議会会社法制部会での議論が開始された2010年当時、東証上場会社である監査役会設置会社のうち、社外取締役を選任している会社の割合は47.6%であった（東京証券取引所「東証上場会社コーポレート・ガバナンス白書2011」（2011）18頁）。

とへの抵抗感等があるとの指摘がされていた。

　平成26年改正会社法により新たに導入された監査等委員会設置会社においては、社外役員の員数に関する規制は、3人以上の取締役から成る監査等委員会の過半数を社外取締役とすることのみであり（Q13参照）、最低で2人の社外者がいれば足りるため、社外監査役に加えて社外取締役を選任することによる重複感・負担感は生じない。また、監査等委員は取締役として取締役会における議決権を有するため、監査役制度に向けられていたような、代表取締役・業務担当取締役の選定及び解職を含む取締役会における議決権を有しないことによる権限の限界の指摘は当たらないことになる。

　同時に、監査等委員会設置会社においては、業務執行者に対する監督機能の強化を図るため、監査等委員会は業務執行者を含む取締役の人事（指名及び報酬）について株主総会における意見陳述権を有するが（Q25参照）、法定の指名委員会及び報酬委員会を置くことは求められない。したがって、指名委員会等設置会社と比べて、その導入のハードルは低いことが予想された。

　このように、監査等委員会設置会社は、社外取締役の活用を図る上で、これを阻害する要因となると考えられた既存の機関設計の問題点を解消し、社外取締役の機能を活用しやすくすることで、業務執行者に対する取締役会の監督機能を強化することを目的として導入された制度である。

4）2010年当時、東証上場会社に占める委員会設置会社の割合は2.2％にすぎなかった（東京証券取引所・前掲注3）15頁）。なお、2021年7月10日時点では、東証上場会社に占める指名委員会等設置会社の割合は2.1％である（東京証券取引所「コーポレート・ガバナンス情報サービス」の検索結果より）。

機関設計のイメージ図

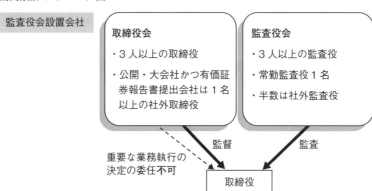

監査役会設置会社

取締役会
・3人以上の取締役
・公開・大会社かつ有価証券報告書提出会社は1名以上の社外取締役

監査役会
・3人以上の監査役
・常勤監査役1名
・半数は社外監査役

重要な業務執行の決定の委任不可 — 監督 監査 → 取締役

監査等委員会設置会社

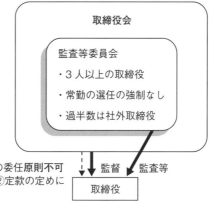

取締役会

監査等委員会
・3人以上の取締役
・常勤の選任の強制なし
・過半数は社外取締役

重要な業務執行の決定の委任原則不可
①社外取締役過半数 or②定款の定めにより例外的に委任可能 — 監督 監査等 → 取締役

指名委員会等設置会社

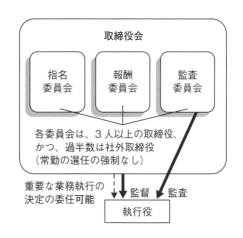

取締役会

指名委員会 | 報酬委員会 | 監査委員会

各委員会は、3人以上の取締役、かつ、過半数は社外取締役（常勤の選任の強制なし）

重要な業務執行の決定の委任可能 — 監督 監査 → 執行役

Q2 監査等委員会設置会社の名称

Q 監査等委員会設置会社の名称の由来を教えてください。

A 監査等委員会は、いわゆる監査にとどまらず、監督機能の一部をも有することから、監査等委員会という名称が用いられています。

●解説

監査等委員会設置会社における監査等委員会は、いわゆる「監査」を担う機関である（法399条の2第3項1号）。

もっとも、監査等委員会は、業務執行者を含む監査等委員以外の取締役の指名・報酬に関する株主総会における意見陳述権を有しており（法342条の2第4項、361条6項、399条の2第3項3号）、これは、いわゆる「監督」機能の一部を担うものと評価できる。

「監査」と「監督」の意義については、会社法上にその定義は置かれておらず、現在まで必ずしも明確にされていない。もっとも、例えば、「監査」とは、監査者は被監査者のルール（法令・会計基準）からの逸脱の有無を審査して、意見を表明することをいうのに対し、「監督」とは、監督する人が監督される人（業務執行者）の業績を評価することにより、経営の効率性を確保することをいうとする見解がある[1]。いずれにしても、「監督」とは、対象者に対する人事権（選定・解職等）を背景に、その者を評価し、その評価結果を踏まえて、対象者に引き続き経営を委ねるか否かの判断を行うことを中核とするものであると理解されている[2]。

そして、監査等委員以外の取締役の指名・報酬についての意見陳述権は、監査等委員である取締役が、当該意見陳述権を背景に、取締役会における取締役の人事（指名・報酬）の決定について主導的に関与することにより、業務執行者に対する監督機能の強化が図られることが意図されており（Q25参照）。いわば、取締役会の監督機能の一部を担うもの

1）大杉謙一「取締役会の監督機能の強化〔上〕」商事法務1941号（2011）19頁。

と評価できる。このように、監査等委員会は、監査機能のみを有する監査役設置会社の監査役及び指名委員会等設置会社の監査委員会と異なり、監査にとどまらず監督機能の一部をも担うことから、監査等委員会という名称が用いられている。

　この点、要綱の段階では、仮称として「監査・監督委員会」とされていた。しかし、当該委員会は、株主総会における意見陳述権という範囲での監督機能を有するにすぎず、取締役の人事（指名・報酬）に関する決定権までは有しないため、取締役会の監督機能（法399条の13第1項2号参照）全般を担うわけではないことに鑑み、平成26年改正会社法においては、最終的に、「監査等委員会」という名称が採用され、監査等委員会を置く株式会社は「監査等委員会設置会社」と定義された[3]（法2条11号の2）。また、これに伴い、従来の委員会設置会社は、指名委員会等設置会社と名称が変更されている[4]。

　監査等委員会設置会社の名称の英訳としては、監査等委員会が監督機能をも担うことを踏まえ、「Company with Audit and Supervisory Committee」との表記を用いる例が多いと思われる[5]。

---

2)　川濱昇「取締役会の監督機能」森本滋ほか『企業の健全性確保と取締役の責任』（有斐閣、1997）8頁、岩原紳作ほか「〈座談会〉改正会社法の意義と今後の課題〔上〕」商事法務2040号（2014）21頁〔岩原紳作発言〕、西山芳喜『監査役とは何か』（同文舘出版、2014）5頁参照）。このほか、日本取締役協会の「社外取締役・取締役会に期待される役割について（提言）」（平成26年3月7日）は、社外取締役・取締役会の主たる職務は、経営（業務執行）の意思決定ではなく、経営者（業務執行者）の「監督」であるとした上、「監督」の中核は、「経営者が策定した経営戦略・計画に照らして、その成果が妥当であったかを検証し、最終的には現在の経営者に経営を委ねることの是非について判断することである。」としている。

3)　一問一答（平成26年改正）21頁、岩原ほか・前掲注2）20頁〔坂本三郎発言〕。

4)　平成26年改正会社法により、従来の「委員会設置会社」は「指名委員会等設置会社」と名称が変更され、あわせて、委員会設置会社の「委員会」の名称も「指名委員会等」に変更された（法2条12号）。これは、旧法下では委員会設置会社が法定の委員会の設置を求められる唯一の機関設計であったところ、平成26年改正会社法の下では監査等委員会設置会社が導入され、委員会を設置しているという意味においては変わらないため、差別化ができなくなったためである。

5)　法務省「日本法令外国語訳データベースシステム」（http://www.japaneselawtranslation.go.jp/）より。なお、日本取引所グループの英語版のサイト上に掲載されているコーポレートガバナンス・コードの英語版においては、監査等委員会設置会社について「Company with Supervisory Committee」との表記が用いられている（https：//www.jpx.co.jp/english/equities/listing/cg/参照）。

Q3 監査等委員会設置会社の導入企業の増加とその理由

Q 監査等委員会設置会社の制度導入後、導入企業が増加した理由を教えて下さい。

A 2015年5月1日の制度導入から、比較的短期間に導入企業が増加した理由は、個社の事情にもよりますが、①社外監査役に加えて社外取締役を選任する場合の負担感・重複感が解消されること、②取締役の過半数を社外取締役とするか定款の定めにより、重要な業務執行の決定を取締役に委任することが可能であること、③海外の機関投資家から理解されやすいガバナンス体制の構築が可能であること等に、メリットを感じた企業が多かったためと考えられます。

●解説

1 監査等委員会設置会社の導入状況

　2015年5月1日の監査等委員会設置会社の制度導入から約6年強が経過した2021年7月10日時点で、コーポレート・ガバナンス報告書を提出している東証上場会社3735社のうち、監査役会設置会社は2426社（65.0%）、監査等委員会設置会社は1229社（32.9%）、指名委員会等設置会社は80社（2.1%）であり[1]、東証上場会社の3割強が監査等委員会設置会社を選択している（東証一部上場会社（2191社）に限っても、監査役会設置会社は1379社（62.9%）、監査等委員会設置会社は744社（34.0%）、指名委員会等設置会社は68社（3.1%）であり、同様に3割強が監査等委員会設置会社を選択している。）。

　監査等委員会設置会社については、導入初年度から、毎年右肩上がりに導入企業が増加しており（東証一部上場会社の導入企業数の推移は次頁のグラフ参照）、平成14年改正により導入された指名委員会等設置会社の導入会社数が少数にとどまっていることと比較しても、急速に導入が

1）東京証券取引所「コーポレート・ガバナンス情報サービス」の検索結果より。

東証一部上場会社の機関設計（組織形態）の比率
（日本取締役協会「上場企業のコーポレート・ガバナンス調査」（2020年8月1日）に基づき筆者作成）

組織形態別　企業数（東証1部）

東証コーポレート・ガバナンス情報サービスを利用して毎年8月1日に集計。

進んだといえる。

2　移行企業の増加の理由

　監査等委員会設置会社への移行企業が増加したのは、我が国の上場会社の多数を占める監査役会設置会社において、監査等委員会設置会社への移行に何らかのメリットがあると考えた会社が一定数に上り、かつ、監査等委員会設置会社が、指名委員会等設置会社と異なり法定の指名委員会・報酬委員会の設置強制がないなど、柔軟性が高く導入のハードルとなる点が少ない制度であることによると考えられる。

　いかなる点にメリットがあると判断したのかは、個社の事情によるが、一般的には、主に以下のような点に移行のメリットがあると判断した場合が多いとが考えられる。

1　社外監査役に加えて社外取締役を選任する場合の負担感・重複感が解消される

　監査役会設置会社の場合、社外取締役を1名（複数名）選任しようとすると、最低2名の社外監査役（法335条3項）と合わせて、最低3名（4名）の社外者が必要となる。これに対し、監査等委員会設置会社の場合は、最低2名の社外取締役が必ず存在し（法335条3項。**Q7・Q13**参照）、

別途監査役を選任する必要はないから、社外者2名のみによって社外取締役の複数名選任が実現される。このようにして、社外監査役に加えて社外取締役を選任することによる負担感・重複感は解消されることは、元々、監査等委員会設置会社の導入の趣旨の1つとされていたものであった（**Q1**参照）。

　そして、監査等委員会設置会社が導入された2015年当時、取締役会の監督機能の強化の観点で、我が国の上場会社に、社外取締役の選任ひいてはその複数選任を求める流れが強まっていた。2015年5月1日施行の平成26年改正会社法においては、公開・大会社である監査役会設置会社であって有価証券報告書提出会社である株式会社に社外取締役が存しない場合、「社外取締役を置くことが相当でない理由」の開示が求められた（法327条の2等）。また、同年6月1日に上場会社に適用開始となったコーポレートガバナンス・コードにおいては、「コンプライ・オア・エクスプレイン」（遵守するか、又は、遵守しない場合は遵守しない理由を説明する）の規律の下で、上場会社は独立社外取締役を「少なくとも2名以上」選任すべきであるとする原則が掲げられた（原則4-8）。機関投資家からの社外取締役の選任の要請も高まり、例えば、議決権行使助言会社 Institutional Shareholder Services Inc.（ISS）の議決権行使助言方針（ポリシー）においては、2016年2月から、統治機構にかかわらず、総会後の取締役会に最低2名の社外取締役（独立性は問わない。）がいない場合、経営トップである取締役の再任議案に原則として反対を推奨するとのポリシーが採用された[2]。このような、我が国の上場会社に対する社外取締役の複数選任の要請の急速な高まりは、それまで社外取締役を選任していなかった（あるいは社外取締役が1名である）上場会社の監査等委員会設置会社への移行を後押ししたと考えられる[3]。

2　一定の要件の下に重要な業務執行の決定の委任が可能

　監査等委員会設置会社においては、取締役の過半数を社外取締役とす

2）ISS「2016年版日本向け議決権行使助言基準」（2016年2月1日施行）より。

3）監査等委員会設置会社の導入から1年（2016年4月30日）までに監査等委員会設置会社に移行してコーポレート・ガバナンス報告書を提出した東証上場会社327社のうち、移行前の時点で社外取締役が0名の会社は180社（約55.5％）であり（神田秀樹＝山中利晃「監査等委員会設置会社の現状と課題」ジュリスト1495号（2016）30頁参照）、社外監査役と社外取締役との重複感解消に対するニーズが高かったことを示すと思われる。

るか、定款の定めにより、重要な業務執行の決定権限を大幅に取締役に委任することが可能である（**Q34** 参照）。このことにより、取締役への権限委譲によって業務執行に関する意思決定の機動性・迅速性を高めることが可能であるほか、取締役会の監督機能を重視した取締役会（モニタリング・モデル）を志向する機関構成をとることが可能となる（**Q4** 参照）。

　比較的規模の大きい企業や、多数の事業部門を擁し各事業部門固有の意思決定を担当部門に権限委譲するニーズを有する企業において、このような重要な業務執行の決定権限の大幅な権限委譲が可能であることを主なメリットとして、監査等委員会設置会社に移行した例が多いと思われる。

3　海外の機関投資家から理解されやすいガバナンス体制の構築

　監査役制度については、代表取締役・業務担当取締役の選定及び解職等についての取締役会における議決権を有しないことなどから、その監査機能には限界があるとの指摘が、特に海外の機関投資家等を中心になされていた（**Q1** 参照）。そもそも、監査役制度は我が国独自の制度であり、海外投資家から見てわかりにくいという指摘もあった[4]。

　これに対し、監査等委員会設置会社は、取締役会における議決権を有する取締役によって構成され、社外取締役が中心となる委員会が監査を担うという意味で、海外の機関投資家から見てよりわかりやすく、支持されやすいガバナンス体制であるというメリットがある。海外投資家比率が高く会社など、海外の機関投資家にとってのわかりやすいガバナンス体制の構築にメリットを感じる会社は、本事由を移行の理由の1つとして挙げる例が多かったと思われる。

　2015 年 7 月～ 8 月に実施された監査等委員会設置会社に移行した会社に対する日本監査役協会のアンケート調査によれば、監査等委員会設置会社である上場会社 91 社のうち、移行を決定した理由（複数回答可）について、「会社のガバナンス強化のため（経営意思決定の迅速化、執行と監督の分離など）」を選んだ企業が 92.3％、「社外監査役に加えて社外取締役を選任することが負担になるため」を選んだ企業が 70.3％、「株主・

4）石田猛行「2013 年 ISS 議決権行使助言方針」商事法務 1993 号（2013）41 頁。

投資家（特に海外投資家）の理解のため」を選んだ企業が 20.9％の結果
となっており、制度導入直後の移行理由の状況として参考になる。

問2-2　監査等委員会設置会社への移行を決定した理由（複数回答可）
（日本監査役協会「役員等の構成の変化などに関する第 16 回インターネット・
アンケート集計結果（監査等委員会設置会社版）」（2015 年 11 月 5 日）より）

	全体		上場		非上場		大会社		大会社以外	
1. 会社のガバナンス強化のため（経営意思決定の迅速化、執行と監督の分離など）	97	93.3%	84	92.3%	13	100%	92	92.9%	5	100%
2. グループ会社全体での組織改編のため	1	1.0%	1	1.1%	0	0%	1	1.0%	0	0.0%
3. 親会社から提案を受けたため	6	5.8%	3	3.3%	3	23.1%	5	5.1%	1	20.0%
4. 社外監査役に加えて社外取締役を選任することが負担になるため	68	65.4%	64	70.3%	4	30.8%	65	65.7%	3	60.0%
5. 株主・投資家（特に海外投資家）の理解のため	20	19.2%	19	20.9%	1	7.7%	20	20.2%	0	0.0%
6. その他	2	1.9%	2	2.2%	0	0%	2	2.0%	0	0.0%
回答社数	104	100%	91	100%	13	100%	99	100%	5	100%

Q4 監査等委員会設置会社とモニタリング・モデル

Q 監査等委員会設置会社においては、モニタリング・モデル（業務執行者に対する監督を中心とした取締役会）をより強く指向した機関設計をとることが可能といわれますが、どういう意味ですか。

A 監査等委員会設置会社においては、独立社外取締役の員数を増やし、かつ、重要な業務執行の決定を大幅に取締役に委任することで、いわゆるモニタリング・モデルの取締役会を指向することが可能です。

●解説

1 モニタリング・モデルとマネジメント・ボード

モニタリング・モデルとは、取締役会の主たる機能を、経営の意思決定ではなく、業務執行者に対する監督機能に求める考え方をいう。

モニタリング・モデルは、1970年代後半に米国において提唱された考え方であり、1990年代以降、グローバル・スタンダードとして受け入れられ、現在、先進諸国の上場会社等においてはモニタリング・モデルが主流となっている。

モニタリング・モデルの取締役会は、その主たる機能が経営者（業務執行者）への監督機能にあることから、①取締役会は、経営の基本方針、内部統制のあり方、業務執行者の選解任、報酬といった戦略的意思決定や会社の基礎に関わる重要事項についての意思決定を行い、基本的に個別具体的な業務執行の意思決定は行わない、②取締役会の構成員の少なくとも過半数は経営者から独立した独立取締役であるという特徴ないし傾向を持つ[1]。そして、モニタリング・モデルにおける取締役会の中核的な職務である「監督」とは、経営者が策定した経営戦略・計画に照らして、その成果が妥当であったかを検証し、最終的には現在の経営者に

---

1) 川口幸美『社外取締役とコーポレート・ガバナンス』（弘文堂、2004）34頁、川濱昇「取締役会の監督機能」森本滋＝川濱昇＝前田雅弘編『企業の健全性確保と取締役の責任』（有斐閣、1997）7頁等。

経営を委ねることの是非について判断することが主たる内容であると考えられている[2]。

　これに対し、経営の意思決定機能を重視する取締役会をマネジメント・ボードと呼ぶことがある[3]。従来の伝統的な多くの日本企業において、取締役会は、自社の事業や現場を熟知した内部昇格者を中心として構成され、個別具体的な業務執行の意思決定をも行う意思決定機関として機能しており、いわゆるマネジメント・ボードが志向されていたといえる。

　マネジメント・ボードとモニタリング・モデルは、本来的にはいずれか一方が正しいというものではなく、自社のガバナンス・モデルとして、意思決定機能を重視したマネジメント・ボードを採用するのか、それとも監督機能を重視したモニタリング・モデルを採用するのかは、各社の選択に委ねられる。また、マネジメント・ボードとモニタリング・モデルは、いわば一種の理念型であり、二者択一の関係にあるわけではない。取締役会がどこまで個別具体的な業務執行の意思決定を行うか（逆に、どこまでモニタリング機能中心の取締役会とするか）については様々な程度があり得、マネジメント・ボードとモニタリング・モデルの両者の性格を併せ持つことも可能である。取締役会の役割としての監督機能を強化しつつも、経営の意思決定機能をも重視するマネジメント・ボードとモニタリング・モデルの中間に位置するモデルを、ハイブリッド・モデルと呼ぶこともある[4][5]。

2　監査役設置会社・指名委員会等設置会社とモニタリング・モデル

　監査役設置会社については、重要な業務執行は必ず取締役会で決定しなければならないため（法362条4項）、可能な限りモニタリング・モデルに近づいたとしても、ハイブリッド・モデルになるとの指摘がある[6]。

　一方、平成14年改正において導入された指名委員会等設置会社（導

---

2)　川濱・前掲注1）3頁・28頁以下、落合誠一＝澤口実「社外取締役・取締役会に期待される役割——日本取締役協会の提言」商事法務2028号（2014）19頁。

3)　藤田友敬「『社外取締役・取締役会に期待される役割——日本取締役協会の提言』を読んで」商事法務2038号（2014）12頁参照。なお、コーポレート・ガバナンス・システムの在り方に関する研究会「社外役員を含む非業務執行役員の役割・サポート体制等に関する中間取りまとめ」（2014年6月30日）では、前者を「オペレーション型」、後者を「モニタリング型」と呼ぶ。

マネジメント・ボードとモニタリング・モデル

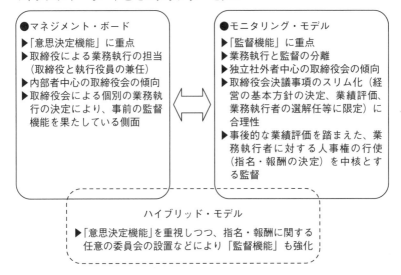

●マネジメント・ボード
▶「意思決定機能」に重点
▶取締役による業務執行の担当（取締役と執行役員の兼任）
▶内部者中心の取締役会の傾向
▶取締役会による個別の業務執行の決定により、事前の監督機能を果たしている側面

●モニタリング・モデル
▶「監督機能」に重点
▶業務執行と監督の分離
▶独立社外者中心の取締役会の傾向
▶取締役会決議事項のスリム化（経営の基本方針の決定、業績評価、業務執行者の選解任等に限定）に合理性
▶事後的な業績評価を踏まえた、業務執行者に対する人事権の行使（指名・報酬の決定）を中核とする監督

ハイブリッド・モデル
▶「意思決定機能」を重視しつつ、指名・報酬に関する任意の委員会の設置などにより「監督機能」も強化

入時の名称は委員会等設置会社）は、社外取締役が過半数を占める指名委員会等が強力な権限を有し、業務執行の決定は原則は取締役会が行うこととされているものの（法416条1項1号）、取締役会決議によって取締役会が選解任する執行役に大幅に委任されることが想定されており（法416条4項）、モニタリング・モデルの実現が意図された機関設計であるといえる。もっとも、実務上、指名委員会等設置会社においても、執行役への権限委譲は謙抑的に行われていると指摘されている[7]。例えば、2015年10月から2016年4月に上場会社に対して実施されたアンケー

4）　神田秀樹「会社法改正と監査役の将来」月刊監査役631号（2014）60頁。なお、コーポレート・ガバナンス・システムの在り方に関する研究会・前掲注3）も、英米で見られるような監督に特化した取締役会を「モニタリング型」、業務執行に関する意思決定を中心的役割とした取締役会を「オペレーション型」と名付けた上、取締役会の議題・事実上の機関の建付け（任意の指名委員会や報酬委員会）により、モニタリング型の取締役会を実現することもできると考えられると指摘し、このようなガバナンス体制を「ハイブリッド型」としている。また、神作裕之＝松井秀樹＝松本和道＝井上由理「【新春座談会】ハイブリッドモデルの取締役会等における経営判断と攻めのガバナンス〔上〕　—果断なリスク・テイクとブレーキの発揮のために—」商事法務2089号（2016）8頁は、取締役会の形態を「モニタリング型」、「ハイブリッド型」、「オペレーション型」の三つに整理している。

ト調査によれば、指名委員会等設置会社において業務執行の決定のうち執行役に委任している事項について、重要な財産の処分・譲受けが55.5％、多額の借財が65.0％、重要な使用人の選定・解任が75.0％、公開会社における募集株式の発行の募集事項の決定が45.0％等となっており、基本的に、執行役への権限の完全な委譲には慎重な取扱いがなされていた[8]（**Q34**参照）。したがって、従来、我が国の指名委員会等設置会社の相当数は、マネジメント・ボードの色彩も有するハイブリッド・モデルであったとの評価も可能である。

3　監査等委員会設置会社とモニタリング・モデル

　監査等委員会設置会社も、一定の要件の下に、指名委員会等設置会社と同様にモニタリング・モデルの実現が可能な機関設計である。
　具体的には、取締役の過半数を社外取締役とするか、取締役会決議に

---

5) 伝統的な日本企業の取締役会は、監督機能が有効に機能していないことが課題であると指摘されることが多く、例えば、「失われた20年」と言われる日本企業の長期の業績不振の中、経営者の業績評価を行い不適任と認めた場合は代表取締役を解職するという意味での監督が機能不全に陥っているのではないかといった指摘があった（太子堂厚子「論点検証　取締役会の運営（8）取締役会が果たすべき監督機能」ビジネス法務2014年3月号（2014）117頁、Q8・注2参照）。このため、取締役会の意思決定機能を重視するにせよ監督機能を重視するにせよ、監督機能の強化が必要であると指摘されることが多い。例えば、経済産業省「コーポレート・ガバナンス・システムに関する実務指針（CGSガイドライン）」（2018年9月28日改訂）12頁以下は、経営において社長・CEOに権限を集中させたい場合と取締役会でなるべく個別の意思決定まで行いたい場合のいずれであっても、監督機能の強化への取組が等しく必要となると指摘した上、各企業の立ち位置に即した監督機能の強化のための取組みについて提言している。

6) 神田・前掲注4）60頁。なお、コーポレート・ガバナンス・システムの在り方に関する研究会が2015年7月24日に公表した「コーポレート・ガバナンスの実践～企業価値向上に向けたインセンティブと改革～」の別紙「法的論点関する解釈指針」は、監査役会設置会社においても、①任意に設置される指名委員会及び報酬委員会、②社外取締役の選任、③内部統制システムの構築・運用という3点を考慮要素として、取締役会が主として監督機能を果たす場合には、取締役会への上程が強制される「重要な業務執行の決定」（法362条4項）の範囲を限定的に解することができ、取締役会への大幅な権限委譲を行っても会社法に反しないとの解釈論が示されている。もっとも、現時点では、実務上、かかる解釈論を踏まえた大幅な権限委譲については慎重な姿勢を取ることが多い（塚本英巨「【CGコードと取締役会の実効性確保にむけた実務対応】I　独立社外取締役の活用と取締役会上程事項の見直し」商事法務2080号（2015）42頁参照

7) 藤田・前掲注3）7頁・8頁

8) 別冊商事法務編集部編『改正会社法下における取締役会の運営実態－平成26年改正を受けて－（別冊商事法務415号）』（商事法務、2016）65頁。

よって重要な業務執行の決定を取締役に委任することができる旨の定款の規定を設けた上で、重要な業務執行の決定を大幅に取締役に委任することにより（法399条の13第5項・第6項）、モニタリング・モデルを強く指向した機関設計をとることが可能である[9]。

　また、モニタリング・モデルを志向する企業においては、取締役会の監督機能の強化のため、合わせて、取締役会の構成として、独立社外役員が相当数（過半数など）を占めるようにするとともに、社外取締役などの非業務執行取締役が取締役会議長を務めることや、モニタリング・モデルにおける監督の中核である、事後的な業績評価を踏まえた人事権の行使（指名・報酬の決定）による監督の強化のため、独立社外取締役を主要な構成員とする任意の指名委員会・報酬委員会を設置すること（**Q8** 参照）についても検討することになると考えられる[10]。

　一方、監査等委員会設置会社においては、重要な業務執行の決定権限を取締役会に留保し、個別具体的な業務執行の意思決定を取締役会で行う形態をとることで、マネジメント・ボードを指向することもできる。監査等委員会設置会社を選択することで、当然にモニタリング・モデルの取締役会となる（あるいは、当然モニタリング・モデルの取締役会とならなければならない）わけではなく、監査等委員会設置会社の下で、従来どおりマネジメント・ボードを選択するのか、それともモニタリング・モデルを指向するのか、モニタリング・モデルを指向するとして、どの程度強く志向するのか（ある程度意思決定機能も重視するか）は、会社の選択に委ねられる。

　このように、組織に関する規制が柔軟であり、マネジメント・ボードからモニタリング・モデルまでの両極の形態をとり得るという意味で、

9）商事法務・改正会社法の解説〔Ⅱ〕27頁、一問一答（平成26年改正）62頁、神田秀樹「上場会社の機関設計と監査等委員会設置会社」判例時報2425号（2020）6頁ほか。なお、監査等委員会設置会社においては、指名委員会等設置会社と異なり、法定の指名委員会・報酬委員会の設置強制はないことから、監査等委員会設置会社は、モニタリング・モデルを採用したい会社にとってのハードルを低くする会社形態を用意し現実的な選択を可能としたものであるとするといった評価もある（藤田・前掲注3）12頁、第21回議事録19頁〔藤田友敬発言〕参照）。

10）経済産業省「コーポレート・ガバナンス・システムに関する実務指針（CGSガイドライン）」（2018年9月28日改訂）2.2.3「モニタリング 機能を重視した ガバナンス体制への移行を検討する場合の留意点」（12頁）参照。

当事者の選択の余地が広いのが、監査等委員会設置会社の特徴である[11]。自社の実態等に応じた柔軟な制度設計が可能な点は、監査等委員会設置会社の1つのメリットとなり得ると考えられる。

---

11) 江頭608頁。

Q5 監査等委員会設置会社への移行の是非の判断

Q 監査等委員会設置会社への移行のメリットとして、どのようなものがありますか。機関設計の選択のポイントを教えて下さい。

A 監査役会設置会社が監査等委員会設置会社に移行するメリットとしては、個社の事情にもよりますが、①社外監査役に加えて社外取締役を選任する場合の負担感・重複感が解消される、②取締役の過半数を社外取締役とするか定款の定めにより、重要な業務執行の決定を取締役に委任すること（このことにより、意思決定の機動性・迅速性を高めたり、モニタリング・モデルをより強く志向すること）が可能となる、③海外の機関投資家から理解されやすいガバナンス体制の構築が可能であるといった点が挙げられます（**Q3**参照）。

　このほか、④任意の指名委員会・法定委員会を設置することで、委員会の決定について取締役会決議による変更・修正の余地を残しつつ、指名・報酬の決定プロセスの客観性・透明性等を高めることができる、⑤監査等委員会の組織的監査を通じた実効的な監査体制の構築に資する場合があるといった点も、メリットとなりうると考えられます。

●解説

1 監査役会設置会社からの移行のメリット

　監査役会設置会社から監査等委員会設置会社への移行のメリットとしては、個社の事情にもよるが、主に、以下のようなものが考えられる[1]。

1 社外監査役に加えて社外取締役を選任する場合の負担感・重複感が解消される

　監査等委員会設置会社に移行した場合、監査役会設置会社における社外監査役に加えて社外取締役を選任することによる負担感・重複感が解消される点は、監査等委員会設置会社に移行する企業が増加した大きな要因となったと考えられるが（**Q3**参照）、引き続き、監査等委員会設置

会社への移行のメリットとなりうると考えられる。

　この点、2015年5月に監査等委員会設置会社制度が導入された後、我が国の上場会社における社外取締役の選任は促進されており、2021年7月10日時点において、東証上場企業のうち約87.1％が社外取締役を複数選任している[2]。このため、監査等委員会設置会社制度の導入直後のように、社外取締役の複数選任の要請を受けて、それまで社外取締役を選任していなかった（あるいは社外取締役が1名である）上場会社の監査等委員会設置会社への移行のニーズは、既に限定的である。

　ただし、近時、さらなるコーポレートガバナンスの強化の観点で、機関投資家の議決権行使の動向として、取締役会に占める（独立）社外取

1）　監査等委員会設置会社への移行にデメリットがないかについては、取締役会の構成員として業務執行の決定に関与する取締役が組織する監査等委員会が、取締役の職務執行を監査するのは「自己監査」であるとの指摘がある。しかし、この点については、「監査・監督委員が自ら業務執行をせず、業務執行と監督の分離が図られるのであれば、業務執行の決定への関与があっても、経営に対する監督は実効的に果たされるようにも思われる。取締役会決議における議決権行使により業務執行の決定に関与すること自体が、経営に対する監督としての側面も有するとも考えられる」との見方が可能である（法制審議会会社法制部会第9回会議・部会資料9「企業統治の在り方に関する論点の検討(1)」3頁参照）。なお、自己監査を問題視する必要性は低いとする見解として、高橋均「監査・監督委員会設置会社と企業統治─会社法制の見直しに向けて」商事法務1936号（2011）20頁、松浪信也『監査等委員会設置会社の実務〔第2版〕』（中央経済社、2015）61頁参照。

　　このほか、制度自体への批判ではないが、制度導入直後において、従来社外取締役を選任していない（または社外取締役が少数であった）上場会社の監査等委員会設置会社への移行に際し、従前の社外監査役を社外取締役にスライドして選任した例（「監査役からの横滑り」）が多かったことについて、機関投資家から必ずしもガバナンスの強化に資さない安易な移行であるとの批難があった（例えば、石田猛行（ISSエグゼクティブ・ディレクター）「二〇一七年ISS議決権行使助言方針と背景にある考え方」商事法務2126号（2017）9頁参照）。もっとも、従来の監査役は、監査については経験を有することに加え、コーポレートガバナンス・コード原則4-4における「監査役及び監査役会に期待される重要な役割・責務には、業務監査・会計監査をはじめとするいわば「守りの機能」があるが、こうした機能を含め、その役割・責務を十分に果たすためには、自らの守備範囲を過度に狭く捉えることは適切でなく、能動的・積極的に権限を行使し、取締役会においてあるいは経営陣に対して適切に意見を述べるべきである。」との要請も受けて、適法性に限らず妥当性についても積極的に意見を述べるなど、取締役としての資質を有する者も少なくない。監査役個人の資質に照らして適任であれば、監査役から監査等委員への横滑り選任が当然に否定的に評価されるべきものではないと思われる（藤田友敬＝澤口実＝三瓶裕喜＝田中亘＝長谷川顕史「＜新・改正会社法セミナー─令和元年・平成26年改正の検討（2）＞監査等委員会設置会社（2）」ジュリスト1558号（2021）67頁以下参照）。

2）　東京証券取引所「コーポレート・ガバナンス情報サービス」の検索結果より。

締役の割合を 3 分の 1 以上とすることを求める傾向が強まっており[3]、2021 年 6 月のコーポレートガバナンス・コードの改訂においても、2022 年の日本証券取引所の新市場区分移行後の「プライム市場」の上場企業に対し、独立社外取締役を 3 分の 1 以上選任することを求めることとされた（原則 4-8）。かかる動向を受けて、取締役会の 3 分の 1 以上の社外取締役の選任を検討する企業において、社外取締役とは別に社外監査役を選任する必要性について検討の上、監査等委員会設置会社に移行することが 1 つの選択肢になる可能性があると考えられる。

2　一定の要件の下に重要な業務執行の決定の委任が可能である

監査役設置会社については、重要な業務執行は必ず取締役会で決定しなければならない（法 362 条 4 項）。これに対し、監査等委員会設置会社においては、取締役の過半数を社外取締役とするか、定款の定めにより、指名委員会等設置会社と同様に、重要な業務執行の決定権限を大幅に取締役に委任することが可能である（**Q34** 参照）。

このことにより、取締役への権限委譲によって業務執行に関する意思決定の機動性・迅速性を高めることが可能であり、取締役会決議事項が多く、重要議題の審議に十分な時間を割くことが困難であったような企業については、取締役会において重要議題の重点的な審理が可能となるというメリットが考えられる。

また、指名委員会等設置会社について、取締役会と執行役の間の権限委譲についてフレキシブルな設計が可能である点にメリットがあるとの評価もあったところであり[4]、監査等委員会設置会社についても、監査役設置会社の場合と比べて、自社のニーズに応じた柔軟な取締役への権限委譲が可能であること自体が、メリットであるともいえる。

---

3) 例えば、三菱 UFJ 信託銀行は、その議決権行使基準において、2020 年 4 月以降、社外取締役（独立性を問わない。）が取締役総数の 1/3 以上選任されていない場合、取締役全員の選任に反対するとの基準を採用しており、議決権行使助言会社 Institutional Shareholder Services Inc.（ISS）の議決権行使助言方針（ポリシー）においても、2022 年から、それまで指名委員会等設置会社及び監査等委員会設置会社についてのみ適用されてきた、「株主総会後の取締役会に占める社外取締役（独立性は問わない）の割合が 3 分の 1 未満である場合、経営トップである取締役選任議案への反対を推奨」とのポリシーを、監査役会設置会社に適用することが予定されている。

4) トーマス・ヴィッティほか「〈シンポジウム〉会社法改正への提言」21 世紀政策研究所新書 15（2011）58 頁〔島岡聖也発言〕。

　さらに、重要な業務執行の決定を大幅に取締役に委任することで、モニタリング・モデルを強く指向した機関構成をとることが可能であり、監督機能を重視した取締役会（モニタリング・モデル）を志向する企業にとっても、監査等委員会設置会社は有効な選択肢となる（**Q4** 参照）。我が国の上場会社のコーポレートガバナンスに関しては、取締役会の監督機能の強化が課題とされることも多いところ[5]、今後、モニタリング・モデルを志向する会社も増加すると考えられ、監査等委員会設置会社を選択するメリットになると考えられる。

3　海外の機関投資家から理解されやすいガバナンス体制の構築

　我が国の監査役制度については、代表取締役・業務担当取締役の選定及び解職等を行う取締役会における議決権を有しないことなどから、その監査機能には限界があるとの指摘が、特に海外の機関投資家等を中心になされていた（**Q1** 参照）。また、そもそも、監査役制度は我が国独自の制度であり、海外投資家から見てわかりにくいという指摘もあった[6]。

　監査等委員会設置会社は、取締役会における議決権を有する取締役によって構成され、社外取締役が中心となる委員会が監査を担うという意味で、海外の機関投資家から見てよりわかりやすく、支持されやすいガバナンス体制であるというメリットがある。例えば、議決権行使助言会社 ISS の「2021 年版日本向け議決権行使助言基準」においても、「監査委員会のみを設置し、指名委員会や報酬委員会を設置しない委員会型の企業統治機構は新興国を中心に普及している。監査役設置会社と異なり、監査委員会のみを設置するスタイルは、日本特有の制度ではなく、監査等委員会設置会社の取締役会を、例えば"board with an audit committee"のように実態面に着目して翻訳し、説明すれば、海外で普及した制度と類似の制度であることが明確となり、海外の投資家の混乱を避けることが期待できる。」とされており、監査等委員会設置会社への移行に関する定款変更については、「原則として賛成を推奨する。ただし指名委員

5）経済産業省「コーポレート・ガバナンス・システムに関する実務指針（CGS ガイドライン）」（2018 年 9 月 28 日改訂）12 頁以下、本書 **Q4** 注 5）参照。なお、我が国のモニタリング・モデルへの移行に関わる動向については、山本良一＝藤原謙＝今村敏之＝佃秀昭＝太子堂厚子【新春座談会】取締役会の新時代 ―コロナ禍を乗り越えて―」商事法務 2251 号（2021）26 頁〔今村発言〕・27 頁〔佃発言〕も参照。

6）石田猛行「2013 年 ISS 議決権行使助言方針」商事法務 1993 号（2013）41 頁。

会等設置会社から監査等委員会設置会社に移行する場合、個別に判断する。」として、監査役設置会社から監査等委員会設置会社への移行について肯定的な評価がされている。

　我が国の上場会社において社外取締役の選任が促進されるにつれて、海外の機関投資家等から見た監査役制度の監査機能の限界に対する懸念は軽減される傾向にあると思われるが、海外の機関投資家から見たわかりやすいガバナンス体制の構築は、引き続き、監査等委員会設置会社への移行の1つのメリットとなりうると考えられる。

4　取締役会の諮問機関としての任意の指名・報酬委員会の設置

　我が国の上場会社である監査役会設置会社及び監査等委員会設置会社において、任意の指名委員会・報酬委員会を設置する会社は増加している（**Q8** 参照）。

　そして、任意の指名・報酬委員会を設置することが一般的となりつつある状況下において、指名委員会等設置会社に移行して法定の指名・報酬委員会を置くのが良いのか、それとも、監査役会設置会社又は監査等委員会設置会社を選択して任意の指名・報酬委員会を置くのが良いのかは、機関設計の選択における重要な要素となっている。

　この点、指名委員会等設置会社の指名・報酬委員会の場合、法令上の委員会の権限事項について委員会に最終的な決定権限があり（法404条1項・404条3項）、委員会の決定を取締役会が覆すことはできない[7]。法定の指名・報酬委員会の委員の過半数は社外取締役であり（法400条3項）、社外取締役が過半数を占める委員会の決定により、法制度上、業務執行者に対する監督機能の中核をなす指名・報酬の決定過程の客観性・透明性が担保されている点が、指名委員会等設置会社の優れた点であるといえる。

　一方、法定の指名・報酬委員会の場合、取締役会決議をもっても委員会の決定について変更・修正が不可能であることについては、委員会の権限が強力であるがゆえの硬直性も指摘されたところであり[8]、指名・

7）これは、我が国の取締役会の社外取締役の比率が高くないという背景を踏まえ、少数の社外取締役でも監督機能を果たし得るよう、指名委員会等設置会社制度においては、指名委員会・報酬委員会による決定が法的な最終決定となる規律が採用されたものである（江頭580頁）。

報酬という経営の根幹をなす重要事項の決定について、一部の取締役により構成される委員会の決定を、取締役会全体の決定による修正することを可能とする規律のニーズが存在することも事実である。任意の委員会の場合、取締役会の諮問機関として、委員会の決定について取締役会決議による事後的な変更・修正の余地を残すことができ、このことは、任意の委員会を置く機関設計を選択することのメリットとなりうるものである[9]。

5　監査等委員会の組織的監査を通じた実効的な監査体制の構築

監査役の場合、独任制の機関として、自ら会社の業務財産の調査等を行うという方法で監査を行うことが想定されているのに対し、監査等委員会（及び指名委員会等設置会社の監査委員会）については、内部統制システムを利用した組織的監査を行うことが想定されている。もっとも、これは制度の基本的な想定であり、監査役会設置会社においても、監査役が内部監査部門等を活用した組織的監査を行うことは妨げられない（Q21 参照）。このことからすれば、監査役と監査等委員・監査委員とで独任制の有無による相違はあるものの、いずれの機関設計を選択するかによって、法的に構築しうる監査体制が異なるものではない。

もっとも、実務上、自社（グループ）の組織的な監査体制の構築・強化のために、監査等委員会設置会社への移行が有益であったとの意見が述べられることがある[10]。これは、制度の法的な差異というよりも、「監査役は独任制の機関として自ら実査等を行う存在であるのに対し、監査等委員は取締役として社内組織を指揮命令等して組織的監査を行う」といった制度に対する認識の相違に起因して、監査等委員会設置会社の下

8）例えば、日本取締役協会「取締役会の監督機能の充実に向けた機関設計に関する提言―柔軟設計型委員会設置会社の導入に向けて」（2011 年 11 月 30 日）は、指名委員会等設置会社（当時の名称は「委員会設置会社」）制度について「委員会の設置が強制されていること、及び委員会の権限が法定されていることによって、各委員会の決定事項が硬直的で機動性に欠けるという問題点も指摘されていた」としていた。

9）太子堂厚子「監査等委員会設置会社への移行後の実務課題－指名・報酬に関する規律と重要な業務執行の決定権限の委譲－」商事法務 2111 号（2016）22 頁参照。ただし、委員会の決定が最終決定ではない以上、委員会の決定に法的拘束力がないことから、委員会の実効性の確保が課題となる（このため、任意の委員会を採用する場合、例えば、取締役会における社外取締役比率を上げるなど、委員会の答申等が無意味化されない仕組み作りが重要となる。Q8 参照）。

で、組織的監査の体制構築について自社（グループ）における理解が得られやすいという差異が生じたものと思われる。また、監査役制度は我が国独自の制度であるため、海外子会社から見てわかりにくい場合があることから、親会社の監査役と海外子会社の監査委員会（audit committee）が連携した監査体制を構築する上で支障となることはありうる。

　これらは制度の法的な差異によるものではないが、コーポレートガバナンス体制は人が動かすものである以上、制度に対する認識が、組織の運用のしやすさに影響を与えるのも事実である。自社（グループ）の組織的な監査体制を構築する上で、監査等委員会設置会社に移行することにより、自社（グループ）の理解が得られやすく、実効的な監査体制の円滑な構築に資するのであれば、かかる点も監査等委員会設置会社への移行のメリットになると考えられる。

6　その他

　監査役の任期は4年であるのに対し（法336条1項）、監査等委員である取締役の任期は2年である（法332条1項・4項）。また、監査等委員会においては常勤の監査等委員の選定は義務付けられない（**Q16** 参照）。このようなことから、監査等委員会設置会社においては、より役員人事

---

10)　例えば、2017年7月24日日経新聞朝刊の「「監査等委員会」運用改善に知恵、企業統治の向上模索、ホンダ、全取締役で審議、みずほFG3社、相互に機能強化。」と題する記事においては、「みずほフィナンシャルグループ（FG）傘下の中核事業会社である、みずほ銀行、みずほ信託銀行、みずほ証券の3社も6月22日から監査等委員会設置会社に移行した。狙いは「グループ全体で監督機能を高める」ことにある。」「新体制では、3社の親会社であるみずほFGの取締役がみずほ銀の監査等委員を兼務。独立性は保ちつつ、意思疎通を密にして情報の把握や共有をしやすくし、グループ全体の監督機能を上げるように工夫している。」「みずほFG企画管理部の高橋康一副部長は「各社の監査等委員会間で連携しやすくなり、一体的な監査・監督体制を敷ける。独任の監査役同士では難しいところもあった」とメリットを強調する。」とする。
　　また、明司雅宏「監査等委員会設置会社への移行に当たって－法務担当者の移行へのかかわり方」NBL1050号（2015）35頁は、サントリー食品インターナショナル株式会社の監査等委員会設置会社への移行に関して、「売上・利益の半数は海外事業となっている。こういった環境で、内部統制・監査の充実を図る必要があるが、実査を前提とした監査役体制よりも、より効率的で実質的な監査の充実という観点から考えると、内部監査部門や事業子会社のオーディットコミッティーなどの活用したより実効的・効率的な監査体制がふさわしいという結論となった。グローバル展開している場合、この監査体制の観点は非常に重要な観点であると思われる。」とする。

の柔軟なプランニングが可能というメリットもあり得ると考えられる。

2　指名委員会等設置会社からの移行のメリット

　指名委員会等設置会社から監査等委員会設置会社への移行は、法定の指名・報酬委員会の廃止を伴うことから、対外的にガバナンスの後退の印象を与える懸念があり、基本的に検討される例は少ないと思われる。

　もっとも、指名委員会等設置会社においては、取締役の過半数が社外取締役であっても、法定の指名・報酬委員会の設置が強制されるが（法2条12号）、取締役会の構成員の過半数が社外取締役なのであれば、法定の指名・報酬委員会を廃止して、取締役の人事（指名・報酬）を取締役会自体が決定しても取締役会の監督機能は損なわれないはずである。前記のとおり、指名・報酬という経営の根幹をなす重要事項の決定について取締役会において最終決定する規律のニーズが存在するから、例えば、取締役の過半数が社外取締役である指名委員会等設置会社が、監査等委員会設置会社に移行することは考えられる（その上で、委員会の決定について取締役会決議による事後的な変更・修正が可能となる任意の指名・報酬委員会を設置することもありえよう。）[11]。

　なお、議決権行使助言会社 ISS の「2021年版日本向け議決権行使助言基準」は、指名委員会等設置会社から監査等委員会設置会社への移行に関して、「指名委員会等設置会社から監査等委員会設置会社に移行する場合、個別に判断する。」として、個社ごとに判断するというスタンスを示している。

11）中村直人「平成26年株主総会への心構え」資料版商事法務357号（2013）9頁参照。また、日本取締役協会・前掲注8）は、平成26年改正会社法の施行前の委員会設置会社制度に関し、制度設計の柔軟化を可能とする法改正を求めたものであるが、この中で、「取締役会の過半数が『独立取締役』で構成されていることを条件として、現行の委員会設置会社における、いわゆる必要三委員会の設置義務を解除し、会社が必要と考える任意の委員会を設置することができるものとする（以下「柔軟設計型委員会設置会社」という。）。なお、柔軟設計型委員会設置会社制度を採用するためには、定款でその旨定めることを必要とするものとする。」との提言が行われていた。監査等委員会設置会社は、実質的に、このような柔軟設計型委員会設置会社制度の実現を可能とする機関設計であるともいえる。

第 2 章

監査等委員会設置会社の機関等

Q6　監査等委員会設置会社を選択できる株式会社

Q　監査等委員会設置会社を選択できるのは、どのような会社ですか。

A　株式会社は、大会社であるか公開会社であるかにかかわらず、監査等委員会設置会社の機関設計を選択することが可能です。

●解説

　監査等委員会設置会社とは監査等委員会を置く株式会社をいう（法2条11号の2）。

　そして、株式会社は、定款に定めによって、監査等委員会を置くことができる（法326条2項）。株式会社が監査等委員会設置会社を置くかどうかは、定款自治に委ねられており、大会社であるかどうか、また、公開会社（発行する全部又は一部の株式について譲渡制限のない会社の意味である。法2条5号）であるかどうかにかかわらず、監査等委員会を置くことが可能である。

　もっとも、監査等委員会設置会社は、その機関として、必ず取締役会を置かなければならず（法327条1項）、大会社であるか否かにかかわらず、会計監査人を置かなければならない（同条5項。Q7参照）。

Q7 監査等委員会設置会社に置かれる機関等

Q 監査等委員会設置会社に置く必要がある機関について、教えてください。

A　監査等委員会設置会社には、その機関として、①株主総会、②取締役会、③代表取締役、④監査等委員会、⑤会計監査人を必ず置かなければなりません。また、任意に会計参与を置くこともできます。

●解説

　監査等委員会設置会社においては、その機関として、株主総会及び取締役のほか、定款の定めにより、監査等委員会に加えて、取締役会及び会計監査人[1]を置くことが必要である（法327条1項・5項）。また、取締役の中から代表取締役を選定しなければならない（法399条の13第3項）。さらに、定款の定めによって、任意に、会計参与を置くことができる（法326条2項）。

　そして、監査等委員会は、監査等委員である取締役3人以上で構成される（法331条6項。その過半数は社外取締役でなければならない。Q13参照）。代表取締役は、監査等委員以外の取締役から選定しなければならないため（法399条の13第3項）、監査等委員会設置会社においては、最低4人の取締役を置く必要があることになる[2]。

　一方、監査等委員会設置会社は、監査等委員会が監査を担う機関設計

---

1) 監査等委員会設置会社の制度は、会社の規模や公開会社（発行する全部又は一部の株式について譲渡制限のない会社の意味である。法2条5号）であるか否かを問わず選択可能であるところ（**Q7**参照）、大会社であるか否かにかかわらず、会計監査人の設置が必須である。その理由は、監査等委員会は、いわゆる内部統制システムを利用した組織的な監査を行うことを前提としているところ(**Q21**参照)、内部統制システムの構築に当たっては、計算書類の適正性・信頼性の確保の観点から会計監査人が重要な役割を果たすこと、及び、計算書類の承認機関である取締役会の構成員である監査等委員である取締役から構成される監査等委員会が会計監査を担うため、計算書類の適正性・信頼性の確保の観点から、取締役会から独立した第三者による監査をも受けることが適切であることによる（一問一答（平成26年改正）26頁）。

2) 商事法務・改正会社法の解説〔Ⅱ〕21頁、一問一答（平成26年改正）24頁。

であることから、監査役を置くことはできない（法327条4項）。また、指名委員会等設置会社と異なり、監査等委員会設置会社において、執行役は置かれない[3]。監査等委員会設置会社において業務執行を行うのは、監査役会設置会社と同様に、代表取締役又は業務担当取締役である（法363条1項各号）。なお、監査等委員会設置会社においても、会社法上の制度ではないいわゆる執行役員を置くことは可能である[4]。

　監査等委員会設置会社においては、指名委員会等設置会社と異なり、法定の指名委員会・報酬委員会は置かれない（法327条6項参照）。ただし、監査等委員会設置会社が、法定の機関ではない任意の指名委員会や報酬委員会を置くことは可能である（**Q8**参照）[5]。

3）監査等委員会設置会社において執行役が置かれないのは、法定の指名委員会及び報酬委員会が置かれないことに鑑みれば、監査等委員会設置会社の業務を執行する者は、取締役会の決議のみによって選任される執行役（法402条2項参照）ではなく、株主総会の決議で選任される取締役であることを要するとすることで、業務執行に関して株主による監督を受けることとするのが適切であることによる（一問一答（平成26年改正）29頁）。
4）商事法務・改正会社法の解説〔Ⅱ〕21頁、一問一答（平成26年改正）17頁。
5）商事法務・改正会社法の解説〔Ⅱ〕21頁、一問一答（平成26年改正）28頁。

Q8 監査等委員会設置会社と任意の委員会

Q 監査等委員会設置会社において、任意の指名委員会・報酬委員会など、任意の委員会を設置することは可能ですか。

A 可能です。2018年6月1日のコーポレートガバナンス・コードの改訂により、コード補充原則4-10①において、監査役会設置会社又は監査等委員会設置会社（独立社外取締役が取締役会の過半数に達している場合を除く）において、任意の指名委員会・報酬委員会を置かなければコンプライできない改訂がされたこと等も踏まえ、監査等委員会設置会社においても、任意の指名委員会・報酬委員会を設置する会社は増加しています。

●解説

1 指名・報酬に関する任意の委員会とは

　任意の指名委員会・報酬委員会（以下、まとめて「任意の指名・報酬委員会」という。）とは、法定の指名・報酬委員会が置かれる指名委員会等設置会社以外の株式会社において、取締役の人事（指名・報酬）の決定の透明性と客観性を高め、指名委員会等設置会社と類似の経営者への監督機能の強化を図るために、法律により義務付けられるものではない任意の仕組みとして、一定数を社外役員や社外の有識者等で占める委員会を設置し、その審議結果に基づいて、取締役会が取締役の人事や報酬を決定する取組みを指す。

1 指名・報酬に関する任意の委員会の導入の背景

　我が国の上場会社については、かねてより、取締役の人事（指名・報酬）の決定プロセスに透明性と客観性が欠ける場合が多いことが、コーポレート・ガバナンス上の問題として認識されてきた。

　すなわち、取締役会において、経営トップを含む取締役の人選は、定時株主総会の招集決定の中で、取締役選任議案の承認等として形式的な審議にとどまることも少なくなく、実質的に、取締役に昇格する者の決

定権が、社長などの現（元）経営トップに集中していると指摘されてきた[1]。また、取締役会のメンバーのほとんどが会社従業員出身者である場合が多く、業務執行において経営トップである代表取締役の指揮下にある者に、経営トップへの積極的な監督を期待することは通常困難であった。このように、現（元）社長の強い影響を受けた取締役会の構成であるために、現社長が十分な経営上の成果を上げられなくても、これを交代させるメカニズムに欠けており[2]、このことが、日本企業の収益性が低い1つの原因となっているのではないか、との指摘がなされていた。

　役員報酬についても、従来、株主総会決議の枠内での取締役の報酬の具体的な配分は、取締役会決議により社長に一任されることがほとんどであった。また、多くの会社では社長（と人事担当役員ないし人事部長）のみが報酬の支給の基準を知っており、他の取締役は自己の報酬がどのように決まるのかを全く知らないことも少なくなかった。そして、株主にとっては、取締役の報酬が不当に過大でないだけでなく、報酬の内容が、会社の業績向上に向けた適切なインセンティブを与えるものになっているかも重大な関心事であるところ、我が国企業の役員報酬については、米国や欧州に比べて金額の水準は大幅に低いものの、固定報酬が占める割合が大きく、長期の業績連動報酬の割合が低いため、業績向上に対するインセンティブが弱いとの指摘がなされていた。

　このようなことから、独立社外取締役などの社外者が、取締役会における助言などを通じて取締役の人事（指名・報酬）に一定の関与をする

---

1) 2012年に上場会社を対象に行われた後継人事への影響力に関するアンケート調査の結果によれば、「現経営者が後継人事になんらかの影響を及ぼしている」と回答した企業が87.2％、「会長・相談役などの社長経験者がなんらかの影響を及ぼしている」と回答した企業が44.3％であった（宮島英昭ほか「日本型コーポレート・ガバナンスはどこへ向かうのか〔下〕──『日本企業のコーポレート・ガバナンスに関するアンケート』調査から読み解く」商事法務2009号（2013）15頁）。

2) 昭和61（1986）年から平成17（2005）年までの我が国の上場会社を対象とした実証研究によれば、日本の上場企業の社長交代の理由として、業績の悪化、製品開発の失敗等の懲罰的な理由によるものは少なく、前任社長の健康上の理由、年齢、長期政権化などの非懲罰的な理由によるものが多かった。また、業績の悪化は社長交代には簡単には結びついておらず、業績が悪化した企業で経営者を交代させるようなメカニズムが存在しないと指摘されている（久保克行『コーポレート・ガバナンス──経営者の交代と報酬はどうあるべきか』（日本経済新聞出版社、2010）89頁、94頁以下）。

ことで、その決定プロセスの透明性と客観性を図ることが株主・投資家から期待されていた。そして、取締役会構成員の一部を構成員とする委員会をコーポレート・ガバナンスにおいて活用する取組みは、先進国においても一般的なものであり、海外投資家から見ても理解しやすい仕組みでもあることから、我が国の上場会社においても、取締役会等の諮問機関である任意の指名委員会・報酬委員会を設置する例が次第に増加するようになった。

2　コーポレートガバナンス・コードと任意の委員会

　2015 年 6 月 1 日に上場会社に対して適用開始となったコーポレートガバナンス・コードの補充原則 4-10 ① においては、経営陣幹部・取締役の指名・報酬などに係る取締役会の機能の独立性・客観性と説明責任を強化するために、指名・報酬などの特に重要な事項に関する検討に当たり独立社外取締役の適切な関与・助言を得るべきであるとされていた。そして、このための取組みの例示として、取締役会の下に独立社外取締役を主要な構成員とする任意の諮問委員会を設置することが挙げられていた。

　本補充原則に関しては、2018 年 6 月 1 日に実施されたコーポレートガバナンス・コードの改訂において、監査役会設置会社又は監査等委員会設置会社（独立社外取締役が取締役会の過半数に達している場合を除く）は、指名委員会・報酬委員会などの独立した諮問委員会を設置することが、指名・報酬などの特に重要な事項に関する検討に当たり独立社外取締役の適切な関与・助言を得るための取組みの「例示」ではなく、これを必須とする改訂が行われた（すなわち、任意の指名・報酬委員会を設置しない場合、同補充原則をエクスプレインするべきこととされた。）。

コーポレートガバナンス・コード補充原則 4-10 ①（下線・取消線部分は 2018 年 6 月に改訂された箇所である）

　上場会社が監査役会設置会社または監査等委員会設置会社であって、独立社外取締役が取締役会の過半数に達していない場合には、経営陣幹部・取締役の指名・報酬などに係る取締役会の機能の独立性・客観性と説明責任を強化するため、~~例えば、~~取締役会の下に独立社外取締役を主要な構成員とする任意の指名委員会・報酬委員会など、独立した諮問委員会を設置することなどにより、指名・報酬などの特に重要な事項に関する検討に当

たり独立社外取締役の適切な関与・助言を得るべきである。

　かかるコーポレートガバナンス・コードの導入及び改定を踏まえ、我が国の上場会社において、任意の委員会を設置する企業は増加しており、2020 年の時点で、東証一部上場会社の約 6 割が、法定又は任意の指名・報酬委員会を設置している[3]。

　なお、コーポレートガバナンス・コードは 2021 年 6 月 11 日に再度改訂が実施されており、補充原則 4-10 ①は、以下のとおり改定されている[4]。

コーポレートガバナンス・コード補充原則 4-10 ①（下線・取消線部分は 2021 年 6 月に改訂された箇所である）

> 　上場会社が監査役会設置会社または監査等委員会設置会社であって、独立社外取締役が取締役会の過半数に達していない場合には、経営陣幹部・取締役の指名（後継者計画を含む）・報酬などに係る取締役会の機能の独立性・客観性と説明責任を強化するため、取締役会の下に独立社外取締役を主要な構成員とする任意の指名委員会・報酬委員会など、独立した指名委員会・報酬諮問委員会を設置することにより、指名や報酬などの特に重要な事項に関する検討に当たり、ジェンダー等の多様性やスキルの観点を含め、これらの委員会の独立社外取締役の適切な関与・助言を得るべきである。
>
> 　特に、プライム市場上場会社は、各委員会の構成員の過半数を独立社外取締役とすることを基本とし、その委員会構成の独立性に関する考え方・権限・役割等を開示すべきである。

2　監査等委員会設置会社と任意の委員会

　監査等委員会設置会社においては、指名委員会等設置会社と異なり、

---

3) 東京証券取引所「東証上場会社における独立社外取締役の選任状況及び 指名委員会・報酬委員会の設置状況 」（2020 年 9 月 7 日）によれば、2020 年の時点で、東証一部上場会社のうち、法定・任意の指名委員会を置く会社は 58.0%、法定・任意の報酬委員会を置く会社は 61.0% である。また、2021 年 7 月 10 日時点で、東証上場会社（指名委員会等設置会社を除く。）3655 社のうち、指名委員会に相当する任意の委員会があるとする会社は 1626 社（44.5%）、報酬委員会に相当する任意の委員会があるとする会社は 1794 社（49.1%）である（東京証券取引所のコーポレート・ガバナンス情報サービスの検索結果より）。

4) 補充原則 4-10 ①のプライム市場上場会社についての第二文の追加は、東京証券取引所の新たな市場区分への移行に合わせて、2022 年 4 月 4 日からの適用が予定されている。

法定の指名委員会・報酬委員会は置かれない（法 327 条 6 項参照）。しかし、監査役設置会社と同様に、任意の委員会として、指名や報酬に関する委員会を設けることは可能である（ **Q7** 参照。その名称を「指名委員会」又は「報酬委員会」とすることも妨げられない[5]。）。

　法定の指名・報酬委員会は置かれない以上、取締役の人事（指名・報酬）の決定の透明性と客観性をどのように確保するかは監査等委員会設置会社におけるガバナンス上の課題となり、そのための代表的な取組みとして、任意の指名・報酬委員会の設置が位置付けられる。そして、前記のコーポレートガバナンス・コード補充原則 4-10 ①の改訂等を踏まえ、監査等委員会設置会社においても、任意の指名・報酬委員会を置く会社は増加している。

　例えば、TOPIX500 構成銘柄企業である監査等委員会設置会社 115 社（2020 年 8 月末）において、いかなる仕組みより、指名・報酬に関する検討に当たり独立社外取締役の関与・助言を得ているか（コーポレートガバナンス・コード補充原則 4-10 ①参照）についてまとめると、任意の指名・報酬委員会を設置する会社が全体の約 8 割に上っている（次項表の①参照）[6]。

　なお、監査等委員会設置会社においては、監査等委員会は、監査等委員以外の取締役の人事（指名・報酬）について株主総会における意見陳述権を有している（ **Q25** 参照）。監査等委員会設置会社において、独立社外取締役の意見を反映する仕組みとして、監査等委員会の意見聴取・助言等を挙げる会社が一定数あるのは（次項表の②参照）、監査等委員会が意見陳述権を有しており、指名・報酬の決定に関与することが制度上想定されていることを踏まえ、監査等委員会による指名・報酬の検討を、独立社外取締役の意見を反映するための社内プロセスとして明確に位置付けるものといえる（実際、監査等委員会が指名・報酬に関して深度の高い検討を行い、代表取締役等と複数回にわたる議論等行いながら、その意見

---

5) 商事法務・改正会社法の解説〔Ⅱ〕21 頁、一問一答（平成 26 年改正）28 頁。
6) このほか、2021 年 7 月 10 日時点で、監査等委員会設置会社として東証のコーポレート・ガバナンス報告書を提出している会社 1229 社のうち、指名委員会に相当する任意の委員会があるとする会社は 587 社（47.8%）、報酬委員会に相当する任意の委員会があるとする会社は 629 社（51.2%）である（東京証券取引所のコーポレート・ガバナンス情報サービスによる検索結果より）。

TOPIX500 構成銘柄企業である監査等委員会設置会社（115 社）の指名・報酬に独立社外取締役の意見を反映する仕組み（2020 年 8 月末時点）

指名	①任意の指名委員会の設置	97 社（84.3%）
	②監査等委員会の事前の意見聴取・助言等（合わせて独立社外取締役の事前の意見聴取・助言等）	9 社（7.8%）（3 社）
	③独立社外取締役の事前の意見聴取・助言等	3 社（2.6%）
	④独立社外取締役が出席する取締役会の審議	4 社（3.4%）
	⑤不明	2 社（1.7%）
報酬	①任意の報酬委員会の設置	99 社（86.0%）
	②監査等委員会の事前の意見聴取・助言等（合わせて独立社外取締役の事前の意見聴取・助言等）	8 社（6.9%）（3 社）
	③独立社外取締役の事前の意見聴取・助言等	2 社（1.7%）
	④独立社外取締役が出席する取締役会の審議	4 社（3.4%）
	⑤不明	2 社（1.7%）

※ 各社のコーポレート・ガバナンス報告書より筆者作成

を反映することで、監督機能を発揮している実例は存在する。）。

　ただし、監査等委員会に、監査等委員会としての職務に加えて、任意の指名・報酬委員会と同等の機能を持たせ、指名・報酬・監査のいずれについても中核的な役割を期待することは、その業務負担が過度に重いものにならないかについて、注意が必要と思われる[7]（例えば、指名・報酬の決定を通じた監督機能の実効化の観点で、指名委員会における最高経営責任者等のサクセッション・プランの審議が要請されるなど[8]、任意の指名・報酬委員会に期待される役割は増加する傾向にあることも踏まえた、慎重な

---

7) 太子堂厚子＝吉田瑞穂「TOPIX500 構成銘柄企業にみる監査等委員会設置会社の指名・報酬の規律－指名・報酬に関する意見陳述権の行使状況を中心に－」商事法務 2186 号（2018）21 頁以下参照。このほか、田原泰雅ほか「コーポレートガバナンス・コードの改訂と『投資家と企業の対話ガイドライン』の解説」商事法務 2171 号（2018）10 頁も、「監査等委員会設置会社においては、監査等委員会に補充原則 4-10 ①で求められる諮問委員会の役割を担わせることも考えられるが、補充原則 4-10 ①を「コンプライ」するためには、一つの委員会において同補充原則に示されている特に重要な事項の検討を行うことが可能であるのか、また、適当であるのかとの点について、適切に検討が行われるべきものと考えられる」とする。

8) 本 Q8 注 16）参照

検討を要する。）。このため、監査等委員会設置会社においても、監査等
委員会とは別に、任意の指名・報酬委員会を設置することが検討課題と
なると考えられる（なお、任意の委員会と指名・報酬についての意見陳述権
の関係は Q26 参照）。

3　任意の委員会の設計

　任意の委員会は、指名委員会等設置会社の法定の指名委員会又は報酬
委員会とは異なるものであり、指名委員会等設置会社の委員会の権限等
に関する会社法の規定（法404条等）は適用されない。

　指名委員会等設置会社の法定の指名・報酬委員会の場合、取締役会の
内部委員会であるものの、委員会の決定を取締役会が覆すことはできな
いが、任意の委員会の場合、取締役会の諮問機関として位置付けること
（すなわち、任意の委員会の決定について取締役会決議による変更・修正の余
地を残すこと）が可能である（Q5 参照）9)。

　もっとも、任意の指名・報酬委員会が、指名・報酬に関する最終的な
決定権限を有しないことから、任意の委員会の実効性の確保のためには、
取締役会において委員会の答申等が無意味化されない仕組み作りが重要
となる。そこで、取締役会規程・委員会規定等の社内規程において、取
締役会は任意の委員会の答申等を「尊重して」指名・報酬の決定を行う
こと等を明記する例は多い10)。また、監査等委員会設置会社においては、
委員会の答申等が、取締役会において合理的理由なくして否定されるよ
うな場合、監査等委員会の指名・報酬に関する意見陳述権の行使が求め
られるところであり、当該意見陳述権の存在も背景に、取締役会におい

---

9) 逆に、定款をもってしても、会社法上の取締役会の専決事項（取締役の選任議案等の決定、
　代表取締役の選定・解職等）についての任意の委員会の決定が、それのみで会社の最終
　的な意思決定として会社を拘束するものとすることはできない（江頭590頁注(2)、太田
　洋「監査・監督委員会設置会社の設計と活用」商事法務1979号（2012）31頁、澤口実
　＝渡辺邦広編著『指名諮問委員会・報酬諮問委員会の実務〔第2版〕』（商事法務、2019）
　83頁参照）。ただし、取締役の個人別の報酬額の決定については、取締役会決議をもっ
　て代表取締役にその決定を一任することも可能と解されており、任意の報酬委員会の委
　員の全員が取締役である以上、取締役会決議に基づき任意の委員会に最終決定を委任す
　ることは可能と考えられる（澤口＝渡辺・前掲126頁、塚本英巨「実務問答会社法　第
　10回　取締役および監査役の指名・報酬に係る任意の委員会の権限」商事法務2133号
　（2107）104頁参照）。

て適切な調整が行われることも期待される（**Q26** 参照）。

　このほか、任意の委員会は法定の制度ではないため、任意の委員会の構成員、委嘱事項、運営方法等は、これを設置する会社自身が決定するべきこととなる。以下は、任意の委員会の設計における一般的なポイントをまとめたものである。

任意の委員会の設計のポイント

委員会の位置付け	取締役会の諮問機関とする例がほとんどである。代表取締役社長の諮問機関とする例もあるが、取締役の指名・報酬について社外取締役を含む取締役会が実質的な決定機能を果たすべきことを重視し（あるいは、コーポレートガバナンス・コード補充原則 4-10 ①において「取締役会の下に独立社外取締役を主要な構成員とする独立した指名委員会・報酬委員会を設置する」と記載されていることを踏まえ）、取締役会の諮問機関とするのが望ましいと考えられる。なお、監査役の個別報酬を諮問対象とする場合などにおいて、（取締役会の諮問機関であると同時に）監査役会の諮問機関とする例もある。
委員会の員数	通常、委員は 3 名〜 10 名程度であり、特に 3 〜 5 名程度の会社が多い[11]（委員会規則において、員数又はその上限又は下限を規定する場合も多い。）。

---

10) 太子堂厚子「監査等委員会設置会社への移行後の実務課題－指名・報酬に関する規律と重要な業務執行の決定権限の委譲－」商事法務 2111 号（2016）22 頁、下山祐樹「監査等委員会設置会社における任意の指名委員会・報酬委員会等の位置づけと運用」商事法務 2104 号（2016）23 頁、浜田宰「任意の指名・報酬委員会の実務－ CG コード適用開始一年後の現状と留意点－」商事法務 2106 号（2016）29 頁参照。また、第一生命ホールディングスの定款（平成 28 年 10 月 1 日効力発生）においては、指名諮問委員会（第 26 条）・報酬諮問委員会（第 35 条）の規定が設けられ、それぞれ、取締役会は、諮問委員会の意見を尊重して決定を行う旨が定款上に明記されており、注目される。
11) 佃秀昭「【社長・ＣＥＯ後継者計画の実務（2）】指名委員会の活用」商事法務 2215 号（2019）59 頁は、任意の指名委員会について、社長・CEO の後継者計画という高い機密性が求められるテーマにつき活発な議論を行う観点では、なるべく少人数が望ましく、複数の外部視点をプロセスに反映させる観点も踏まえ、できれば 3 名〜 5 名程度（うち、独立社外取締役が 2 名〜 3 名）の構成とすることが望ましいとする。

社外者の比率	委員のうち社外取締役が過半数である場合が多い[12]。指名委員会等設置会社と類似の経営者への監督機能の強化を図るという観点からは、委員の過半数又は半数を独立社外取締役とすることに合理性があると考えられる。なお、コード補充原則 4-10 ①は委員会の構成について「独立社外取締役を主要な構成員とする」ことを求めるが、プライム市場上場会社については「各委員会の構成員の過半数を独立社外取締役とすることを基本とする」ことを求めている。 委員となる社外者としては、指名・報酬の決定について取締役会における議決権を有する社外取締役が想定されるが、社外監査役を委員として活用する例もあるほか、社外の知見を活用するとの観点から、社外有識者を委員とする場合もある[13]。
議長の属性	以前は社長その他の社内取締役が議長となる例が一般的であったが、経営陣への監督機能の強化の観点から、指名・報酬ともに、社外取締役が議長（委員長）に就任する例が増化している[14]。
委員の選任手続	委員会の委員は、取締役会で選任するのが一般的である。なお、当期の委員会からの推薦提案をもとに、取締役会で決定する例もある。
開催回数	委員会の開催頻度・スケジュールは、委員会への諮問事項等に応じて適切に設定する必要がある。実務上は、年 1 ～ 2 回の会社から、毎月開催（例えば、定例取締役会に合わせて開催）する会社まで様々である。開催時期は、定期的に行われる場合と、指名・報酬の決定時期に集中的に行われる場合とがある。

---

12) 東京証券取引所「東証上場会社における独立社外取締役の選任状況及び 指名委員会・報酬委員会の設置状況 」（2020 年 9 月 7 日）によれば、任意の委員会の委員の過半数が社外取締役である東証一部上場会社の比率は、任意の指名委員会で 68.1％、任意の報酬委員会で 67.7％となっている。

13) 澤口＝渡辺・前掲注 9) 54 頁参照。なお、社外有識者は、株主に対して善管注意義務を負う取締役ではないという観点から、あくまで委員会に対して意見を述べ、情報提供や審議の円滑化を進める側面支援の役割に特化し、委員会決定においては議決権を有さないこととする等の配慮が必要との指摘もある（タワーズワトソン編・西村康代ほか著『攻めのガバナンス――経営者報酬・指名の戦略的改革』（東洋経済新報社、2015）105 頁）。

14) 東京証券取引所・前掲注 12) によれば、委員会の委員長を社外取締役としている東証一部上場会社の比率は、任意の指名委員会で 52.9％、任意の報酬委員会で 53.4％であり、過半数が社外取締役を議長としている。

決議要件	決議要件については、委員の過半数の賛成（多数決）とするもののほか、出席委員の3分の2の賛成とするなど多数決よりも要件を加重する例もあり、全会一致とする場合もある。また、一定の定足数（過半数又は委員全員の出席など）を定める場合もある。
諮問事項の範囲（委員会の権限）	委員会への諮問事項の設定は、委員会にいかなる役割を求めるかという観点で極めて重要であるが、その内容は、各社によって様々である[15]。 ✓　指名・報酬に関して諮問の対象とする役員等の範囲は、必ずしも、自社の取締役に限られない。自社の①取締役、②代表取締役・役付取締役、③執行役員、④監査役や、（重要な）子会社の①取締役、②代表取締役・役付取締役、③執行役員、④監査役を対象とする例がある。 ✓　指名については、取締役候補者・社外取締役候補者の指名、代表取締役・役付取締役の指名、取締役・経営陣の選任・指名基準、社外取締役の独立性判断基準、業務執行取締役の業績評価、最高経営責任者（CEO）等の後継者計画（サクセッション・プラン）[16]などについて諮問する例がある。報酬については、報酬設計（業績連動比率など）の妥当性、報酬基準・評価基準の妥当性、報酬水準の妥当性、個別報酬（基本報酬・賞与・株式報酬など）の決定などについて諮問する例がある。 ✓　指名・報酬の原案（指名については取締役候補者、報酬については個別報酬など）を、①取締役会が策定して委員会に諮問するのか、②委員会が策定して取締役会に答申・提案するのかも、取扱いが分かれる。
予算	例えば、報酬に関する外部コンサルタントへの依頼等のために、独自予算を設ける場合もある。
事務局	情報収集や議事録の作成等のため、経営企画部・総務部・人事部など適宜の部署が事務局を務めることが多い。

15）澤口＝渡辺・前掲注9）82頁・126頁参照。

16）経済産業省「コーポレート・ガバナンス・システムに関する実務指針（CGSガイドライン）」（2018年9月28日改訂）85頁は、「後継者指名プロセスの客観性・透明性を確保するための方策として、指名委員会が後継者計画の策定・運用に主体的に関与し、これを適切に監督することを検討すべきである。」として、指名委員会の関与が望ましいとしている。

Q9 監査等委員会設置会社における取締役の選解任

Q 監査等委員会設置会社における取締役の選解任の規律は、どのようなものですか。

A 監査等委員会設置会社における取締役の選解任の規律においては、監査等委員である取締役について、監査役と同様の独立性を確保するための仕組みが設けられています。

●解説

1 取締役の選任

取締役は、株主総会の決議によって選任される（法 329 条 1 項）。そして、監査等委員会設置会社の取締役の株主総会における選任は、監査等委員である取締役とそれ以外の取締役とを、区別してしなければならない[1]（法 329 条 2 項）。

取締役選任の株主総会の決議要件は、監査等委員である取締役とそれ以外の取締役のいずれも、株主総会の普通決議である（ただし、定款の定めによっても、その定足数を議決権を行使することができる株主の議決権の 3 分の 1 未満と定めることはできない。法 341 条）。

また、監査等委員である取締役の選任については、監査役の選任に関する規律（法 343 条等）に倣って、その独立性を確保するための仕組みが設けられている。すなわち、取締役が監査等委員である取締役の選任議案を株主総会に提出するには、監査等委員会の同意を得なければならない（法 344 条の 2 第 1 項）。また、監査等委員会には、監査等委員である取締役の選任の議題又は議案の取締役に対する提案権が付与されている（同条 2 項）。さらに、監査等委員である各取締役は、株主総会にお

---

1) このため、累積投票との関係では、監査等委員である取締役とそれ以外との取締役をまとめて累積投票により選任することはできず（例えば、1 つの株主総会で監査等委員以外の取締役を 1 人、監査等委員である取締役を 1 人選任する場合、累積投票の対象とはならない。）、それぞれ別個に累積投票の対象とするかを定めることとなる（法 342 条 1 項）。

いて、監査等委員である取締役の選任（不再任）について意見陳述権を有する（法342条の2第1項）。

　一方、業務執行者に対する監督のための監査等委員会設置会社の特有の権限として、監査等委員会が選定する監査等委員は、株主総会において、監査等委員以外の取締役の選任（不再任）について、監査等委員会の意見を述べることができる（法342条の2第4項。Q25参照）。

　なお、このような監査等委員である取締役とそれ以外の取締役との選任の規律の違いを踏まえ、施行規則においては、監査等委員以外の取締役（施行規則74条）と監査等委員である取締役（施行規則74条の3）とで、それぞれ別の規定で、株主総会参考書類の記載事項が規定されている。

監査等委員会設置会社における取締役選任議案の株主総会参考書類記載事項

※それぞれ監査等委員会設置会社に特有の記載事項に網掛けしている。また、令和元年改正会社法に伴う施行規則の改正部分に下線を引いている。

監査等委員以外の取締役の選任議案（施行規則74条）	監査等委員である取締役の選任議案（施行規則74条の3）
1　基本的記載事項	1　基本的記載事項
一　候補者の氏名、生年月日及び略歴	一　候補者の氏名、生年月日及び略歴
二　就任の承諾を得ていないときは、その旨	二　株式会社との間に特別の利害関係があるときは、その事実の概要
三　株式会社が監査等委員会設置会社である場合において、法342条の2第4項（筆者注：監査等委員以外の取締役の選任についての株主総会における意見陳述権）の規定による監査等委員会の意見があるときは、その意見の内容の概要	三　就任の承諾を得ていないときは、その旨

四	候補者と当該株式会社との間で法427条1項の契約を締結しているとき又は当該契約を締結する予定があるときは、その契約の内容の概要	四	議案が法344条の2第2項（筆者注：監査等委員会の議題・議案の提案権）の規定による請求により提出されたものであるときは、その旨
五	候補者と当該株式会社との間で補償契約を締結しているとき又は補償契約を締結する予定があるときは、その補償契約の内容の概要	五	法342条の2第1項（筆者注：監査等委員である取締役の選解任・辞任に関する監査等委員である各取締役の意見陳述権）の規定による監査等委員である取締役の意見があるときは、その意見の内容の概要
六	候補者を被保険者とする役員等賠償責任保険契約を締結しているとき又は当該役員等賠償責任保険契約を締結する予定があるときは、その役員等賠償責任保険契約の内容の概要	六	候補者と当該株式会社との間で法427条1項の契約を締結しているとき又は当該契約を締結する予定があるときは、その契約の内容の概要
	—	七	候補者と当該株式会社との間で補償契約を締結しているとき又は補償契約を締結する予定があるときは、その補償契約の内容の概要
	—	八	候補者を被保険者とする役員等賠償責任保険契約を締結しているとき又は当該役員等賠償責任保険契約を締結する予定があるときは、その役員等賠償責任保険契約の内容の概要
2	株式会社が公開会社であるときの記載事項	2	株式会社が公開会社であるときの記載事項
一	候補者の有する当該株式会社の株式の数（種類株式発行会社にあっては、株式の種類及び種類ごとの数)	一	候補者の有する当該株式会社の株式の数（種類株式発行会社にあっては、株式の種類及び種類ごとの数)

二	候補者が当該株式会社の取締役に就任した場合において施行規則121条8号に定める重要な兼職に該当する事実があることとなるときは、その事実	二	候補者が当該株式会社の監査等委員である取締役に就任した場合において施行規則121条8号に定める重要な兼職に該当する事実があることとなるときは、その事実
三	候補者と株式会社との間に特別の利害関係があるときは、その事実の概要	三	候補者が現に当該株式会社の監査等委員である取締役であるときは、当該株式会社における地位及び担当[2]
四	候補者が現に当該株式会社の取締役であるときは、当該株式会社における地位及び担当	四	―
3	株式会社が公開会社であって、かつ、他の者の子会社等であるときの記載事項	3	株式会社が公開会社であって、かつ、他の者の子会社等であるときの記載事項
一	候補者が現に当該他の者（自然人であるものに限る。）であるときは、その旨	一	候補者が現に当該他の者（自然人であるものに限る。）であるときは、その旨
二	候補者が現に当該他の者（当該他の者の子会社等（当該株式会社を除く。）を含む。以下この項において同じ。）の業務執行者であるときは、当該他の者における地位及び担当	二	候補者が現に当該他の者（当該他の者の子会社等（当該株式会社を除く。）を含む。以下この項において同じ。）の業務執行者であるときは、当該他の者における地位及び担当
三	候補者が過去10年間に当該他の者の業務執行者であったことを当該株式会社が知っているときは、当該他の者における地位及び担当	三	候補者が過去10年間に当該他の者の業務執行者であったことを当該株式会社が知っているときは、当該他の者における地位及び担当

2) 監査役候補者の場合、独任制の機関である監査役には「担当」が存しないとされているため、候補者が現任の監査役である場合、株式会社における「地位」のみが記載事項とされている（施行規則76条2項3号）。これに対し、監査等委員会は、会議体として組織的な監査を行うため（Q21参照）、その構成員である監査等委員には「担当」があり得ることを踏まえ、候補者が現任の監査等委員である取締役である場合、株式会社における「地位及び担当」が記載事項とされている（施行規則74条の3第2項3号）（一問一答（平成26年改正）31頁）。

4	候補者が社外取締役候補者であるときの記載事項（株式会社が公開会社でない場合にあっては、第4号から第8号までに掲げる事項を除く。）	4	候補者が社外取締役候補者であるときの記載事項（株式会社が公開会社でない場合にあっては、第4号から第8号までに掲げる事項を除く。）
一	当該候補者が社外取締役候補者である旨	一	当該候補者が社外取締役候補者である旨
二	当該候補者を社外取締役候補者とした理由	二	当該候補者を社外取締役候補者とした理由
三	当該候補者が社外取締役（社外役員に限る。以下この項において同じ。）に選任された場合に果たすことが期待される役割の概要	三	当該候補者が社外取締役（社外役員に限る。以下この項において同じ。）に選任された場合に果たすことが期待される役割の概要
四	当該候補者が現に当該株式会社の社外取締役である場合において、当該候補者が最後に選任された後在任中に当該株式会社において法令又は定款に違反する事実その他不当な業務の執行が行われた事実（重要でないものを除く。）があるときは、その事実並びに当該事実の発生の予防のために当該候補者が行った行為及び当該事実の発生後の対応として行った行為の概要	四	当該候補者が現に当該株式会社の社外取締役である場合において、当該候補者が最後に選任された後在任中に当該株式会社において法令又は定款に違反する事実その他不当な業務の執行が行われた事実（重要でないものを除く。）があるときは、その事実並びに当該事実の発生の予防のために当該候補者が行った行為及び当該事実の発生後の対応として行った行為の概要
五	当該候補者が過去5年間に他の株式会社の取締役、執行役又は監査役に就任していた場合において、その在任中に当該他の株式会社において法令又は定款に違反する事実その他不当な業務の執行が行われた事実があることを当該株式会社が知っているときは、その事実（重要でないものを除き、当該候補者が当該	五	当該候補者が過去5年間に他の株式会社の取締役、執行役又は監査役に就任していた場合において、その在任中に当該他の株式会社において法令又は定款に違反する事実その他不当な業務の執行が行われた事実があることを当該株式会社が知っているときは、その事実（重要でないものを除き、当該候補者が当該

	他の株式会社における社外取締役又は監査役であったときは、当該事実の発生の予防のために当該候補者が行った行為及び当該事実の発生後の対応として行った行為の概要を含む。)		他の株式会社における社外取締役又は監査役であったときは、当該事実の発生の予防のために当該候補者が行った行為及び当該事実の発生後の対応として行った行為の概要を含む。)
六	当該候補者が過去に社外取締役又は社外監査役（社外役員に限る。）となること以外の方法で会社（外国会社を含む。）の経営に関与していない者であるときは、当該経営に関与したことがない候補者であっても社外取締役としての職務を適切に遂行することができるものと当該株式会社が判断した理由	六	当該候補者が過去に社外取締役又は社外監査役（社外役員に限る。）となること以外の方法で会社（外国会社を含む。）の経営に関与していない者であるときは、当該経営に関与したことがない候補者であっても監査等委員である社外取締役としての職務を適切に遂行することができるものと当該株式会社が判断した理由
七	当該候補者が次のいずれかに該当することを当該株式会社が知っているときは、その旨 イ　過去に当該株式会社又はその子会社の業務執行者又は役員（業務執行者であるものを除く。ハ及びホ(2)において同じ。）であったことがあること。 ロ　当該株式会社の親会社等（自然人であるものに限る。ロ及びホにおいて同じ。）であり、又は過去10年間に当該株式会社の親会社等であったことがあること。 ハ　当該株式会社の特定関係事業者の業務執行者若しくは役員であり、又は過去10年間に当該株式会社の特定関係事業者（当該株式会社の子会社を除く。）の業務執行者若しくは役員であったことがある	七	当該候補者が次のいずれかに該当することを当該株式会社が知っているときは、その旨 イ　過去に当該株式会社又はその子会社の業務執行者又は役員（業務執行者であるものを除く。ハ及びホ(2)において同じ。）であったことがあること。 ロ　当該株式会社の親会社等（自然人であるものに限る。ロ及びホ(1)において同じ。）であり、又は過去10年間に当該株式会社の親会社等であったことがあること。 ハ　当該株式会社の特定関係事業者の業務執行者若しくは役員であり、又は過去10年間に当該株式会社の特定関係事業者（当該株式会社の子会社を除く。）の業務執行者若しくは役員であったことがある

こと。 ニ　当該株式会社又は当該株式会社の特定関係事業者から多額の金銭その他の財産（これらの者の取締役、会計参与、監査役、執行役その他これらに類する者としての報酬等を除く。）を受ける予定があり、又は過去2年間に受けていたこと。 ホ　次に掲げる者の配偶者、3親等以内の親族その他これに準ずる者であること（重要でないものを除く。）。 　(1)　当該株式会社の親会社等 　(2)　当該株式会社又は当該株式会社の特定関係事業者の業務執行者又は役員 ヘ　過去2年間に合併、吸収分割、新設分割又は事業の譲受け（ヘ、<u>第74条の3第4項第7号ヘ及び第76条第4項第6号ヘ</u>において「合併等」という。）により他の株式会社がその事業に関して有する権利義務を当該株式会社が承継又は譲受けをした場合において、当該合併等の直前に当該株式会社の社外取締役又は監査役でなく、かつ、当該他の株式会社の業務執行者であったこと。	こと。 ニ　当該株式会社又は当該株式会社の特定関係事業者から多額の金銭その他の財産（これらの者の取締役、会計参与、監査役、執行役その他これらに類する者としての報酬等を除く。）を受ける予定があり、又は過去2年間に受けていたこと。 ホ　次に掲げる者の配偶者、三親等以内の親族その他これに準ずる者であること（重要でないものを除く。）。 　(1)　当該株式会社の親会社等 　(2)　当該株式会社又は当該株式会社の特定関係事業者の業務執行者又は役員 ヘ　過去2年間に合併等により他の株式会社がその事業に関して有する権利義務を当該株式会社が承継又は譲受けをした場合において、当該合併等の直前に当該株式会社の社外取締役又は監査役でなく、かつ、当該他の株式会社の業務執行者であったこと。
<u>八</u>　当該候補者が現に当該株式会社の社外取締役又は監査役であるときは、これらの役員に就任してからの年数	<u>八</u>　当該候補者が現に当該株式会社の社外取締役又は監査等委員である取締役であるときは、これらの役員に就任してからの年数

九	前各号に掲げる事項に関する記載についての当該候補者の意見があるときは、その意見の内容	九	前各号に掲げる事項に関する記載についての当該候補者の意見があるときは、その意見の内容

2　取締役の解任

　監査等委員会設置会社の取締役は、いつでも、株主総会の決議によって解任することができる（法339条1項）。

　そして、監査等委員以外の取締役の解任の決議要件は、株主総会の普通決議である（ただし、定款の定めによっても、その定足数を議決権を行使することができる株主の議決権の3分の1未満と定めることはできない。法341条）。

　これに対し、監査等委員である取締役の解任は、株主総会の特別決議によることとされている（法344条の2第3項、309条2項7号）。また、監査等委員である各取締役は、株主総会において、監査等委員である取締役の解任について意見陳述権を有する（法342条の2第1項）。これらは、監査役と同様の、監査等委員である取締役の独立性を確保するための仕組みである。

　一方、業務執行者に対する監督のための監査等委員会設置会社の特有の権限として、監査等委員以外の取締役の解任について、監査等委員会が選定する監査等委員は株主総会において監査等委員会の意見を述べることができる（法342条の2第4項。Q25参照）。

　なお、このような監査等委員である取締役とそれ以外の取締役との解任の規律の違いを踏まえ、施行規則においては、監査等委員以外の取締役（施行規則78条）と監査等委員である取締役（施行規則78条の2）とで、それぞれ別の規定で、株主総会参考書類の記載事項が規定されている。

監査等委員会設置会社における取締役解任議案の株主総会参考書類記載事項

※それぞれ監査等委員会設置会社に特有の記載事項に網掛けしている。

監査等委員以外の取締役の解任議案（施行規則78条）	監査等委員である取締役の解任議案（施行規則78条の2）
一　取締役の氏名	一　監査等委員である取締役の氏名

二	解任の理由	二	解任の理由
三	株式会社が監査等委員会設置会社である場合において、法342条の2第4項（筆者注：監査等委員以外の取締役の解任についての株主総会における意見陳述権）の規定による監査等委員会の意見があるときは、その意見の内容の概要	三	法342条の2第1項（筆者注：監査等委員である取締役の選解任・辞任に関する監査等委員である各取締役の意見陳述権）の規定による監査等委員である取締役の意見があるときは、その意見の内容の概要

3　取締役の辞任

　取締役は、何時でも自己の意思で辞任することができる（民法651条1項）。

　この点、監査等委員である各取締役は、株主総会において、監査等委員である取締役の辞任について意見陳述権を有する（法342条の2第1項）。また、監査等委員である取締役を辞任した者は、辞任後最初に招集される株主総会に出席して、辞任した旨及びその理由を述べることができる（同条2項・3項）。

　一方、監査等委員以外の取締役の辞任について、監査等委員会が選定する監査等委員は株主総会において監査等委員会の意見を述べることができる（法342条の2第4項。Q25参照）[3]。

　なお、監査等委員である取締役については、取締役としての地位と監査等委員である地位とが不可分であり、監査等委員である取締役は、監査等委員のみを辞任し、それ以外の取締役の地位にとどまることはできない[4]。

---

3)　会社役員に関する事業報告記載事項としては、監査等委員会設置会社が事業年度の末日において公開会社である場合、辞任した取締役があるときは、当該取締役の氏名を記載することとされているほか、①辞任したのが監査等委員以外の取締役である場合、当該辞任について法342条の2第4項の意見があるときは、その意見の内容、②辞任したのが監査等委員である取締役である場合、当該辞任について、同条1項に基づく各監査等委員である取締役の意見があるときは、その意見の内容、及び、同条2項に基づく辞任した監査等委員である取締役が株主総会において述べる辞任の理由があるときは、その理由を記載することとされている（施行規則119条2号、121条7号）。

4)　商事法務・改正会社法の解説〔Ⅱ〕23頁、一問一答（平成26年改正）37頁。

機関設計ごとの選解任の規律

	監査役会設置会社	監査等委員会設置会社	指名委員会等設置会社
選解任	**【取締役】** ・株主総会の決議（普通決議）で選任 ・解任は株主総会の普通決議 **【監査役】** ・株主総会の決議（普通決議）で選任 ・解任は株主総会の特別決議 ・選任に関する監査役（会）の同意権・提案権 ・選解任・辞任に関する各監査役の意見陳述権	**【監査等委員以外の取締役】** ・株主総会の決議（普通決議）で、監査等委員である取締役とは区別して選任 ・解任は株主総会の普通決議 ・選解任・辞任に関する監査等委員会が選定する監査等委員の意見陳述権 **【監査等委員である取締役】** ・株主総会の決議（普通決議）で、それ以外の取締役とは区別して選任 ・解任は株主総会の特別決議 ・選任に関する監査等委員会の同意権・提案権 ・選解任・辞任に関する監査等委員である各取締役の意見陳述権	**【取締役】** ・株主総会の決議（普通決議）で選任（選任議案の内容は指名委員会が決定） ・解任は株主総会の普通決議（解任議案の内容は指名委員会が決定） ・各委員会の委員は、取締役の中から取締役会で選定・解職 **【執行役】** ・取締役会決議により選任・解任

Q10 監査等委員会設置会社における取締役の任期

Q 監査等委員会設置会社における取締役の任期の規律は、どのようなものですか。

A 監査等委員会設置会社においては、監査等委員以外の取締役の任期は1年、監査等委員である取締役の任期は2年とされています。

●解説

　監査等委員会設置会社において、監査等委員以外の取締役の任期は、選任後1年以内に終了する事業年度のうち最終のものに関する定時株主総会の終結時までである（法332条3項）。ただし、定款又は株主総会の決議によって、その任期を短縮することは可能である。

　一方、監査等委員である取締役の任期は、選任後2年以内に終了する事業年度のうち最終のものに関する定時株主総会の終結時までであり、定款又は株主総会の決議により短縮することは認められない（法332条1項・4項）[1]。ただし、補欠として選任された監査等委員である取締役の任期については、前任者の任期満了時までとすることができる（同条5項）。

　監査等委員である取締役の独立性を確保するためには、その任期は、監査等委員以外の取締役の任期よりも長くする必要がある一方、監査等委員である取締役は、取締役会の構成員として業務執行の決定に関与するため、業務執行の決定に関与しない監査役よりも任期を短くし、その選任を通じた株主による監督を受ける頻度を多くする必要があるため、監査役の任期である4年よりも短いものとされている[2]。

---

1) 平成26年改正会社法による改正前の法459条1項では、剰余金の配当等を取締役会が決定する旨を定款で定めることができるための要件として取締役の任期が1年以内であることが必要であるとされていたところ、監査等委員である取締役の任期が2年となる監査等委員会設置会社であっても、このような定款の定めを設けることができることを明らかにするため、同項を改正している（**Q36**参照）。

　なお、公開会社でない株式会社においては、原則として、定款により、取締役の任期を10年まで伸長することができることとされている（法332条2項）。しかしながら、監査等委員会設置会社においては、指名委員会等設置会社と同様に、公開会社でない株式会社であっても、定款によって、監査等委員以外の取締役及び監査等委員である取締役のいずれについても、その任期も伸長することはできない[3]（同項かっこ書）。

機関設計ごとの任期の規律

	監査役会設置会社	監査等委員会設置会社	指名委員会等設置会社
任期	【取締役】 ・2年（短縮可） ・公開会社でない株式会社では10年まで伸長可能 【監査役】 ・4年（短縮不可） ・補欠として選任された監査等委員については、前任者の任期満了時までとすることも可 ・公開会社ではない株式会社では10年まで伸長可能	【監査等委員以外の取締役】 ・1年（短縮可・伸長不可） 【監査等委員である取締役】 ・2年（短縮不可・伸長不可） ・補欠として選任された監査等委員である取締役については、前任者の任期満了時までとすることも可	【取締役】 ・1年（短縮可・伸長不可） 【執行役】 ・1年（短縮可・伸長不可）

---

2) 商事法務・改正会社法の解説〔Ⅱ〕22頁、一問一答（平成26年改正）33頁。

3) 公開会社でない株式会社において、原則として10年までの取締役の任期の伸長が認められるのは、非公開会社は、所有と経営が一致している場合が多く、株主による業務執行に対する監督を一定程度期待することができるためであるが、監査等委員会設置会社については、指名委員会等設置会社と同様に、取締役会が設置強制とされ（法327条1項3号・4号）、取締役会が業務執行者に対する監督を行うことを中心とする機関として位置付けられており、株主による業務執行者への直接の監督を想定していないため、任期の伸長が認められないものとされている（一問一答（平成26年改正）35頁）。

Q11 監査等委員会設置会社における取締役の報酬等

Q 　監査等委員会設置会社における取締役の報酬等の規律は、どのようなものですか。

A 　監査等委員会設置会社における取締役の報酬等の規律においては、監査等委員である取締役について、監査役と同様の独立性を確保するための仕組みが設けられています。

●解説

1　株主総会の決議等

1　株主総会で決議するべき内容

　監査等委員会設置会社において、法定の報酬委員会（法404条3項参照）は存在せず、取締役の報酬、賞与その他の職務執行の対価として株式会社から受ける財産上の利益（以下「報酬等」という。）に関する事項（後記表①～⑥）は、定款に当該事項を定めていないときは、株主総会の決議によって決定される（法361条1項）。

　この際、これらの事項は、監査等委員である取締役とそれ以外の取締役とを区別して、定款又は株主総会の決議により定めなければならない（法361条2項）。

定款又は株主総会において定めるべき取締役の報酬等に関する事項（法361条1項）

※令和元年改正会社法による改正部分に下線を引いている。

①確定額報酬	報酬等のうち額が確定しているものについては、その額（1号）
②不確定額報酬	報酬等のうち額が確定していないものについては、その具体的な算定方法（2号）

③株式を取締役の報酬等として付与する場合	報酬等のうち当該株式会社の募集株式（法199条1項に規定する募集株式をいう。以下この項及び法409条3項において同じ。）については、当該募集株式の数（種類株式発行会社にあっては、募集株式の種類及び種類ごとの数）の上限その他法務省令で定める事項 1)（3号）
④新株予約権を取締役の報酬等として付与する場合	報酬等のうち当該株式会社の募集新株予約権（法238条1項に規定する募集新株予約権をいう。以下この項及び法409条3項において同じ。）については、当該募集新株予約権の数の上限その他法務省令で定める事項 2)（4号）
⑤株式又は新株予約権の取得資金に充てるための金銭を報酬等として付与する場合	報酬等のうち次のイ又はロに掲げるものと引換えにする払込みに充てるための金銭については、当該イ又はロに定める事項（5号） イ　当該株式会社の募集株式　取締役が引き受ける当該募集株式の数（種類株式発行会社にあっては、募集株式の種類及び種類ごとの数）の上限その他法務省令で定める事項 3)

---

1) 当該法務省令で定める事項は、①一定の事由が生ずるまで当該募集株式を他人に譲り渡さないことを取締役に約させることとするときは、その旨及び当該一定の事由の概要、②一定の事由が生じたことを条件として当該募集株式を当該株式会社に無償で譲り渡すことを取締役に約させることとするときは、その旨及び当該一定の事由の概要、③前2号に掲げる事項のほか、取締役に対して当該募集株式を割り当てる条件を定めるときは、その条件の概要である（施行規則98条の2参照）。

2) 当該法務省令で定める事項は、①新株予約権の目的である株式の数（種類株式発行会社にあっては、株式の種類及び種類ごとの数）又はその数の算定方法、②新株予約権の行使に際して出資される財産の価額又はその算定方法、③金銭以外の財産を新株予約権の行使に際して出資される財産とするときは、その旨及び当該財産の内容及び価額、④新株予約権を行使することができる期間、⑤一定の資格を有する者が当該新株予約権を行使することができることとするときは、その旨及び当該一定の資格の内容の概要、⑥その他当該新株予約権の行使条件を定めるときは、その条件の概要、⑦新株予約権の譲渡について会社の承認を要することとするときは、その旨、⑧新株予約権に取得条項を付すときは、その内容の概要、⑨取締役に対して当該新株予約権を割り当てる条件を定めるときは、その条件の概要である（施行規則98条の3参照）。

3) 当該法務省令で定める事項は、前掲注1）に記載の①・②及び③前2号に掲げる事項のほか、取締役に対して当該募集株式と引換えにする払込みに充てるための金銭を交付する条件又は取締役に対して当該募集株式を割り当てる条件を定めるときは、その条件の概要である（施行規則98条の4第1項参照）。

	ロ　当該株式会社の募集新株予約権取締役が引き受ける当該募集新株予約権の数の上限その他 法務省令で定める事項[4]
⑥非金銭報酬（株式・新株予約権以外）	報酬等のうち金銭でないもの（当該株式会社の募集株式及び募集新株予約権を除く。）については、その具体的な内容（6号）

　例えば、実務上、報酬等のうち額が確定しているもの（確定額報酬。法361条1項1号）については、定款・株主総会決議により個々の取締役ごとの報酬等を定めるのではなく、株主総会決議において、全員に支給する報酬総額（月額又は年額）の最高限度額のみを定めるのが通常であるが、監査等委員会設置会社においては、このような報酬総額の最高限度額について、監査等委員である取締役とそれ以外の取締役とを区別して、各々の最高限度額を定めることになる。

　監査等委員である取締役とそれ以外の取締役のいずれについても、当該報酬等に関する株主総会決議事項を新たに定めまたは改定する議案を株主総会に提出した取締役は、当該株主総会において、当該事項を相当とする理由を説明しなければならない（法361条4項）[5]。

2　株主総会参考書類の記載事項

　監査等委員である取締役とそれ以外の取締役との報酬等の規律の違いを踏まえ、施行規則においては、監査等委員以外の取締役（施行規則82条）と監査等委員である取締役（施行規則82条の2）とで、それぞれ別の規定で、報酬議案に関する株主総会参考書類の記載事項を規定しており、

---

4)　当該務省令で定める事項は、前掲注2)に記載の①～⑧及び⑨取締役に対して当該新株予約権と引換えにする払込みに充てるための金銭を交付する条件又は取締役に対して当該新株予約権を割り当てる条件を定めるときは、その条件の概要である（施行規則98条の4第2項参照）。

5)　令和元年改正会社法による改正後の法361条4項は、確定額報酬（同条1項1号）も含めて、法361条1項各号に関する議案を株主総会に提出する際に、当該株主総会において「当該事項を相当とする理由」を説明することを義務付けている。当該改正前の法361条4項は、不確定額報酬と非金銭報酬についてのみ当該説明が義務付けられていたが、確定額報酬のみの議案であっても、当該報酬等が必要かつ合理的であるかを判断するにあたり、当該議案に示された確定額報酬のみならず、他の種類の報酬等を含む総額に占める割合等についても検討する必要があると考えられたためである（一問一答（令和元年改正）87頁）。

後者については、監査役の報酬議案に関する株主総会参考書類（施行規則84条）に倣った内容となっている。

監査等委員会設置会社における取締役報酬議案の株主総会参考書類記載事項

※それぞれ監査等委員会設置会社に特有の記載事項に網掛けしている。

監査等委員以外の取締役の報酬議案 （施行規則 82 条）	監査等委員である取締役の選任議案 （施行規則 82 条の 2）
1　基本的記載事項	1　基本的記載事項
一　法 360 条 1 項各号に掲げる事項の算定の基準	一　法 360 条 1 項各号に掲げる事項の算定の基準
二　議案が既に定められている法 360 条 1 項各号に掲げる事項を変更するものであるときは、変更の理由	二　議案が既に定められている法 360 条 1 項各号に掲げる事項を変更するものであるときは、変更の理由
三　議案が二以上の取締役についての定めであるときは、当該定めに係る取締役の員数	三　議案が二以上の監査等委員である取締役についての定めであるときは、当該定めに係る監査等委員である取締役の員数
四　議案が退職慰労金に関するものであるときは、退職する各取締役の略歴	四　議案が退職慰労金に関するものであるときは、退職する各監査等委員である取締役の略歴
五　株式会社が監査等委員会設置会社である場合において、法第 361 条第 6 項（筆者注：監査等委員以外の取締役の報酬等についての株主総会における意見陳述権）の規定による監査等委員会の意見があるときは、その意見の内容の概要	五　法 361 条 5 項（筆者注：監査等委員である取締役の報酬等に関する監査等委員である各取締役の意見陳述権）の規定による監査等委員である取締役の意見があるときは、その意見の内容の概要
2　前項 4 号に規定する場合において、議案が一定の基準に従い退職慰労金の額を決定することを取締役、監査役その他の第三者に一任するものであるときは、株主総会参考書類には、当該一	2　前項 4 号に規定する場合において、議案が一定の基準に従い退職慰労金の額を決定することを取締役その他の第三者に一任するものであるときは、株主総会参考書類には、当該一定の基準

定の基準の内容を記載しなければならない。ただし、各株主が当該基準を知ることができるようにするための適切な措置を講じている場合は、この限りでない。	の内容を記載しなければならない。ただし、各株主が当該基準を知ることができるようにするための適切な措置を講じている場合は、この限りでない。
3　第1項に規定する場合において、株式会社が公開会社であり、かつ、取締役の一部が社外取締役（監査等委員であるものを除き、社外役員に限る。）であるときは、株主総会参考書類には、第1項第1号から第3号までに掲げる事項のうち社外取締役に関するものは、社外取締役以外の取締役と区別して記載しなければならない。	—

2　具体的配分の決定

　監査等委員以外の取締役について、株主総会で報酬総額の最高限度額を決定した場合、各取締役への具体的配分（個人別の報酬等）の決定は、取締役会の決定に委ねられる[6]。

　そして、取締役会は、その決議により各取締役への具体的配分の決定をすることもできるし[7]、代表取締役に具体的配分を一任することも可能である（後記 4 のとおり、令和元年改正会社法により、かかる一任をする場合、事業報告において一定の開示が求められる。）。なお、監査等委員以外の取締役の報酬等について、監査等委員会が選定する監査等委員は株主総会において監査等委員会の意見を述べることができる（法361条6項。Q25 参照）。

---

6)　報酬総額の上限額の範囲内での具体的配分について、株主総会において取締役会に明示的に委任した場合はもちろん、特段の定めをしなかった場合も、取締役の報酬の決定は業務執行の一部であるから、取締役会の決議をもって定めることになると考えられる（味村治＝品川芳宣『役員報酬の法律と実務〔新訂第2版〕』（商事法務研究会、2001）68頁）。

7)　各取締役への具体的配分の決定をする取締役会決議に関して、支給対象である取締役は特別利害関係人（法369条2項）にはならず、議決に加わることが可能である（コンメ(8)296頁〔森本滋〕）。

　これに対し、監査等委員である取締役の報酬等については、監査役の報酬等の規律（法387条）と同様の独立性を確保するための仕組みが設けられている。すなわち、株主総会で報酬総額の最高限度額を決定した場合、各監査等委員である取締役への具体的配分の決定は、監査等委員である取締役の協議（全員一致の決定を意味する。）によって決定する（法361条3項）。また、監査等委員である取締役の報酬等については、監査等委員である各取締役に、株主総会における意見陳述権が付与される（同条5項）。

機関設計ごとの報酬等の規律

	監査役会設置会社	監査等委員会設置会社	指名委員会等設置会社
報酬等	【取締役】 ・総額：定款又は株主総会の決議で決定 ・個人別の配分：取締役会決議により決定（代表取締役への一任可） 【監査役】 ・総額：定款又は株主総会の決議で決定 ・個人別の配分：監査役の協議により決定 ・報酬等に関する各監査役の意見陳述権	【監査等委員以外の取締役】 ・総額：定款又は株主総会の決議で、それ以外の取締役と区別して決定 ・個人別の配分：取締役会決議により決定（代表取締役への一任可） ・報酬等に関する監査等委員会が選定する監査等委員の意見陳述権 【監査等委員である取締役】 ・総額：定款又は株主総会の決議で、それ以外の取締役と区別して決定 ・個人別の配分：監査等委員である取締役の協議により決定	【取締役】 取締役の個人別の報酬等の額は、報酬委員会が決定（代表執行役への一任は不可） 【執行役】 執行役の個人別の報酬等の額は、報酬委員会が決定（代表執行役への一任は不可）

	・報酬等に関する監査等委員である各取締役の意見陳述権

3　報酬等の決定方針の決定の義務付け

1　取締役会で決議するべき内容

　令和元年改正会社法は、監査等委員会設置会社の取締役会に、取締役（監査等委員である取締役を除く）の報酬等の内容として定款又は株主総会の決議で法361条1項各号に掲げる事項についての定めがある場合に、当該定めに基づく「取締役の個人別の報酬等の内容についての決定に関する方針」として法務省令で定める事項の決定を義務付けている[8]（ただし、株主総会決議等で個人別の報酬等の内容を具体的に定めている場合を除く。）。

　監査役設置会社については、公開会社かつ大会社である有価証券報告書提出会社のみに当該方針の決定が義務付けられるが（法361条7項1号）、監査等委員会設置会社については、公開会社もしくは大会社又は有価証券報告書提出会社であるか否かにかかわらず、全ての監査等委員会設置会社について、当該方針の決定が義務付けられている（法361条7項2号）。

　監査等委員である取締役の報酬等については、監査等委員である取締役の協議によって定められるため（法361条3項）、上記の決定方針の決定義務付けの対象からは除外されている[9]（法361条7項柱書）。すなわち、法361条7項に基づき取締役会で決議する「取締役の個人別の報酬等の内容についての決定に関する方針」の内容に、監査等委員である取締役の報酬等に関する方針を含める必要はない。

8）令和元年改正会社法による改正前においては、指名委員会等設置会社以外の会社においては「個人別の報酬等の内容に係る決定に関する方針」（法409条1項参照）の決定は義務付けられておらず、事業報告における開示も省略が可能であった。これに対し、令和元年改正会社法は、①公開・大会社かつ有価証券報告書提出会社である監査役設置会社、及び、②監査等委員会設置会社に対し、取締役の個人別の報酬等の内容についての決定に関する方針を、取締役会決議により決定することを義務付けたものである（一問一答（令和元年改正）77頁）。

9）一問一答（令和元年改正）81頁。

　以上の「取締役の個人別の報酬等の内容についての決定に関する方針」は、必ず取締役会により決議しなければならず、その決定を取締役に委任することはできない[10]（法399条の13第5項第7号）。

　取締役会が決定すべき決定方針の内容として、法務省令が定める事項は、以下のとおりである（施行規則98条の5）。

取締役（監査等委員である取締役を除く）の個人別の報酬等の内容についての決定に関する方針の内容（法361条7項、施行規則98条の5）

①	業績連動報酬等及び非金銭報酬等以外の報酬等の額又はその算定方法の決定に関する方針（施行規則98条の5第1号）
②	業績連動報酬等（利益の状況を示す指標、株式の市場価格の状況を示す指標その他の当該株式会社又はその関係会社の業績を示す指標（業績指標）を基礎としてその額又は数が算定される報酬等）がある場合には、当該業績連動報酬等に係る業績指標の内容及び当該業績連動報酬等の額又は数の算定方法の決定に関する方針（同2号）
③	取締役の個人別の報酬等のうち、金銭でないもの（募集株式又は募集新株予約権と引換えにする払込みに充てるための金銭を取締役の報酬等とする場合における当該募集株式又は募集新株予約権を含む）（非金銭報酬等）がある場合には、当該非金銭報酬等の内容及び当該非金銭報酬等の額若しくは数又はその算定方法の決定に関する方針（同3号）
④	取締役の個人別の報酬等の額に対する各種類（上記①の報酬等の額、業績連動報酬等の額、非金銭報酬等の額）の割合の決定に関する方針（同4号）
⑤	取締役に対し報酬等を与える時期又は条件の決定に関する方針（同5号）
⑥	取締役の個人別の報酬等の内容についての決定の全部又は一部を取締役その他の第三者に委任することとするときは、次に掲げる事項（同6号） 　イ　委任を受ける者の氏名又は株式会社における地位若しくは担当 　ロ　委任を受ける者に委任する権限の内容 　ハ　委任を受ける者によりロの権限が適切に行使されるようにするための措置を講ずる場合は、その内容
⑦	取締役の個人別の報酬等の内容についての決定の方法（上記⑥を除く）（同7号）

10）一問一答（令和元年改正）82頁、**Q34**参照。

| ⑧ | その他取締役の個人別の報酬等の内容についての決定に関する重要な事項[11]（同 8 号） |

　かかる報酬等の決定方針に関する事項は、公開会社の事業報告における開示事項とされている（施行規則 121 条 6 号。後記**4**参照）。

2　個人別の報酬等の決定との関係

　監査等委員会設置会社においては、上記「取締役の個人別の報酬等の内容についての決定に関する方針」を取締役会で決定した上、当該方針に従って取締役の個人別の報酬等の内容を決定しなければならない。

　そして、かかる決定方針を決定せず、又は、定められた決定方針に違反して、取締役の個人別の報酬等の内容を決定した場合には、その報酬等の内容の決定は違法であり、無効と解される[12]。

3　株主総会における説明義務

　前記のとおり、「取締役の個人別の報酬等の内容についての決定に関する方針」は、定款又は株主総会の決議で法 361 条 1 項各号に掲げる事項についての定めがある場合に決定が求められる（法 361 条 7 項）。すなわち、かかる決定方針は、取締役の報酬等に関する株主総会の決議等による定めに基づいて決定されるものと位置付けられている。

　したがって、株主総会において、取締役（監査等委員である取締役を除く）の報酬等に関する事項を定め、又はこれを改定する議案が可決された後に、取締役会において、その内容に基づき、取締役の個人別の報酬等の内容についての決定に関する方針を決定し、又は必要に応じて既存の方針を変更することが想定されており、株主総会の決議時点では、当該株主総会決議に対応する「取締役の個人別の報酬等の内容についての決定に関する方針」を定める取締役会決議は未了であることが想定されている。

　もっとも、株主総会における報酬議案の可決後に、取締役会が「取締役の個人別の報酬等の内容についての決定に関する方針」を定め又は変

11）いかなる事項が該当し得るかについては、例えば、一定の事由が生じた場合に取締役の報酬等を返還させることとする場合（いわゆるクローバック条項）におけるその事由の決定に関する方針等が考えられるとされている（令和元年省令パブコメ結果 26 頁）。

12）一問一答（令和元年改正）78 頁

更することが想定されるような場合、当該方針の内容は、株主が当該議案についての賛否を決定する上で重要な情報であり、また、当該議案の内容の合理性や相当性を基礎付けるものである。そこで、このような場合には、取締役は、法361条4項に基づく同条1項各号に定める報酬等に関する議案を「相当とする理由」の説明として、当該議案の可決後に取締役会で決定又は変更が想定されている「取締役の個人別の報酬等の内容についての決定に関する方針」の内容についても、必要な説明をすることが求められると解されている[13]。

4　事業報告における開示

　公開会社の事業報告においては、取締役の報酬等に関して、以下の事項を記載することとされている（施行規則121条4号乃至6号）。

　そして、監査等委員会設置会社の場合、報酬等の総額及び員数については、監査等委員である取締役とそれ以外の取締役とを、区分して記載することが求められている（施行規則121条4号イ）。

公開会社の事業報告における取締役の報酬等に関する記載事項
※それぞれ監査等委員会設置会社に特有の記載事項に網掛けしている。また、令和元年改正会社法に伴う施行規則の改正部分に下線を引いている。

①当該事業年度に係る報酬等の種類ごとの総額・員数（施行規則121条4号）	当該事業年度に係る取締役の報酬等について、業績連動報酬等、非金銭報酬等、それら以外の報酬等の種類ごとの報酬等の総額及び員数 ※監査等委員である取締役又はそれ以外の取締役で区分 ※取締役の個別開示は任意
②当該事業年度において受け又は受ける見込額が明らかになった報酬等の総額・員数（同5号）	当該事業年度において受け、又は受ける見込みの額が明らかとなった取締役の報酬等（上記①の規定により当該事業年度に係る事業報告の内容とする報酬等及び当該事業年度前の事業年度に係る事業報告の内容とした報酬等を除く。）について、上記①に定める事項

13）一問一答（令和元年改正）79頁

	※監査等委員である取締役又はそれ以外の取締役で区分 ※取締役の個別開示は任意
③業績連動報酬等に関する事項（同5号の2）	取締役の報酬等の全部又は一部が業績連動報酬等である場合 イ　業績連動報酬等の額又は数の算定の基礎として選定した業績指標の内容及び当該業績指標を選定した理由 ロ　業績連動報酬等の額又は数の算定方法 ハ　業績連動報酬等の額又は数の算定に用いたイの業績指標に関する実績
④非金銭報酬等に関する事項（同5号の3）	取締役の報酬等の全部又は一部が非金銭報酬等である場合、非金銭報酬等の内容
⑤報酬等についての定款又は株主総会決議の定めに関する事項（同5号の4）	イ　当該定款を定めた日又は株主総会の決議の日 ロ　当該定めの内容の概要 ハ　当該定めに係る会社役員の員数
⑥報酬等の決定方針に関する事項（同6号、6号の2）	取締役（監査等委員である取締役を除く）の個人別の報酬等の内容についての決定に関する方針を定めている場合 イ　当該方針の決定の方法 ロ　当該方針の内容の概要 ハ　当該事業年度に係る取締役（監査等委員である取締役を除く。）の個人別の報酬等の内容が当該方針に沿うものであると取締役会が判断した理由 上記以外の各取締役の報酬等の額又はその算定方法に係る決定に関する方針を定めている場合には、当該方針の決定の方法及び当該方針の内容の概要
⑦取締役会の決議により報酬等の決定を委任している場合の委任に関する事項（同6号の3）	当該事業年度の末日において取締役会設置会社である場合において、取締役会から委任を受けた取締役その他の第三者が当該事業年度に係る取締役（監査等委員である取締役を除く。）の個人別の報酬等の内容の全部又は一部を決定したときは、その旨及び次

	に掲げる事項
	イ　当該委任を受けた者の氏名並びに当該内容を決定した日における当該株式会社における地位及び担当
	ロ　委任された権限の内容
	ハ　イの者にロの権限を委任した理由
	ニ　イの者によりロの権限が適切に行使されるようにするための措置を講じた場合には、その内容

　このほか、取締役員が有する職務執行の対価として交付された株式・新株予約権等（いわゆるストック・オプション）についても、監査等委員である取締役とそれ以外の取締役とを、区分して記載することとされている（施行規則122条1項2号、同123条1号）。

公開会社の事業報告における取締役の報酬等として付与された株式・新株予約権等に関する記載事項
※それぞれ監査等委員会設置会社に特有の記載事項に網掛けしている。また、令和元年改正会社法に伴う施行規則の改正部分に下線を引いている。

| ①職務執行の対価として交付した株式に関する事項（施行規則122条1項2号） | 事業年度中に会社役員（会社役員であった者を含む。）に職務執行の対価として交付した株式（職務執行の対価として募集株式と引換えにする払込みに充てるための金銭を交付した場合において、当該金銭の払込みと引換えに当該株式会社の株式を交付したときにおける当該株式を含む。）に関する、株式の数（種類株式発行会にあっては、株式の種類及び種類ごとの数）及び株式の交付を受けた者の人数
※以下の区分ごとに開示
・取締役・執行役（監査等委員である取締役・社外役員を除く）
・社外役員である社外取締役（監査等委員である取締役を除く）
・監査等委員である取締役
・取締役・執行役以外の会社役員 |

②職務執行の対価として交付した新株予約権等に関する事項（施行規則123条1号）	当該事業年度の末日において当該株式会社の会社役員（当該事業年度の末日において在任している者に限る。）が当該株式会社の新株予約権等（職務執行の対価として当該株式会社が交付したものに限り、当該株式会社が会社役員に対して職務執行の対価として募集新株予約権と引換えにする払込みに充てるための金銭を交付した場合において、当該金銭の払込みと引換えに当該株式会社の新株予約権を交付したときにおける当該新株予約権を含む。）を有しているときは、当該新株予約権等の内容の概要及び新株予約権等を有する者の人数 ※以下の区分ごとに開示 ・取締役・執行役（監査等委員である取締役・社外役員を除く） ・社外役員である社外取締役（監査等委員である取締役を除く） ・監査等委員である取締役 ・取締役・執行役以外の会社役員

Q12 監査等委員である取締役の資格

Q 監査等委員である取締役の資格について教えてください。

A 監査等委員である取締役は、一定の欠格事由と兼任の禁止が求められます。

●解説

1 取締役一般の欠格事由等

取締役一般に適用される資格制限として、監査等委員である取締役は、自然人に限られ、法人はこれになることはできない（法331条1項1号）。また、法律上、一定の欠格事由が法定されている（同項2号～4号）。そして、公開会社の場合には、取締役が株主でなければならない旨を定款で定めることはできない（同条2項）。

以上の点は、監査等委員以外の取締役についても共通である。

2 兼任禁止

監査等委員である取締役は、一定の兼任禁止が求められる。具体的には、社外取締役であるか否かにかかわらず、その会社の業務執行取締役[1]、使用人もしくは会計参与、又は、子会社の業務執行取締役、執行役、使用人もしくは会計参与を兼ねることができない（法331条3項、法333条3項1号）。このような兼任禁止が求められるのは、監査をする者と監査をされる者が同一であると、監査の適正を図ることができないためである。

指名委員会等設置会社の監査委員は、その会社の業務執行取締役、執

1）「業務執行取締役」とは、①代表取締役（法363条1項1号）、②代表取締役以外の取締役であって、取締役会の決議によって取締役会設置会社の業務を執行する取締役として選定されたもの（法363条1項2号）、③当該株式会社の業務を執行したその他の取締役をいう（法2条15号イ）。

行役、使用人もしくは会計参与、又は、子会社の業務執行取締役、執行役、使用人もしくは会計参与を兼ねることができないとされており（法400条4項、331条4項、333条3項1号）、兼任禁止の範囲は実質的に同一である[2]。なお、指名委員会等設置会社においては、取締役は自社の使用人を兼ねることはできないが（法331条4項参照）、監査等委員会設置会社においては、監査等委員以外の取締役が、自社の使用人を兼ねることは禁止されない。

　監査役の場合は、その会社の取締役・使用人・会計参与又は子会社の取締役・執行役・使用人・会計参与を兼ねることができないとされており（法333条2項・3項1号、335条2項）、子会社の非業務執行取締役を兼務することも禁じられているという意味で、監査等委員である取締役と兼任禁止の範囲が若干異なる。このため、親会社の監査役は、子会社の監査役を兼任することはできるが、当該子会社の監査等委員である取締役を兼任することはできない。

　兼任禁止にふれる者が監査等委員である取締役に選任された場合、監査等委員である取締役への就任を承諾したことをもって従前の地位を辞任したものとみなされ、同人が事実上従前の地位を継続したとしても、監査等委員である取締役としての選任の効力が否定されるわけではなく、単に任務懈怠の問題が生じるにすぎないと解される[3]。

　なお、監査等委員以外の取締役を、株主総会決議により、監査等委員である取締役として選任することは可能である[4]。この場合も、監査等委員である取締役への就任を承諾したことをもって監査等委員以外の取締役を辞任したものとみなされると考えられる[5]。

---

2) 監査委員の場合、自社の執行役との兼任が禁じられる点が監査等委員である取締役との違いであるが、監査等委員会設置会社には執行役は存在しない。

3) 最判平成元・9・19判時1354号149頁、江頭545頁、コンメ(9)51頁〔野村修也〕参照。

4) したがって、監査等委員以外の取締役を、補欠の監査等委員である取締役として予選しておくことも可能である（石井裕介＝若林功晃「コーポレート・ガバナンスに関する規律の見直し」商事法務2056号（2014）34頁）。

5) 監査等委員である取締役について、監査等委員以外の取締役との兼任禁止は法文上定められていないが、これは、いずれも取締役であり、株主総会における選任に際して監査等委員である取締役とそれ以外の取締役を区別しなければならないという規律から（法329条2項）、そもそも兼任ということが想定されないためである。

Q13 監査等委員会の構成等

Q 監査等委員会の構成について教えてください。

A　監査等委員会は、監査等委員である取締役3人以上で構成され、その過半数は社外取締役でなければなりません。また、常勤の監査等委員の選定は義務付けられません。

●解説

　監査等委員会は、監査等委員である取締役3人以上で構成され、その「過半数」は社外取締役でなければならない（法331条6項）。監査役会設置会社の監査役会の場合は、監査役3名以上で構成され、その「半数以上」が社外監査役である必要があり（法335条3項）、監査等委員会では社外者の員数の要件が異なっている。

　監査等委員である取締役は、その会社の業務執行取締役、使用人もしくは会計参与、又は、子会社の業務執行取締役、執行役、使用人もしくは会計参与を兼ねることができない（法331条3項、法333条3項1号。Q12 参照）。

　監査等委員会については、指名委員会等設置会社の監査委員会と同様に、常勤の監査等委員の選定は義務付けられない（Q16 参照）。監査役会の場合は、常勤の監査役を選定しなければならないこと（法390条2項2号・3項）と異なっている。

　このほか、法律上の要請ではないが、上場会社に適用されるコーポレートガバナンス・コードにおいては、監査等委員である取締役[1]には「財務・会計に関する十分な知見を有している者が1名以上選任されるべき

---

1) コーポレートガバナンス・コード原則 4-11 は「監査役には、（中略）財務・会計に関する十分な知見を有している者が1名以上選任されるべきである。」とするが、監査等委員会設置会社においては監査等委員である取締役に適用されるものとして読み替えられる（澤口実＝内田修平＝髙田洋輔 編著『コーポレートガバナンス・コードの実務〔第3版〕』（商事法務、2018）36 頁参照）。

である。」とされている（原則 4-11）[2]。

2）公開会社の事業報告においては、監査等委員である取締役が「財務及び会計に関する相
　　当程度の知見を有しているものであるとき」はその事実を記載するべきこととされてい
　　る（施行規則 121 条 9 号）。

Q14 社外取締役の要件

Q 監査等委員会設置会社における社外取締役の要件について教えてください。

A 社外取締役の要件は、すべての機関設計について共通であり、法2条15号に規定されています。

●解説

監査等委員会は、監査等委員である取締役3人以上で構成され、その過半数は社外取締役でなければならない（法331条6項。Q13参照）。

社外取締役の要件は、法2条15号に規定されている。なお、平成26年改正会社法において、社外取締役の要件における独立性が強化されており、①親会社等の関係者でないこと（法2条15号ハ）、②兄弟会社の関係者（業務執行者）でないこと（同号ニ）、③自社の取締役、重要な使用人等の近親者でないこと（同号ホ）が要件として追加されている。

社外取締役の要件（法2条15号）

（定義）
第2条（略）
　十五　社外取締役　株式会社の取締役であって、次に掲げる要件のいずれにも該当するものをいう。
　　イ　当該株式会社又はその子会社の業務執行取締役（株式会社の第363条第1項各号に掲げる取締役及び当該株式会社の業務を執行したその他の取締役をいう。以下同じ。）若しくは執行役又は支配人その他の使用人（以下「業務執行取締役等」という。）でなく、かつ、その就任の前十年間当該株式会社又はその子会社の業務執行取締役等であったことがないこと。
　　ロ　その就任の前十年内のいずれかの時において当該株式会社又はその子会社の取締役、会計参与（会計参与が法人であるときは、その職務を行うべき社員）又は監査役であったことがある者（業務執行取締役等であったことがあるものを除く。）にあっては、当該取締役、

> 会計参与又は監査役への就任の前十年間当該株式会社又はその子会
> 社の業務執行取締役等であったことがないこと。
> ハ　当該株式会社の親会社等（自然人であるものに限る。）又は親会社
> 　　等の取締役若しくは執行役若しくは支配人その他の使用人でないこ
> 　　と。
> ニ　当該株式会社の親会社等の子会社等（当該株式会社及びその子会
> 　　社を除く。）の業務執行取締役等でないこと。
> ホ　当該株式会社の取締役若しくは執行役若しくは支配人その他の重
> 　　要な使用人又は親会社等（自然人であるものに限る。）の配偶者又は
> 　　2親等内の親族でないこと。

　すなわち、社外取締役となるためには、以下の各要件を充足する必要
がある（法2条15号のイ〜ホ）。

1　現在及び過去10年間、自社及び子会社の業務執行者ではないこと

　現在、自社又は子会社の業務執行取締役[1]・執行役・使用人（総称し
て「業務執行取締役等」という。）でなく、かつ、その就任の前10年間に
おいて、自社又は子会社の業務執行取締役等であったことがないことが
求められる（法2条15号イ）。

　平成26年改正会社法による改正前の会社法においては、過去に1度
でも自社又は子会社の業務執行取締役等であった場合、社外取締役・社
外監査役の要件を喪失するとされていた。しかしながら、いったん、業
務執行者等として経営者の指揮命令系統に属した者も、会社等との関係
が存しない一定の冷却期間を置くことにより、現在の経営者からの影響
力が希薄化すると考えられたため、平成26年改正会社法により、当該
要件に係る対象期間が、原則として就任前10年間に限定されたもので
ある。したがって、社外取締役については、業務執行者を辞めて10年
間経過することにより、原則として、要件を再取得することができるこ
とになる。

　ここで、「就任前」10年間とされているとおり、当該要件は、就任時

---

1)「業務執行取締役」とは、①代表取締役（法363条1項1号）、②代表取締役以外の取締
　役であって、取締役会の決議によって取締役会設置会社の業務を執行する取締役として
　選定されたもの（法363条1項2号）、③当該株式会社の業務を執行したその他の取締役
　をいう（法2条15号イ）。

において満たす必要があり、取締役の任期途中に業務執行取締役等を辞めてから10年間が経過したとしても、直ちに社外取締役に移行することができるわけではない。取締役が重任（再任）している場合は、任期が更新されるごとに「就任」しているものととらえて、要件の充足性を判断することとなる[2]。

2　非業務執行者の場合の過去要件の追加

上記**1**の規律に関しては、自社又は子会社の業務執行取締役等であった者が、退任した後に当該会社の監査役等の社外取締役の過去要件に抵触しない地位につき、10年以上経過した後に、当該株式会社の社外取締役となることができるとすれば、社外取締役の機能を十分に果たすことができるほど業務執行者からの影響が希薄化したということはできず、制度趣旨を損なう脱法的な運用とも考えられる。

そこで、平成26年改正会社法においては、このような脱法的な運用を回避するため、社外取締役の要件に関しては、その就任前10年以内の期間に、その会社又は子会社の非業務執行取締役・会計参与・監査役であったことがある者については、それらへの就任前10年間、その会社又は子会社の業務執行取締役等であったことがないことが、要件として追加された（法2条15号ロ）。

ここで、社外取締役候補者が、自社又は子会社の取締役、会計参与又は監査役に重任（再任）している場合、任期が更新されるごとに「就任」しているものととらえて、要件の充足性を判断することとなる[3]。例えば、2010年6月の定時株主総会で業務執行取締役を退任した者が、同株主総会において直ちに監査役に就任し、2022年6月の定時株主総会の終結時まで3期12年監査役として務めた場合、同総会の終結時をもって同人が社外取締役に就任できるかについては、就任前10年間（2012年6月から2022年6月の間）において監査役の地位にあり、当該期間に係る監査役への就任（重任）時期である2010年6月の定時株主総会の前10年間に業務執行取締役であったことがあるから、社外取締役の要

2）商事法務・改正会社法の解説〔Ⅲ〕9頁、一問一答（平成26年改正）111頁。
3）商事法務・改正会社法の解説〔Ⅲ〕9頁、一問一答（平成26年改正）113頁。

件は満たさないことになる（以下の図参照）[4]。

非業務執行者であった場合の社外取締役の要件の判断

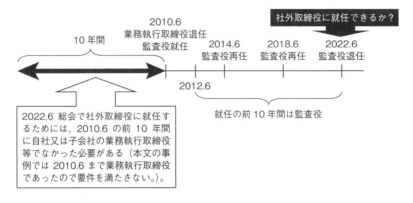

3 現在、親会社等の関係者でないこと

　現在、親会社等（自然人であるものに限る。）又は親会社等の取締役・執行役・使用人でないことが求められる（法2条15号ハ）。

　ここで、条文中の「親会社等」とは、親会社に、法人以外で株式会社の経営を支配している自然人（個人のオーナー株主）を含む概念である（法2条4号の2、施行規則3条の2第2項・3項）。したがって、法文上の「親会社等（自然人であるものに限る。）」とは、当該株式会社の経営を支配している自然人を指す。

　なお、社外取締役の要件として、親会社等の会計参与及び監査役でないことが挙げられていないのは、元々、子会社の取締役は会計参与の欠格事由とされており（法333条3項1号）、監査役は子会社の取締役を兼ねることができないことによる（同条2項）。

　したがって、業務執行者であるか否かにかかわらず、親会社のすべて

4）この者がさらに監査役の再任を繰り返した場合、2034年6月の定時株主総会の時点では、就任前10年間（2022年6月から2034年6月の間）において監査役の地位にあるが、当該期間に係る監査役への就任（重任）時期である2022年6月の定時株主総会の前10年間（2012年6月から2022年6月の間）監査役であって業務執行者ではなかったから、社外取締役の要件を満たすこととなる。

の取締役、監査役、使用人等（いずれも現職に限る。）が、社外取締役の要件を欠くこととなる。なお、社外取締役の要件を欠くのは、現職の親会社の役職員のみであり、親会社を退職した親会社の過去の役職員は、法律上の社外取締役の要件を欠くことはない。

4 現在、兄弟会社の関係者（業務執行者）でないこと

　現在、親会社等の子会社等（いわゆる兄弟会社）の業務執行取締役・執行役・使用人でないことが求められる（法2条15号ニ）。

　ここで「親会社等」とは前記　のとおりであり、「子会社等」とは、子会社に、法人以外の自然人（個人のオーナー株主）が経営を支配している法人を含む概念である（法2条3号の2、施行規則3条の2第1項・3項）。すなわち、法文上の「親会社等の子会社等（当該株式会社及びその子会社を除く。）」とは、自社の経営を支配している者が法人だけでなく自然人である場合も含めて、当該法人又は自然人が経営を支配している他の法人（いわゆる兄弟会社）を指すことになる。

　したがって、兄弟会社の関係者については、親会社の関係者と異なり、兄弟会社の業務執行に携わっている業務執行者（現職に限る。）のみが、社外取締役の要件を欠くこととなる。このため、例えば、兄弟会社の非業務執行取締役や監査役は、自社の社外取締役・社外監査役を兼任することが可能である。また、社外取締役の要件を欠くのは、現職の兄弟会社の業務執行者のみであり、過去の兄弟会社の業務執行者は、法律上の社外取締役の要件を欠くことはない。

5 現在、会社関係者の近親者でないこと

　現在、自然人である親会社等（個人のオーナー株主）又は自社の取締役・執行役・重要な使用人の近親者でないことが求められる。

　すなわち、自社の役職員と自然人である親会社等（個人のオーナー株主）の近親者のみが、社外取締役の要件を満たさないこととされており、親会社・兄弟会社・子会社の役職員の近親者は社外取締役の要件から除外されない。また、近親者が社外取締役の要件を欠くこととされる自社の使用人は、重要な使用人[5]に限定される。

　当該要件は、現在これを満たすことが求められ、過去における該当性

は問われない。

　近親者の範囲は、配偶者のほかは、2 親等内の親族とされており、本人の両親（1 親等）、祖父母（2 親等）、兄弟姉妹（2 親等）、子（1 親等）、孫（2 親等）、配偶者の両親（1 親等）、配偶者の祖父母（2 親等）、配偶者の兄弟姉妹（2 親等）が含まれる。これは、東京証券取引所の独立役員制度の独立性基準（**Q15** 参照）において、独立役員の要件を満たさないこととされる株式会社の業務執行者等の近親者が 2 親等内の親族をいうこととされていること等を考慮したものであるとされる[6]。

---

5) 同一の法律における同一の用語は、基本的に同一の意味に解釈されるのが一般的であるところ、取締役会決議事項である「重要な使用人の選任及び解任」（法 362 条 4 項 3 号）における「重要な使用人」の範囲については、その会社の規模、職制、経営組織、業務の態様、その使用人に与えられた権限等を総合して判断されると考えられており、多くの場合、支店長、部長、工場長、研究所長等がこれに含まれると解されている（上柳克郎ほか編『新版注釈会社法(6)』〔有斐閣、1988〕105 頁）。したがって、近親者が社外取締役・社外監査役の要件を欠くこととされる「重要な使用人」（法 2 条 15 号ホ・16 号ホ）の範囲も、同一に解することが考えられる（商事法務・改正会社法の解説〔Ⅲ〕8 頁（注30）、菊地伸＝石井裕介『会社法改正法案の解説と企業の実務対応』〔清文社、2014〕50 頁）。
　　もっとも、法制審議会会社法制部会の議論では、「重要な使用人」（法 2 条 15 号ホ・16 号ホ）の意義について、取締役や執行役等の経営者に極めて近い地位にある者を指し、そのような経営者に準じるような者をいうものであって、法 362 条 4 項 3 号にいう「重要な使用人」よりは限定的な者を指す（例えば、執行役員のような者はこれに含まれるが、一般的に同号の「重要な使用人」に含まれると解されている有力な支店の支店長等は、当然には含まれるわけではない。）との見解も示されている（岩原紳作「『会社法制の見直しに関する要綱案』の解説〔Ⅰ〕」商事法務 1975 号（2012）13 頁、第 21 回議事録 25 頁〜26 頁〔藤田友敬発言・坂本三郎発言ほか〕。法務省立案担当者も、法 362 条 4 項 3 号にいう「重要な使用人」の範囲よりも限定して解釈する余地があることを認めている（商事法務・改正会社法の解説〔Ⅲ〕8 頁（注30）、一問一答（平成 26 年改正）121 頁））。
6) 商事法務・改正会社法の解説〔Ⅲ〕7 頁、一問一答（平成 26 年改正）120 頁。

「当社の社外取締役」となるための要件

			業務執行取締役	執行役	使用人	非業務執行取締役		会計参与	監査役		近親者
現在	当社		×	×	×	○		欠格事由	兼任禁止		×(注1)
	子会社		×	×	×	社外取締役でない非業務執行取締役 ○	社外取締役 △(注2)	○	社外監査役でない監査役 ○	社外監査役 △(注2)	○
	親会社等	法人	×	×	×	×		欠格事由	兼任禁止		○
		自然人	当該自然人本人は×								×(注3)
	兄弟会社		×	×	×	○		○	○		○
過去	当社		×			○		○	○		○
	子会社		対象期間が全期間→就任の前10年間に限定 (注4)			○		○	○		○

※平成26年改正会社法で新たに禁じられた部分は グレー

(注1)ここでの「近親者」とは、当社の取締役・執行役・支配人その他の重要な使用人の配偶者又は2親等内の親族を指す。

(注2)子会社の社外取締役・社外監査役も当社の社外取締役に就任することができるが、その場合、子会社から見ると親会社の取締役となるため、当社の社外取締役役への就任に伴い子会社における社外取締役・社外監査役の要件を満たさなくなるため、当社の社外取締役と子会社の社外取締役又は社外監査役との兼任は認められないことを示すため、△としている。

(注3)ここでの「近親者」とは、親会社等（自然人であるものに限る。）の配偶者又は2親等内の親族を指す。

(注4)就任の前10年内のいずれかの時において、当社又は子会社の非業務執行取締役・会計参与・監査役であったことがある場合、当該非業務執行取締役・会計参与・監査役への就任の前10年間も対象期間として追加される（法2条15号ロ）。

Q15 社外取締役の独立性の判断

Q 監査等委員会設置会社における社外取締役の独立性の判断基準について教えてください。

A 社外取締役の独立性の考え方は、すべての機関設計について共通です。社外取締役の独立性の判断に際しては、証券取引所の独立役員制度における独立性基準のほか、諸外国又は機関投資家・議決権行使助言会社の独立性の考え方等を踏まえて、自社における独立性の考え方を検討するのが通常です。

●解説

先進国におけるコーポレート・ガバナンスの議論においては、経営への監督機能を強化するため、独立取締役の選任の必要性が提唱されている。そして、ここでいう「独立性」とは、経営者と利害関係を有しないことを意味し、具体的には、親会社・兄弟会社の関係者、大株主の関係者、主要な取引先（相手企業にとって自社が主要な取引先及び自社にとっての主要な取引先）の関係者、多額の寄付を受けている者、取締役等の相互派遣関係、経営者の近親者でないことなどが、独立性を判断する上での考慮要素とされることが多い。

平成26年改正会社法においては、会社法上の社外取締役の要件における独立性が強化され、①親会社等の関係者でないこと（法2条15号ハ）、②兄弟会社の関係者（業務執行者）でないこと（同号ニ）、③自社の取締役、重要な使用人等の近親者でないこと（同号ホ）が要件として追加されている（Q14参照）。もっとも、例えば、「重要な取引先の関係者でないこと」は社外取締役・社外監査役の法律上の要件としては追加されていないが[1]、取締役の経営者からの独立性の判断要素として、経済的な支配従属関係をもたらす重要な取引関係の有無が考慮されること自体は一般的であり、実務上、社外役員の候補者の人選を行う際には、重要な取引先の関係者であるか否かが考慮されている。

　このように、社外取締役の独立性の判断に際しては、会社法上の社外
取締役の要件を満たすことを前提に、証券取引所の独立役員制度におけ
る独立性基準のほか、諸外国又は機関投資家・議決権行使助言会社の独
立性の考え方等を踏まえて、独立性を判断するのが通常である。

　そして、2015年5月1日に上場会社に対して適用開始となったコー
ポレートガバナンス・コードの原則4-9においては、「取締役会は、金
融商品取引所が定める独立性基準を踏まえ、独立社外取締役となる者の
独立性をその実質面において担保することに主眼を置いた独立性判断基
準を策定・開示すべきである。」との内容が掲げられており、かかる原
則を踏まえて、自社における社外取締役の独立性の判断基準について、
数値基準を含めた具体的な独立性の判断基準を定め、公表する例が増え
ている。

　以下では、社外取締役の独立性の判断に際して参考となり得る各種基
準を紹介した上、独立性判断における考慮要素となる各種類型における
一般的な傾向についてまとめたい。

1　独立役員制度における独立性基準

　東京証券取引所は、一般株主保護のため、上場会社に対し1名以上の
独立役員（一般株主と利益相反が生じるおそれのない社外取締役又は社外監
査役）の確保を義務付けている（有価証券上場規程436条の2第1項）。そ
して、独立役員の確保に係る企業行動規範の遵守状況を確認するため、
上場会社は、取引所への「独立役員届出書」の提出が求められるととも
に（有価証券上場規程施行規則436条の2第1項）、独立役員の確保状況を
「コーポレート・ガバナンス報告書」に開示する必要がある（有価証券上
場規程204条12項1号、同施行規則211条4項5号）。

　独立役員制度における独立役員の定義は、「一般株主と利益相反が生
じるおそれのない社外取締役又は社外監査役」であるが（有価証券上場

1）株式会社の取引先の重要性の基準について、規模や売上高等が異なる様々な株式会社に
　一律に適用される規律として、取引先に対する売上高が一定金額以上であること等の形
　式的な基準を設けることは必ずしも適切ではなく、また、取引高等は毎年変動するもの
　であること等から法的安定性を損なうと考えられたことなどから、結論として、要件と
　しては追加されなかった（第23回議議事録7頁〔宮崎雅之関係官発言〕、一問一答（平
　成26年改正）123頁）。

規程 436 条の 2 第 1 項）、東京証券取引所の上場管理等に関するガイドラインにおいて、類型的に一般株主と利益相反の生じるおそれがある場合が「独立性基準」として規定されており、独立性基準に抵触する場合は、独立役員として届け出ることができない[2]（上場管理等に関するガイドラインⅢ 5.(3)の 2）。独立役員は、社外役員の中で独立性が認められる者のみがこれに該当することとなり、会社法上の社外役員よりもより厳格な要件が課せられるものである。

　なお、すべての上場会社について 1 名以上の独立役員の確保が義務付けられている現状に鑑みても、自社独自の独立性判断基準の内容は、少なくとも、独立役員制度における独立性基準と同等又はそれ以上の内容とすることが求められる[3]。

　現在の独立性基準の内容は、以下のとおりである。

独立役員制度における独立性基準

独立性基準
A．上場会社を主要な取引先[注1]とする者又はその業務執行者
B．上場会社の主要な取引先又はその業務執行者
C．上場会社から役員報酬以外に多額の金銭その他の財産[注2]を得ているコンサルタント、会計専門家又は法律専門家（当該財産を得ている者が法人、組合等の団体である場合は、当該団体に所属する者をいう。）

---

2) 独立性基準の抵触の有無に係る判断は、上場会社単体で考えることで差し支えないとされている。ただし、独立性基準に抵触しない場合であっても、「一般株主と利益相反が生ずるおそれがない」とはいえない場合は、独立役員の要件を満たさない点に留意が必要であるとされており、「例えば、上場会社が持株会社形態であるような場合において、社外取締役・社外監査役が重要な事業子会社の『主要な取引先』の業務執行者であるような場合においては、その者を独立役員として届け出ようとする場合、『独立性基準』に抵触しないことが想定されますが、その者が一般株主と利益相反の生じるおそれがない者に該当するのかは、別個の検討が必要と考えられます。」とされている（「独立役員の確保に係る実務上の留意事項」（2021 年 6 月改訂版））。

3) 金融庁「コーポレートガバナンス・コード（原案）主なパブリックコメント（和文）の概要及びそれに対する回答」（2015 年 3 月 5 日）においても、「金融商品取引所が定める独立性基準によりその独立性が否定される者は「独立社外取締役」には該当しないと考えられます。他方、その点さえ確保されていれば、取引所に対して現実に独立役員として届出を行っている者であることは、必ずしも必要ない（そうした者でも「独立社外取締役」足りうる）と考えます。」としており、独立役員制度における独立性基準が、最低限の基準を画するものであることが示されている。

D．最近において^(注3)次の(A)から(D)までのいずれかに該当していた者

  (A)　A、B又はCに掲げる者

  (B)　上場会社の親会社の業務執行者又は業務執行者でない取締役

  (C)　上場会社の親会社の監査役（社外監査役を独立役員として指定する場合に限る。）

  (D)　上場会社の兄弟会社の業務執行者

E．次の(A)から(H)までのいずれかに掲げる者（重要でない者を除く。）の近親者^(注4)

  (A)　Aから前Dまでに掲げる者

  (B)　上場会社の会計参与（当該会計参与が法人である場合は、その職務を行うべき社員を含む。以下同じ。）（社外監査役を独立役員として指定する場合に限る。）

  (C)　上場会社の子会社の業務執行者

  (D)　上場会社の子会社の業務執行者でない取締役又は会計参与（社外監査役を独立役員として指定する場合に限る。）

  (E)　上場会社の親会社の業務執行者又は業務執行者でない取締役

  (F)　上場会社の親会社の監査役（社外監査役を独立役員として指定する場合に限る。）

  (G)　上場会社の兄弟会社の業務執行者

  (H)　最近において前(B)～(D)又は上場会社の業務執行者（社外監査役を独立役員として指定する場合にあっては、業務執行者でない取締役を含む。）に該当していた者

(注1)「主要な取引先」に該当するか否かは、施行規則2条3項19号ロに掲げる「当該株式会社の主要な取引先である者（法人以外の団体を含む。）」に準じて上場会社が判断する。

(注2)「多額の金銭その他の財産」に該当するか否かについては、施行規則74条4項6号ニの「多額の金銭その他の財産（これらの者の取締役、会計参与、監査役、執行役その他これらに類する者としての報酬等を除く。）」に準じて上場会社が判断する

(注3)「最近において次の(A)から(D)までのいずれかに該当していた」場合とは、実質的に現在、(A)から(D)までに掲げる事由に該当している者と同視できるような場合をいい、例えば、当該独立役員を社外取締役又は社外監査役として選任する株主総会の議案の内容が決定された時点において、(A)から(D)までのいずれかに該当していた場合等が含まれる。

(注4)「近親者」とは、2親等内の親族を指す。

　また、東京証券取引所は、以上の「独立性基準」とは異なり、該当しても直ちに独立性が否定されることはないものの、独立性に影響を与えうる以下の事実関係について、独立役員の属性情報として独立役員届出書等における開示を求めている。

属性情報の記載

> 　上場会社は、独立役員として指定する者が次のaからlまでのいずれか
> に該当する場合は、該当状況及びそれぞれの概要を記載してください。
>
> a．過去に上場会社又はその子会社の業務執行者であった者
> b．過去に上場会社又はその子会社の業務執行者でない取締役であった者
> 　又は会計参与であった者（社外監査役を独立役員として指定する場合に
> 　限る。）
> c．過去に上場会社の親会社の業務執行者であった者又は業務執行者でな
> 　い取締役であった者
> d．過去に上場会社の親会社の監査役であった者（社外監査役を独立役員
> 　として指定する場合に限る。）
> e．過去に上場会社の兄弟会社の業務執行者であった者
> f．過去に上場会社を主要な取引先とする者の業務執行者であった者
> g．過去に上場会社の主要な取引先の業務執行者であった者
> h．上場会社から役員報酬以外に多額の金銭その他の財産を得ているコン
> 　サルタント、会計専門家又は法律専門家（法人、組合等の団体であるも
> 　のに限る。）に過去に所属していた者
> i．上場会社の主要株主（当該主要株主が法人である場合には、当該法人
> 　の業務執行者等（業務執行者又は過去に業務執行者であった者をいう。）
> 　をいう。）
> j．上場会社の取引先又はその出身者（f．g．又はh．に該当する場合
> 　を除く。）
> k．社外役員の相互就任の関係にある先の出身者
> l．上場会社が寄付を行っている先又はその出身者
>
> ※aからiまでに掲げる者（重要でない者を除く。）については、その近
> 　親者も同様の取扱いとしています。

2　諸外国等の独立性の基準の例

1　ニューヨーク証券取引所の上場規則等

　ニューヨーク証券取引所の上場規則においては、上場企業は取締役会
の過半数を独立取締役で構成しなければならないとされているが（NYSE
Listed Company Manual 303A.01）、取締役が以下に該当する場合は、独立性
を有しないとされている（NYSE Listed Company Manual 303A.02）。

① 取締役が、過去3年以内に上場会社[4]と雇用関係にあった場合、もしくはその近親者[5]が、過去3年以内に上場会社のexecutive officerであった場合

② 取締役本人もしくはその近親者が、過去3年間のいずれかの12か月間において、役員報酬等を除いて、上場会社より直接年間12万ドルを上回る報酬を得ている場合（ただし、近親者がexecutive officer以外の立場で上場会社に雇用されていることによる報酬を除く。）

③ 次のいずれかの要件に該当する場合
　イ　取締役が、内部又は外部監査人のパートナー又は従業員である場合
　ロ　取締役の近親者が内部又は外部監査人のパートナーである場合
　ハ　取締役の近親者が内部又は外部監査人に雇用されており、現に当該上場会社の監査業務に従事している場合
　ニ　取締役又はその近親者が、過去3年以内に内部又は外部監査人のパートナー又は従業員であり、当該期間中に当該会社の監査業務に従事していた場合

④ 取締役又はその近親者が、過去3年以内に、当該上場企業の現在のexecutive officerが報酬委員会のメンバーであった別の企業において、同時期にexecutive officerであった場合

⑤ 過去3年以内のいずれかの事業年度において、取締役本人が従業員である又は取締役の近親者がexecutive officerである他の企業に対して、もしくは当該他の企業から、当該上場会社が、100万ドルもしくはその他の企業の連結総収入の2%のいずれか大きい額を、資産・役務の対価として支払いもしくは受領した場合

2　英国のコーポレートガバナンス・コード

　英国においては、上場会社は、コーポレートガバナンス・コード（UK Corporate Governance Code）の順守が求められ、毎年の年次報告書においてガバナンス・コードを順守したか、順守していない場合はその理由の記載が求められるいわゆるcomply or explainの規律が採用されている。ガバナンス・コードにおいては、大企業では、議長を除き、少なくとも過半数が独立の非業務執行取締役でなければならないとされており（Provisions11.）、取締役会は年次報告書において各非業務執行取締役が独

4）①以降において用いられる上場会社／会社には、上場会社の親会社、子会社及びこれら以外に同程度の影響を有する会社が含まれるものと説明されている。

5）「近親者」には、(a)配偶者、(b)両親、子供、兄弟姉妹（いずれも配偶者側の者を含む）、(c)メイド等を除く同居者が含まれる。

立性を有するかを明確にしなければならず、以下に記すものを含めて当該取締役の独立性の判断に影響すると見られる状況が存在するにもかかわらず、当該取締役が独立性を有すると判断した場合、その理由を年次報告書において示すべきであるとされている（Provisions10.）。

---

①　当該取締役が、過去5年以内に、当該会社又はグループの従業員であったこと
②　当該取締役が、過去3年以内に、直接に会社とビジネス上の重要な（material）関係があったか、又は、会社とビジネス上の重要な関係を有する団体のパートナー、株主、取締役又は幹部職員（senior employee）であったこと
③　当該取締役が、役員報酬以外に追加報酬を受領したことがあるか現に受領していること、会社のストック・オプションか業績連動型の報酬スキームを付与されていること、又は会社の年金スキームのメンバーであること
④　当該取締役が、会社のアドバイザー、取締役又は幹部職員（senior employees）と近しい親族関係にあること
⑤　当該取締役について、他の会社／団体が相互に取締役を選任している関係にある（cross-directorships）か、当該他の会社／団体の取締役と重要な連携関係にあること
⑥　当該取締役が、大株主（significant shareholder）を代表していること
⑦　当該取締役が、最初の選任の日から9年間以上取締役を務めていること

3　議決権行使助言会社

　海外の機関投資家に対して強い影響力を有する米大手議決権行使助言会社 Institutional Shareholder Services Inc.（ISS）の日本向け議決権行使助言基準（2021年版）は、取締役選任議案について、機関設計（監査役設置会社、指名委員会等設置会社、監査等委員会設置会社）ごとに助言基準を設定している。

　そして、監査等委員会設置会社については、株主総会後の取締役会に占める社外取締役（独立性は問わない。）の割合が3分の1未満の場合、原則として、経営トップである取締役に反対を推奨するとしているほか、親会社や支配株主を持つ会社において、(1) ISS の独立性基準を満たす社外取締役が最低2名未満の場合、又は (2) ISS の独立性基準を満たす

社外取締役の割合が3分の1未満の場合、原則として、経営トップである取締役に反対を推奨するとしている。さらに、ISSの独立性基準を満たさない監査等委員である社外取締役については、原則として、反対を推奨するというポリシーが採用されている（監査等委員ではない「それ以外の社外取締役」には、ISSの独立性基準を満たさない場合でも、それを理由に反対を推奨しないとされている。）。

　そして、ISSの日本向け議決権行使助言基準（2021年版）の独立性基準においては、独立性の基本的な考え方は「会社と社外取締役や社外監査役の間に、社外取締役や社外監査役として選任される以外に関係がないこと」とされた上、日本企業において、多くの場合、独立していないと判断される場合として、以下が挙げられている[6]。

ISS の独立性基準

①　会社の大株主である組織において、勤務経験がある
②　会社の主要な借入先において、勤務経験がある
③　会社の主幹事証券において、勤務経験がある
④　会社の主要な[7]取引先である組織において、勤務経験がある
⑤　会社の監査法人において勤務経験がある
⑥　コンサルティングや顧問契約などの重要な[8]取引関係が現在ある、もしくは過去にあった
⑦　親戚が会社に勤務している
⑧　会社に勤務経験がある
⑨　会社が政策保有目的で保有すると判断する投資先組織[9]において、勤務経験がある

6）ISS「2021年版日本向け議決権行使助言基準」（2021年2月1日施行）7頁参照。

7）ここにいう「主要な」の意義については、「主要かどうかは、会社と取引先の双方から見た取引の規模から判断する。取引が売上に占める比率等、具体的に開示されることが望ましい。そのような開示がない場合（例えば取引の有無しか言及されていない、取引規模が単に『僅少』としか開示されない）は、独立性があるとは判断できない」とされている。

8）ここにいう「重要な」の意義については、「重要かどうかは、会社と取引先の双方から見た取引の規模から判断する。取引額等、具体的に開示されることが望ましい。そのような開示がない場合（例えば取引の有無しか言及されていない、取引規模が単に『僅少』としか開示されない）は、独立性があると判断できない。」とされている。

9）政策保有株式の定義には有価証券報告書掲載の「保有目的が純投資目的以外の目的である投資株式」を用いるとされている。

　また、米大手議決権行使助言会社 Glass, Lewis & Co.（グラス・ルイス）の日本市場議決権行使助言方針（2021 年版）は、監査等委員会設置会社について、取締役会の独立性基準は「3 分の 1 以上」としており、取締役会の 3 分の 1 以上の独立社外取締役が在任しない場合、会長（会長職が存在しない場合、社長又はそれに準ずる役職の者）に対して反対助言を行うと共に、その他の非独立と判断する候補者に対しても、独立性基準を満たす人数に達するまで反対助言を行うとしている。加えて、監査等委員会の過半数は独立社外取締役であるべきであり、かつ、監査等委員会の委員長は独立社外取締役であるべきであるとしている。また、監査等委員会に所属する役員が 20％以上の議決権保有者であるか、20％以上の議決権を保有する大株主と密接な関係があると判断した場合、非独立とみなすだけでなく、監査等委員会の職務に不適切であると判断し、反対助言を行うとしている[10]。

　そして、グラス・ルイスは、役員の独立性を判断する際に、同社の独立性基準と照合し、一般株主と利益相反が生じるおそれがないかを判断するとしている。同社の独立性基準の内容は、以下のとおりである。

グラス・ルイスの独立性基準[11]

> 「非独立役員」とは一般株主と著しく利害関係を異にする特定の利益相反が生じる恐れがある役員の事であり、例えば、当該会社[12]又はその子会社や関連会社との重要な取引、その取引先との雇用関係、当該会社の関係者との親族関係のいずれかがある場合、あるいは当該会社の主要借入先の関係者、10％以上の株式保有者又はその関係者である場合、又は、当該企業との株式持ち合い関係がある企業との関係が判明した場合、当該役員を非独立と判断する。
>
> ※　一定のクーリングオフ期間を設けており、利益相反要因となる当該企業との重要な取引関係に対しては 3 年、当該企業との雇用関係に対しては 10 年のクーリングオフ期間を定めている。ただし、その関係性が終了した時期の明確な開示がない場合、その関係性は直近まで継続し

---

10)　グラス・ルイスの日本市場議決権行使助言方針（2021 年版）8 頁以下参照。

11)　グラス・ルイスの日本市場議決権行使助言方針（2021 年版）2 頁以下を参照して筆者がまとめたものである。

12)　当該会社には親会社、連結の範囲に入る子会社、又は、当該会社と合併した企業、当該会社の買収企業、当該会社に買収された企業等を含むとされている。

ているものと判断し、クーリングオフ期間は適用されない。
※　「重要な取引関係・重要な取引」とは以下の金額を超える取引関係とする。
① 　役員又はその近親者が、直接あるいは支配する事業体を通じて、当該企業に対し専門的サービスを提供する場合：（限度額）年間 5 百万円
② 　役員が所属する事務所等が、当該企業に対し専門的サービスを提供する場合：（限度額）年間 12 百万円又は当該事務所の年間売上高の 1％
③ 　役員が所属する事業体又はその関連会社が、当該企業と事業取引等を行う場合：（限度額）当該企業双方どちらかの年間連結売上高の 1％

4　日本取締役協会「取締役会規則における独立取締役の選任基準〔モデル〕」

　日本取締役協会は、上場会社が、独立取締役の選任基準（又は、取締役の「独立性」についての基準）を制定する際に参考となるべきモデルを提示する趣旨で[13]、「取締役会規則における独立取締役の選任基準モデル」（2015 年 5 月 25 日 補訂）を公表しており[14]、実務上、当該モデルの内容も参考になる。

　以下は、同モデルに示されている独立取締役選任基準を抜粋したものであるが、読者の読みやすさ観点で、各項目の冒頭の【　】内に独立性が問題とされている関係者の属性を見出しとして記載している。

【当社及び子会社の業務執行取締役等】
1 　当社において、独立性を有する取締役（以下「独立取締役」という。）であるというためには、当社の業務執行取締役【若しくは執行役】又は執行役員、支配人その他の使用人（以下併せて「業務執行取締役等」と総称する。）であってはならず、かつ、〔過去に一度でも／その就任の前 10 年間において（但し、その就任の前 10 年内のいずれかの時において当社の非業務執行取締役（業務執行取締役に該当しない取締役

---

13) 本モデルは、あくまで 1 つの目安を示すものであって、取締役が「独立取締役」に該当するといえるための最低限の要件を示すものではなく、わが国の企業社会の現在の状況と欧米の基準を踏まえた上で、考え得る 1 つの「ベスト・プラクティス」としての基準を示すものとされている（日本取締役協会「取締役会規則における独立取締役の選任基準〔モデル・解説編〕」（2015 年 5 月 25 日 補訂）2 頁参照）。
14) 日本取締役協会 HP：http://www.jacd.jp/news/gov/150525_post-153.html

をいう。以下同じ。）、監査役又は会計参与であったことがある者にあっ
ては、それらの役職への就任の前10年間において）〕当社の業務執行
取締役等であった者であってはならない。

2　当社において、独立取締役であるというためには、当社の現在の子会
　社の業務執行取締役等であってはならず、かつ、〔過去に一度でも／そ
　の就任の前10年間において（但し、その就任の前10年内のいずれか
　の時において当該子会社の非業務執行取締役、監査役又は会計参与で
　あったことがある者にあっては、それらの役職への就任の前10年間に
　おいて）〕当該子会社の業務執行取締役等であってはならない。

【親会社、主要株主、兄弟会社の関係者】
3　当社において、独立取締役であるというためには、以下のいずれかに
　該当する者であってはならない。
　①　当社の現在の親会社の取締役、監査役、会計参与、執行役、執行役
　　員又は支配人その他の使用人
　②　最近5年間において当社の現在の親会社の取締役、監査役、会計参与、
　　執行役、執行役員又は支配人その他の使用人であった者
　③　当社の現在の主要株主（議決権所有割合10％以上の株主をいう。以
　　下同じ。）又は当該主要株主が法人である場合には当該主要株主又は
　　その親会社若しくは重要な子会社の取締役、監査役、会計参与、執
　　行役、理事、執行役員又は支配人その他の使用人
　④　最近5年間において、当社の現在の主要株主又はその親会社若しく
　　は重要な子会社の取締役、監査役、会計参与、執行役、理事、執行
　　役員又は支配人その他の使用人であった者
　⑤　当社が現在主要株主である会社の取締役、監査役、会計参与、執行役、
　　執行役員又は支配人その他の使用人

4　当社において、独立取締役であるというためには、以下のいずれかに
　該当する者であってはならない。
　①　当社の現在の兄弟会社の取締役、監査役、会計参与、執行役、執行
　　役員又は支配人その他の使用人
　②　最近5年間において当社の現在の兄弟会社の取締役、監査役、会計
　　参与、執行役、執行役員又は支配人その他の使用人であった者

【主要な取引先、当社から寄付を受ける者】
5　当社において、独立取締役であるというためには、以下のいずれかに
　該当する者であってはならない。

① 当社又はその子会社を主要な取引先とする者（その者の直近事業年度における年間連結総売上高の2％以上の支払いを、当社又はその子会社から受けた者。以下同じ。）又はその親会社若しくは重要な子会社、又はそれらの者が会社である場合における当該会社の業務執行取締役、執行役、執行役員若しくは支配人その他の使用人

② 直近事業年度に先行する3事業年度のいずれかにおいて、当社又はその子会社を主要な取引先としていた者（その者の直近事業年度における年間連結総売上高の2％以上の支払いを、当社又はその子会社から受けていた者。以下同じ。）又はその親会社若しくは重要な子会社、又はそれらの者が会社である場合における当該会社の業務執行取締役、執行役、執行役員若しくは支配人その他の使用人

③ 当社の主要な取引先である者（当社に対して、当社の直近事業年度における年間連結総売上高の2％以上の支払いを行っている者。以下同じ。）又はその親会社若しくは重要な子会社、又はそれらの者が会社である場合における当該会社の業務執行取締役、執行役、執行役員若しくは支配人その他の使用人

④ 直近事業年度に先行する3事業年度のいずれかにおいて、当社の主要な取引先であった者（当社に対して、当社の対象事業年度の直近事業年度における年間連結総売上高の2％以上の支払いを行っていた者。以下同じ。）又はその親会社若しくは重要な子会社、又はそれらの者が会社である場合における当該会社の業務執行取締役、執行役、執行役員若しくは支配人その他の使用人

⑤ 当社又はその子会社から一定額（過去3事業年度の平均で年間1,000万円又は当該組織の平均年間総費用の30％のいずれか大きい額）を超える寄付又は助成を受けている組織（例えば、公益財団法人、公益社団法人、非営利法人等）の理事（業務執行に当たる者に限る。）その他の業務執行者（当該組織の業務を執行する役員、社員又は使用人をいう。以下同じ。）

【役員の相互就任】
6 当社において、独立取締役であるというためには、当社又はその子会社から取締役（常勤・非常勤を問わない）を受け入れている会社又はその親会社若しくは子会社の取締役、監査役、会計参与、執行役又は執行役員であってはならない。

【大口債権者】
7 当社において、独立取締役であるというためには、以下のいずれかに該当する者であってはならない。

　① 当社の資金調達において必要不可欠であり、代替性がない程度に依存している金融機関その他の大口債権者（以下「大口債権者等」という。）又はその親会社若しくは重要な子会社の取締役、監査役、会計参与、執行役、執行役員又は支配人その他の使用人

　② 最近3年間において当社の現在の大口債権者等又はその親会社若しくは重要な子会社の取締役、監査役、会計参与、執行役、執行役員又は支配人その他の使用人であった者

【会計監査人その他のアドバイザー】

8　当社において、独立取締役であるというためには、以下のいずれかに該当する者であってはならない。

　① 現在当社又はその子会社の会計監査人又は会計参与である公認会計士（若しくは税理士）又は監査法人（若しくは税理士法人）の社員、パートナー又は従業員である者

　② 最近3年間において、当社又はその子会社の会計監査人又は会計参与であった公認会計士（若しくは税理士）又は監査法人（若しくは税理士法人）の社員、パートナー又は従業員であって、当社又はその子会社の監査業務を実際に担当（但し、補助的関与は除く。）していた者（現在退職又は退所している者を含む。）

　③ 上記①又は②に該当しない弁護士、公認会計士又は税理士その他のコンサルタントであって、役員報酬以外に、当社又はその子会社から、過去3年間の平均で年間1,000万円以上の金銭その他の財産上の利益を得ている者

　④ 上記①又は②に該当しない法律事務所、監査法人、税理士法人又はコンサルティング・ファームその他の専門的アドバイザリー・ファームであって、当社又はその子会社を主要な取引先とするファーム（過去3事業年度の平均で、そのファームの連結総売上高の2％以上の支払いを当社又はその子会社から受けたファーム。以下同じ。）の社員、パートナー、アソシエイト又は従業員である者

【近親者】

9　当社において、独立取締役であるというためには、以下のいずれかに該当する者であってはならない。

　① 当社又はその子会社の［業務執行取締役【、執行役】又は執行役員／取締役【、執行役】、執行役員又は支配人その他の重要な使用人］の配偶者又は二親等内の親族若しくは同居の親族

　② 最近5年間において当社又はその子会社の［業務執行取締役【、執行役】又は執行役員／取締役【、執行役】、執行役員又は支配人その

他の重要な使用人］であった者の配偶者又は二親等内の親族若しく
は同居の親族

③ 当社の現在の親会社の取締役、監査役、会計参与、執行役［又は執
行役員／、執行役員又は支配人その他の重要な使用人］の配偶者又
は二親等内の親族若しくは同居の親族

④ 最近5年間において当社の現在の親会社の取締役、監査役、会計参与、
執行役［又は執行役員／、執行役員又は支配人その他の重要な使用人］
であった者の配偶者又は二親等内の親族若しくは同居の親族

⑤ 当社の現在の主要株主又はその取締役、監査役、会計参与、執行役、
理事、又は執行役員の配偶者又は二親等内の親族若しくは同居の親族

⑥ 最近5年間において、当社の現在の主要株主又はその取締役、監査役、
会計参与、執行役、理事又は執行役員であった者の配偶者又は二親
等内の親族若しくは同居の親族

⑦ 当社が現在主要株主である会社の取締役、監査役、会計参与、執行
役又は執行役員の配偶者又は二親等内の親族若しくは同居の親族

⑧ 当社の現在の兄弟会社の取締役、監査役、会計参与、執行役［又は
執行役員／、執行役員又は支配人その他の重要な使用人］の配偶者
又は二親等内の親族若しくは同居の親族

⑨ 最近5年間において、当社の現在の兄弟会社の取締役、監査役、会計
参与、執行役［又は執行役員／、執行役員又は支配人その他の重要な
使用人］であった者の配偶者又は二親等内の親族若しくは同居の親族

⑩ 当社又はその子会社を主要な取引先とする者（個人）の配偶者又は
二親等内の親族若しくは同居の親族、又は、当社又はその子会社を
主要な取引先とする会社の業務執行取締役、執行役又は執行役員の
配偶者又は二親等内の親族若しくは同居の親族

⑪ 最近3年間のいずれかの事業年度において当社又はその子会社を主
要な取引先としていた者（個人）の配偶者又は二親等内の親族若しく
は同居の親族、又は、最近3年間のいずれかの事業年度において当社
又はその子会社を主要な取引先としていた会社の業務執行取締役、執
行役又は執行役員の配偶者又は二親等内の親族若しくは同居の親族

⑫ 当社の主要な取引先（個人）の配偶者又は二親等内の親族若しくは
同居の親族、又は、当社の主要な取引先である会社の業務執行取締役、
執行役又は執行役員の二親等内の親族若しくは同居の親族

⑬ 最近3年間のいずれかの事業年度において当社の主要な取引先で
あった者（個人）の配偶者又は二親等内の親族若しくは同居の親族、
又は、最近3年間のいずれかの事業年度において当社の主要な取引
先であった会社の業務執行取締役、執行役又は執行役員の配偶者又
は二親等内の親族若しくは同居の親族

⑭　当社又はその子会社から一定額（過去 3 年間の平均で年間 1,000 万円又は当該組織の年間総費用の 30％のいずれか大きい額）を超える寄付又は助成を受けている組織（例えば、公益財団法人、公益社団法人、非営利法人等）の理事（業務執行に当たる者に限る。）その他の業務執行者の配偶者又は二親等内の親族若しくは同居の親族

⑮　当社の現在の大口債権者等の取締役、監査役、会計参与、執行役又は執行役員の配偶者又は二親等内の親族若しくは同居の親族

⑯　最近 3 年間において、当社の現在の大口債権者等の取締役、監査役、会計参与、執行役又は執行役員であった者の配偶者又は二親等内の親族若しくは同居の親族

⑰　その配偶者又は二親等内の親族若しくは同居の親族が、当社又はその子会社の会計監査人又は会計参与である公認会計士（若しくは税理士）又は監査法人（若しくは税理士法人）の社員又はパートナーである者に該当する者

⑱　その配偶者又は二親等内の親族若しくは同居の親族が、当社又はその子会社の会計監査人又は会計参与である公認会計士（若しくは税理士）又は監査法人（若しくは税理士法人）の従業員であって、当社又はその子会社の監査業務を現在実際に担当（但し、補助的関与は除く。）している者に該当する者

⑲　その配偶者又は二親等内の親族若しくは同居の親族が、最近 3 年間において、当社又はその子会社の会計監査人又は会計参与である公認会計士（若しくは税理士）又は監査法人（若しくは税理士法人）の社員若しくはパートナー又は従業員であって、当該期間において、当社又はその子会社の監査業務を実際に担当（但し、補助的関与は除く。）していた者に該当する者

⑳　その配偶者又は二親等内の親族若しくは同居の親族が、上記第 8 項の①又は②に該当しない弁護士、公認会計士又は税理士その他のコンサルタントであって、役員報酬以外に、当社又はその子会社から、過去 3 年間の平均で年間 1,000 万円以上の金銭その他の財産上の利益を得ている者に該当する者、又は、上記第 8 項の①又は②に該当しない法律事務所、監査法人、税理士法人又はコンサルティング・ファームその他の専門的アドバイザリー・ファームであって、当社又はその子会社を主要な取引先とするファームの社員又はパートナーに該当する者

【その他、セーフハーバー、再任】

10　当社において、独立取締役であるというためには、その他、当社の一般株主全体との間で上記第 1 項から第 9 項までで考慮されている事由

以外の事情で恒常的に実質的な利益相反が生じるおそれのない人物で
あることを要する。
11　仮に上記第3項から第9項までのいずれかに該当する者であっても、
当該人物の人格、識見等に照らし、当社の独立取締役としてふさわし
いと当社が考える者については、当社は、当該人物が会社法上の社外
取締役の要件を充足しており、かつ、当該人物が当社の独立取締役と
してふさわしいと考える理由を、対外的に説明することを条件に、当
該人物を当社の独立取締役とすることができるものとする。
12　当社において、現在独立取締役の地位にある者が、独立取締役として再
任されるためには、通算の在任期間が8年間を超えないことを要する。

5　自社独自の独立性判断基準における考慮要素

　前記のとおり、コーポレートガバナンス・コードの原則4-9は、取締
役会は、金融商品取引所が定める独立性基準を踏まえ、独立社外取締役
となる者の独立性をその実質面において担保することに主眼を置いた独
立性判断基準を策定・開示すべきとしており、各社で定めた独立性判断
基準について開示を求めている。

　各社の定める独立性判断基準の内容に関しては、金融商品取引所が定
める独立役員制度の独立性基準の類型（親会社又は兄弟会社の業務執行者、
主要な取引先、役員報酬以外に多額の金銭その他の財産を得ているコンサル
タント、会計専門家又は法律専門家、最近においてこれらに該当していた者、
以上に掲げる者等の近親者）のうち、例えば、「主要な取引先」や「多額
の金銭その他の財産」といった抽象的な基準について、より明確・具体
的な基準（例えば、金額やその全体に占める割合等の水準）を定める会社
が多い。また、独立役員制度の独立性基準が掲げていない要件として、
独立役員届出書において属性情報として記載が求められる類型に関連す
る要件（多額の寄付を受けている者、大株主、役員の相互就任）や、その他
の独立性が問題となりうる要件（例えば、会計監査人・主要な借入先・主
幹事証券会社の関係者、競合先企業の関係者、通算の社外役員在任期間・年
齢その他）を追加すること等により、各社における基準の検討が行われ
る場合が多い。

　自社独自の独立性判断基準の策定に際して、一般的に考慮要素となる
ことが多い各種類型における独立性の考え方の傾向は、以下の表のとお

りである[15]。なお、これらのすべての類型について必ず基準を定めなければならないわけではなく、自社にとって必要と判断する範囲において、独立性の考え方を整理することになる。

　また、本 **Q15** の末尾に、独立性判断基準の実例を参考として掲載する（社外取締役の独立性の考え方は機関設計によって異なるものではないが、監査等委員会設置会社である 2 社の例を掲載する。）。

自社独自の独立性判断基準の作成における考慮要素

	類型	内容	備考
①	当該企業を主要な取引先とする者もしくはその業務執行者又は当該会社の主要な取引先もしくはその業務執行者	**単体ベースか連結ベースか**については、取引の有無を単体ベースで見る場合も、連結ベースで（子会社も含めて）見る場合もいずれもあるが、一般的に連結ベースが多い（ただし、当社側を当社単体＋主要子会社とするか、全ての連結子会社を含めるか、一方、取引先側は連結ベースの数字の把握の困難性から単体で見るかなど、一定のバリエーションが存在する。）。	
		金額基準は、（連結）売上高の 1 〜 3 ％程度であり、2 ％とする例が多い。1 億円（又は 100 万米ドル）等の下限金額を定める会社もある。売上高ではなく負債額や借入額（例：借入額が連結総資産の 2 ％を超えるなど）を基準とする会社もある。	・NY 証券取引所は「100 万ドルもしくは取引先企業の連結総収入の 2 ％のいずれか大きい額」を基準とする。

15)　独立性判断基準の実務動向については、中西一宏＝脇山卓也「本年六月総会における社外取締役の選任をめぐる実務動向－二〇一九年の状況－」商事法務 2210 号（2019）27 頁以下にも詳しい。

当社（グループ）の主要な取引先及び当社（グループ）を主要な取引先とする者の両方を捕捉するため、かかる金額基準を当社（グループ）及び取引先（グループ）の両方に適用し、いずれかに該当すれば重要な取引関係があるとする場合が多い。このほか、メインバンク等の主要な借入先を独立類型として定める例もあり、その場合、金融機関（グループ）からの借入残高が「連結総資産の2％以上」とする例が多いが、1％以上とする例もあるほか、資金調達において「代替性がない程度に依存している」といった定性的な基準を記載するものもある。	
金額基準の対象期間については、直前事業年度、3年間（事業年度）、それ以上（最大10年間）等があるが、3年間とする例が多い。メインバンク等の主要な借入先の関係者については、無条件で独立性を否定する例もある。	・NY証券取引所は「過去3年間」を対象期間とする。
過去該当者（現在の主要な取引先に過去勤務していた者）をどこまで対象とするかについては、基本的に、現職のみ。ただし、3年間、5年間、10年間とする会社もある（5年間とするとこ	・独立役員制度では現在の業務執行者（＋最近において該当した者）のみが独立性基準に抵触。 ・NY証券取引所は退職後の経過年数は不要。英国のコーポレートガバナン

		ろが多い。)。	ス・コードでは重要な取引先を退職後 3 年経過することが必要。
②	役員報酬以外の多額の金銭の支払いを受けているアドバイザー	**多額の金額基準**については、一定期間内で 1 事業年度 1000 万円を越えた場合に独立性を否定する会社が多い。団体の場合は総収入の 2％基準を適用（併用）する会社も相当数に上る。	・日本取締役協会「取締役会規則における独立取締役の選任基準〔モデル〕」は、当社又はその子会社から、過去 3 年間の平均で年間 1000 万円以上の利益を得ている者は独立性を欠くとする。また、法律事務所、監査法人、税理士法人又はコンサルティング・ファームその他の専門的アドバイザリー・ファームについては、過去 3 事業年度の平均で、その連結総売上高の 2％以上の支払いを当社又はその子会社から受けたファームの社員、パートナー、アソシエイト又は従業員である者は独立性を欠くとする。
		金額基準の対象期間については、直前事業年度、3 年間、それ以上（最大 10 年間）等がある。	
		過去該当者をどこまで対象とするかについては、基本的に、現職のみ。ただし、3 年間、5 年間、10 年間とする会社もある。	・独立役員制度では現在の業務執行者（＋最近において該当した者）のみが独立性基準に抵触。
③	会計監査人	**金額基準**については、社外役員が会計監査人である監査法人に所属する者である場合、金銭基準なしで独立	・ISS の独立性基準では、会社の監査法人だけでなく、主幹事証券において勤務経験があったことも

		性を否定する会社が多い。	独立性を欠く要件とされている。
		過去該当者をどこまで対象とするかについては、現職のみ、3年間、5年間、10年間とする会社がある（5年間とするところが多い。）。	・日本取締役協会「取締役会規則における独立取締役の選任基準〔モデル〕」は、現在の会計監査人である監査法人の社員等のほか、最近3年間において当社又は子会社の会計監査人であった公認会計士・監査法人等の社員等であって当社又は子会社の監査業務を実際に担当した者（退職した者を含む。）は独立性を欠くとする。
④	親会社又は兄弟会社の関係者	独立性を欠く関係者の対象を**業務執行者**に限定するかについては、平成26年改正会社法により、親会社関係者については、非業務執行者も含めて現職者はそもそも社外取締役・社外監査役の要件を欠くことになった。兄弟会社関係者については、現職の業務執行者のみが社外取締役・社外監査役の要件を欠くため、自社の独立性判断基準において兄弟会社の非業務執行者も独立性を欠くとするかは要検討。	・独立役員制度の独立性基準は業務執行者のみを問題とする。 ・日本取締役協会「取締役会規則における独立取締役の選任基準〔モデル〕」は兄弟会社の非業務執行者（非業務執行取締役、監査役）も独立性を欠くとする。
		過去在籍者は、会社法上は社外取締役・社外監査役の要件を欠かないこととされている。自社の独立性判断基準において一定の過去在	・会社法上は過去要件は問題とされない。 ・NY証券取引所は親会社・兄弟会社に過去3年以内に雇用関係にあった

		籍者が独立性を欠くとする かは要検討。	かを基準とする。 ・日本取締役協会「取締役 　会規則における独立取締 　役の選任基準〔モデル〕」 　は最近5年以内の在籍者 　は独立性を欠くとする。
⑤	大株主	**保有割合**は、総議決権の 10％以上が多い。5％以上 とする会社や株主名簿にお ける上位10名以内とする 例もある。同一基準で出資 先を対象とする会社もある。	・独立役員制度の独立性基 　準では親会社・兄弟会社 　のみが問題。 ・日本取締役協会「取締役 　会規則における独立取締 　役の選任基準〔モデル〕」 　は議決権所有割合10％以 　上の株主を対象とする。
		過去在籍期間は、基本的に、 現職のみ。ただし、3年間、 5年間とする会社もある。	・ISSの独立性基準では、 　期間を限定せず大株主に 　おいて勤務経験があるこ 　とが独立性を欠く要件と 　されている。 ・日本取締役協会「取締役 　会規則における独立取締 　役の選任基準〔モデル〕」 　は過去5年間とする。
⑥	多額の寄付 を受けてい る者（団体 の場合は在 籍者）	**金額基準**は、1事業年度 1000万円とする会社が多い。 ただし、絶対額だけでなく、 売上高（総収入）等の2％ 基準をあわせて採用する会 社もある。	・日本取締役協会「取締役 　会規則における独立取締 　役の選任基準〔モデル〕」 　は、当社又はその子会社 　から一定額（過去3事業 　年度の平均で年間1000 　万円又は当該組織の平均 　年間総費用の30％のいず 　れか大きい額）を超える 　寄付又は助成を受けてい 　る組織の業務執行者を基 　準とする。
		過去在籍者を独立性判定の 要件とするかについては、	

		現職のみとする会社が多い。ただし、3年間、5年間とする会社もある。	
⑦	相互就任	**相互就任の範囲**は、「社外取締役、社外監査役」を相互に派遣する関係とする会社、「取締役、監査役又は執行役員」とする会社など多様である。	・日本取締役協会「取締役会規則における独立取締役の選任基準〔モデル〕」は、当社又はその子会社から取締役（常勤・非常勤を問わない）を受け入れている会社とする。
		過去在籍期間は、基本的に、現職のみ。ただし、過去5年間、過去10年とする会社もある。	・証券取引所の属性情報の開示は過去10年間に在籍した者。
⑧	近親者	対象となる**会社関係者の範囲**については、単体の重要な使用人（例えば、部長職）以上の者とする会社、グループの重要な使用人以上の者とする会社、これらに主要な取引先等の重要な使用人以上の者を含める会社などがある。	
		過去在籍者の近親者を独立性判定の要件とするかについては、基本的に、現職のみ。3年間、5年間、10年とする会社もある。	
		近親の範囲については、配偶者と2親等内の親族とする会社が多いが、対象者を絞る会社では3親等内の親族とする会社もある。それ以外にも、生計を一にする利害関係者を近親者に含める会社もある。	・独立役員制度の独立性基準では2親等内の親族とする。

| ⑨ | 社外役員としての在任期間 | 在任期間が長くなると独立性に影響を及ぼし得るという考え方を踏まえ、社外取締役・社外監査役としての在任期間について一定の限定を付すものとして、在任期間の上限を4年〜12年とする例がある。 | ・英国のコーポレートガバナンス・コードでは在任期間9年間以上で独立性を欠くとし、日本取締役協会「取締役会規則における独立取締役の選任基準〔モデル〕」8年間を超えないこととする。 |

実例1：野村不動産ホールディングス株式会社（監査等委員会設置会社）の独立社外取締役の独立性基準[16]

（独立社外取締役の独立性基準）
第14条　取締役会は、東京証券取引所の定める独立役員の独立性基準に加え、独立社外取締役の独立性に関する基準を定め、以下各号のいずれにも該当しないことを確認した上で、独立社外取締役候補を指名する。
　⑴　当社または子会社との間で役員の相互就任関係にある他の会社の業務執行者
　⑵　当社または子会社の主要な取引先（＊1）もしくは当社または子会社を主要な取引先（＊1）とする者（当該取引先が法人の場合はその業務執行者）
　⑶　最終事業年度において、当社または子会社から役員報酬以外に1,000万円以上の金銭その他の財産上の利益を得ているコンサルタント、会計専門家または法律専門家
　⑷　当社または子会社から多額の金銭その他の財産上の利益（＊2）を得ている法律事務所、会計事務所、コンサルティング会社等の専門サービスを提供する法人等に所属する者
　⑸　当社の主要株主（主要株主が法人である場合には、当該法人の業務執行者または過去に業務執行者であった者）、主幹事証券会社の業務執行者または過去に業務執行者であった者
　⑹　⑴から⑸に掲げる者の近親者
＊1　主要な取引先とは、ある取引先の当社グループとの取引が、当社または当該取引先の最終事業年度における年間連結売上の2%の金額を超える取引先をいう
＊2　多額の金銭その他の財産上の利益とは、当該法人等の最終事業年度における年間連結売上の2%の金額を超える利益をいう

16）野村不動産ホールディングス株式会社の「コーポレートガバナンスに関する基本方針」（http://www.nomura-re-hd.co.jp/ir/pdf/cgpolicy.pdf）より（2021年7月10日時点）。

実例2：株式会社 SUMCO（監査等委員会設置会社）の独立性の基準[17]

別紙

独立性の基準

当社は、東京証券取引所が定める独立性の基準に加え、以下の各要件のいずれかに該当する者は、独立性を有しないものと判断する。

1. 現在において、次の①から⑦のいずれかに該当する者
    ①当社の主要な株主（総議決権の 10％以上を有する株主）又はその業務執行者
    ②当社の主要な借入先（連結総資産の 2％以上に相当する金額等の借入先）の業務執行者
    ③当社の主幹事証券会社の業務執行者
    ④当社の取引先（当社及び取引先のいずれかにおいて連結売上高の 1％以上を占める取引先）の業務執行者
    ⑤当社の会計監査人のパートナー又は当社の監査に従事する従業員
    ⑥当社より役員報酬以外に年間 500 万円を超える報酬を受領している法律、会計、税務等の専門家又はコンサルタント（ただし、当該報酬を受けている者が法人、組合等の団体である場合は、当該報酬が 1,000 万円又は当該団体の年間総売上高の 1％のいずれか小さい金額を超える場合における当該団体の業務執行者）
    ⑦当社より年間 500 万円を超える寄付を受領している団体の業務執行者

2. 過去 3 年間のいずれかの期間において上記①～⑦のいずれかに該当していた者

以上

17）株式会社 SUMCO の「コーポレートガバナンス基本方針」（https://www.sumcosi.com/corporate/pdf/gov_base_jp.pdf）より（2021 年 7 月 10 日時点）。

Q16 常勤の監査等委員の要否

Q 監査等委員会の中に常勤者を置くことを義務付けていないのは、なぜですか。

A 監査等委員会は、監査委員会と同様に、いわゆる内部統制システムを利用した組織的な監査を行うことを前提としており、常勤の監査等委員を義務付けなくても、情報収集等の点で問題ないと考えられるため等と説明されています。

●解説

1 常勤の監査等委員の選定の要否

　監査等委員会については、指名委員会等設置会社の監査委員会と同様に、常勤の監査等委員の選定は義務付けられない。

　これは、監査等委員会は、監査委員会と同様に、いわゆる内部統制システムを利用した組織的な監査を行うことを前提としており（Q21参照）、常勤の監査等委員を義務付けなくても、情報収集等の点で問題ないと考えられること、また、平成14年の商法特例法改正による指名委員会等設置会社（当時の名称は、委員会設置会社）の導入時に、ニューヨーク証券取引所に上場する米国企業は同取引所の規制により監査委員会の構成員の全員が独立社外取締役でなければならないこととされているように、監査委員の全員を社外取締役とする場合もあること等を考慮して、監査委員会には常勤の監査委員の選定は義務付けられない規律が採用されていたところ[1]、これを改正しなければならない事情は見当たらず、同様の考え方が監査等委員会にも妥当するためと説明されている[2]。

　したがって、監査等委員会が、監査等委員の中から常勤の監査等委員を選定するかどうかは、その任意の判断に委ねられる。ただし、実務上、

---

[1]　始関正光編著『Q＆A平成14年改正商法』（商事法務、2003）104頁。
[2]　商事法務・改正会社法の解説〔Ⅱ〕22頁、一問一答（平成26年改正）38頁。

社内の情報の把握において常勤者が重要な役割を果たしているとの指摘があることも踏まえ、「常勤の監査等委員の選定の有無及びその理由」が事業報告の記載事項とされ、株主等に開示されることとなっている[3]（施行規則 121 条 10 号イ）。

　もっとも、現時点では、実務上、監査等委員会において常勤の監査等委員が選定される場合が多い。例えば、2015 年 10 月 1 日時点で監査等委員会設置会社に移行済みの企業 210 社のうち、任意に常勤の監査等委員を置く会社は 178 社（約 84.7％）であった[4]。また、2020 年に実施された日本監査役協会のアンケート調査によれば、監査等委員会設置会社において常勤監査等委員がいる会社の割合は全体で 93.5％であり、常勤監査等委員の平均人数は 1.05 人である[5]。任意に常勤の監査等委員を選定する会社が多数に上るのは、監査役会設置会社の時代からの監査体制の連続性や、常勤の監査委員が存在することによる社内からの情報収集の円滑等が重視されている可能性がある。一方、常勤の監査等委員を置いていない会社は、自社の監査業務の分量や、監査委員を補助する取締役や補助使用人の設置や内部監査部門との連携等により監査委員会の日常の監査活動をサポートする体制を整えていること等を考慮して、常勤者を不要と判断した可能性がある。

　以上のとおり、監査等委員会設置会社において任意に常勤の監査等委員を選定するか否かは、自社の監査業務の分量や監査等委員への情報提供等のサポート体制及び内部統制部門との連携のあり方等の自社の実情を考慮して、その必要性を判断することになると考えられる。

3）当該事業報告における開示の趣旨について、法制審議会社法制部会における審議においては、常勤者の自主的な配置を促すことまで意図したものではなく、常勤者の配置の要否についてはニュートラルであるとの説明が行われている（第 19 回議事録 17 頁〔塚本英巨関係官発言〕）。

4）塚本英巨＝三菱 UFJ 信託銀行法人コンサルティング部会社法務コンサルティング室『監査等委員会設置会社移行会社の事例分析（別冊商事法務 399 号）』（商事法務、2015）25 頁。

5）日本監査役協会「役員等の構成の変化などに関する第 21 回インターネット・アンケート集計結果（監査等委員会設置会社）」（2021 年 5 月 17 日）参照。なお、指名委員会等設置会社においても、常勤監査委員がいる会社の割合は全体で 79.1％であり、常勤監査委員の平均人数は 1.09 人である（日本監査役協会「役員等の構成の変化などに関する第 21 回インターネット・アンケート集計結果（指名委員会等設置会社）」（2021 年 5 月 17 日）参照）。

2　事業報告における開示

　前記のとおり、株式会社が事業年度の末日において監査等委員会設置会社である場合、事業報告において、「常勤の監査等委員の選定の有無及びその理由」の記載が求められる（施行規則121条10号イ）。なお、同様に常勤の監査委員の選定が任意である指名委員会等設置会社においても、事業報告において、「常勤の監査委員の選定の有無及びその理由」の記載が求められている（同号ロ）。

　当該記載事項は、常勤者を置く場合も置かない場合も、いずれの場合もその理由の開示が求められることに留意する必要がある。記載内容は、各社の実情に応じて検討することとなるが、記載例としては、以下のようなものが考えられる。

事業報告における記載例（常勤の監査等委員を選定する場合）

> 　当会社は、監査等委員である取締役のうち〇〇〇〇氏を、常勤の監査等委員として選定しております。その理由は、監査等委員会の社内からの情報収集の円滑や、内部監査部門との緊密なやりとりを通じた連携の実効性の確保のため、常勤の監査等委員を選定することが必要と判断しているためです。

事業報告における記載例（常勤の監査等委員を選定しない場合）

> 　当会社は、監査等委員会の職務を補助する部署として監査等委員会室を設置しているほか、監査等委員会が必要に応じて内部監査部門を指揮命令して監査を行う体制を構築しており、監査等委員会の監査の実効性を確保していることから、常勤の監査等委員を選定しておりません。

Q17 法定の監査等委員又は社外取締役の員数を欠いた場合の監査報告の効力等

Q 法定の監査等委員又は社外取締役の員数を欠いた場合、どのような法的効果が生じますか。

A 法定の監査等委員又は社外取締役の員数を欠いた場合、監査等委員会の監査報告が手続的な瑕疵を帯びるほか、過料の制裁が問題となります。

●解説

　監査等委員会が、法定の監査等委員又は社外取締役の員数を欠いた場合、以下のとおり、監査等委員会の監査報告が手続的な瑕疵を帯びるほか、過料の制裁が問題となるという法的効果が生じる。

1 監査等委員会の監査の効力

　監査等委員会は、監査等委員である取締役3人以上で構成され、その過半数は社外取締役でなければならない（法331条6項）。

　監査等委員が3人未満又は社外取締役が過半数を下回り、法定の監査等委員又は社外取締役の員数を欠いた場合、当然に監査等委員会の監査が違法となり、監査等委員会の決議が無効となるものではない。しかしながら、監査等委員である取締役が会社法又は定款で定める員数を欠いた状態で監査等委員会の監査報告が作成された場合、このような監査報告は、手続的な瑕疵があると解される[1]。同様に、会社法又は定款で定めた社外取締役の員数を欠いた監査等委員会が作成した監査報告についても、手続的な瑕疵があると解される[2]。

　このような場合、定時株主総会において計算書類を報告事項とする会

---

1) 上柳克郎＝鴻常夫＝竹内昭夫編代『新版注釈会社法第2補巻（平成5年改正）』（有斐閣、1996）81頁、コンメ(7)487頁〔山田純子〕。

2) 一問一答（平成26年改正）73頁、吉戒修一『平成5年・6年改正商法』（商事法務研究会、1996）226頁、江頭547頁、コンメ(7)488頁〔山田純子〕。

計監査人設置会社の特則（法439条、計算規則135条）は適用されず、株主総会の承認を要する。また、法定員数を欠く監査等委員会が作成した監査報告を前提とした計算書類が株主総会で承認されたとしても、当該承認決議は、その招集の手続又は決議の方法に法令違反があるものとして決議取消事由（法831条1項1号）に該当する。

　なお、監査等委員である取締役が法定の員数を欠いた場合、任期の満了又は辞任により退任した監査等委員である取締役は、新たに後任者が選任され就任するまで、なお監査等委員である取締役としての権利義務を有する（法346条1項。解任又は欠格事由への該当による退任の場合は、権利義務は生じない。）。このような権利義務者は、役員としてのあらゆる権利義務を有しており、かかる権利義務監査等委員が引き続き監査を行う場合は、監査報告が手続的な瑕疵を帯びることはない（ただし、後記**2**の過料の問題は生じる。）。

2　過料の制裁

　監査等委員会設置会社が、監査等委員である取締役が法律又は定款で定めた員数を欠くこととなった場合において、その選任手続をすることを怠った場合、取締役等は100万円以下の過料に処せられる（法976条22号）。社外取締役を監査等委員である取締役の過半数に選任しなかったときも、同様に、取締役等は100万円以下の過料に処せられる（同条19号の2）。

3　員数を欠いた場合又は員数を欠くことに備えた対応
1　員数を欠いた場合の事後的な対応

　期中に法定の監査等委員又は社外取締役の員数を欠いた場合、事後的に可能な対応としては、①臨時株主総会による後任者の選任を行うこと、又は、②一時監査等委員の選任を裁判所に申し立てること（法346条2項・3項）がある。

　もっとも、上場会社にとって、①はコストがかかるし、②については、法定の監査等委員又は社外取締役の員数を欠くことに加えて、裁判所が「必要があると認めるとき」の要件を満たす必要があり（法346条2項）、定時株主総会までの期間が長い場合などにおいては、裁判所の許可が得

られない懸念もあり[3]、一定の不確実性が存在する。

　そこで、後記2のとおり、監査等委員の法定員数を欠く事態に備えて、あらかじめ補欠の監査等委員を選任しておくことが考えられる（法329条3項、施行規則96条）。

2　補欠の監査等委員である取締役の予選

　取締役が欠けた場合又は法律・定款に定める役員の員数を欠くこととなる場合に備えて、株主総会決議により、補欠の役員を選任することができる（法329条3項、施行規則96条）。

　したがって、監査等委員である取締役が法定の3名を欠き、又は、監査等委員である取締役の過半数が社外取締役を満たさなくなる場合に備えて、補欠の監査等委員である取締役を選任しておくことが考えられる。なお、監査等委員会設置会社においては、監査等委員である取締役の補欠者であるか、監査等委員以外の取締役の補欠者であるかは、区別して選任する必要がある（法329条3項かっこ書、施行規則96条1項かっこ書参照）。

　補欠の監査等委員である取締役を予選する場合、株主総会においては、当該候補者が補欠の監査等委員である取締役である旨、補欠の社外取締役として予選する場合はその旨、特定の監査等委員の補欠として選任する場合はその旨等も、合わせて決議する必要がある（施行規則96条2項各号）。

　補欠の役員の予選の決議の有効期間は、原則として、決議後最初の定時株主総会の開始時までである（施行規則96条3項）。もっとも、定款で定めれば、補欠の役員の予選の決議の効力を伸長することができる（同項）。監査等委員である取締役について、改選期ごとに補欠者の選任をすればよいこととするためには、定款において、予選の決議の有効期間

3）大竹昭彦ほか編『新・類型別会社非訟』（判例タイムズ社、2020）49～50頁は、一時監査役の選任について、監査役は、本来であれば株主総会において選任されるものであるため、一時監査役を選任する必要性があるのは、定時株主総会まで間がなく、正規の手続を経て監査役を選任することができないような場合又は株主数が多いなどの事情により監査役選任のための臨時株主総会開催がコストの面で困難であるような場合であるとする。そして、定時株主総会開催時まで3か月ほどを切っているような場合には、一時監査役を選任する必要性があると考えられるが、定時株主総会開催まで6か月以上あるようなときは、臨時株主総会による監査役選任を考えるべきであるが、最終的には、会社の規模や株主数を考慮して、一時監査役の選任の要否を判断することになるとする。

を 2 年と定めることとなる（**Q43** の定款変更案 19 条 4 項参照）。

　予選者が正規の監査等委員である取締役に就任した場合、その者の任期は、予選時を起算点として、選任後 2 年以内に終了する事業年度のうち最終のものに関する定時株主総会の終結の時までとなる[4]。もっとも、任期満了前に退任した監査等委員である取締役の補欠として選任された監査等委員である取締役の任期を、退任した監査等委員である取締役の任期満了までとする定款規定（法 332 条 5 項。**Q43** の定款変更案 20 条 3 項参照）がある場合[5]、その任期は前任者の任期までとなる（ただし、補欠監査等委員としての予選時を起算点とする任期の満了時が、前任者の任期の満了時以降である場合に限る。）。

---

4) コンメ(7) 420 頁〔浜田道代〕。
5) ここにいう「補欠」とは、監査等委員である取締役が任期途中に辞任した場合等に株主総会で補欠の監査等委員である取締役として選任された者のみならず、法 329 条 3 項の規定により補欠の監査等委員である取締役として予選されていた者をも含む（監査役についての法 336 条 3 項の「補欠」の意義に関して、相澤哲＝葉玉匡美＝郡谷大輔編著『論点解説　新・会社法──千問の道標』（商事法務、2006）306 頁、コンメ(7) 492 頁〔山田純子〕）。

第3章

監査等委員会の職務・権限と運用

Q18 監査等委員会及び各監査等委員の職務・権限

Q 監査等委員会及び各監査等委員の職務・権限は、どのようなものですか。

A 　監査等委員（会）は、基本的に、指名委員会等設置会社の監査委員（会）と同等の権限を有します。また、①監査等委員以外の取締役の選解任・辞任に関する株主総会における意見陳述権、②監査等委員以外の取締役の報酬等に関する株主総会における意見陳述権、③利益相反取引の事前承認による任務懈怠推定規定（法423条3項）の適用除外など、監査等委員会設置会社の監査等委員会に特有の権限も認められます。

●解説

1 取締役の職務執行の監査

　監査等委員会は、取締役の職務の執行を監査し、監査報告を作成する（法399条の2第3項1号）。

　ここにいう取締役の「職務の執行」とは、「業務の執行」よりも幅広い概念であり、取締役が取締役の地位に基づいて行うすべての行為が監査の対象となる[1]。

　取締役の職務執行の監査は、会計に関する職務執行の監査である「会計監査」とそれ以外の職務執行全般の「業務監査」が含まれる。このうち監査等委員会の業務監査については、指名委員会等設置会社の監査委員会と同様に、取締役の職務執行の適法性の監査にとどまらず、その妥当性を監査する権限も有するとの見解が有力である（**Q19** 参照）。

　監査等委員会（監査等委員）は、当該監査権限の一環として、その職務を適切に遂行できるよう、以下の具体的権限を有する。

1 調査権限

　監査等委員会が選定する監査等委員は、いつでも、取締役・使用人等

1）コンメ(8) 393頁〔吉本健一〕。

に対し、その職務の執行に関する事項の調査を求め、又は会社の業務及び財産の状況の調査をすることができる（法399条の3第1項）。また、監査等委員会が選定する監査等委員は、子会社に対して事業の報告を求め、その子会社の業務及び財産の状況を調査する権限を有する（同条2項）。当該子会社は、正当な理由がない限り、当該報告又は調査を拒むことができない（同条3項）。

これらの権限が、監査等委員会が選定する監査等委員によって行使するものとされ、個々の監査等委員に属するものとされていないのは、監査等委員には独任制がなく、監査等委員会は会議体として組織的な監査を行うためである（Q20、Q21参照）。このため、当該監査等委員会が選定する監査等委員は、報告徴収・調査に関する事項について監査等委員会の決議があるときは、当該決議に従わなければならない（法399条の3第4項）。

このほか、監査等委員会が選定する監査等委員は、その職務を行うため必要があるときは、会計監査人に対し、その監査に関する報告を求めることができる（法397条2項・4項）。また、監査等委員会の要求があったときは、取締役及び会計参与は、監査等委員会に出席し、監査等委員会が求めた事項について説明をしなければならない（法399条の9第3項）。

2　是正権限

(1)　取締役会への報告義務

各監査等委員は、取締役が不正の行為をし、もしくは当該行為をするおそれがあると認めるとき、又は、法令・定款に違反する事実もしくは不当な事実があると認めるときは、遅滞なく、その旨を取締役会に報告しなければならない（法399条の4）。

この報告のため、監査等委員会が選定する監査等委員は、取締役会の招集権者の定めがある場合であっても、取締役会を自ら招集することができるとされている（法399条の14）。

(2)　取締役の違法行為等の差止請求権

各監査等委員は、取締役が会社の目的の範囲外の行為その他法令もしくは定款に違反する行為をし、又はこれらの行為をするおそれがある場合において、当該行為によって当該会社に著しい損害が生ずるおそれが

あるときは、取締役の違法行為の差止請求権を有する（法399条の6第1項）。監査等委員には独任制は認められないが、当該差止請求権については、緊急に行使される可能性があることから、各監査等委員の権限とされている（**Q21** 参照）。

(3) 会社・取締役間等の訴訟

会社と取締役（取締役であった者を含む。）との間の訴訟については、現任の監査等委員である取締役が当事者である場合を除き、監査等委員会が選定する監査等委員が会社を代表する[2]（法399条の7第1項2号）。現任の監査等委員である取締役が当事者である場合は、取締役会が定める者（株主総会が当該訴えについて監査等委員会設置会社を代表する者を定めた場合にあっては、その者）が会社を代表する（同項1号）。

そして、このことから、会社と取締役（取締役であった者を含む。）との間の訴訟について訴えの提起（株主の提訴請求を受けて会社が提訴する場合を含む。）のほか、訴えの取下げ・和解・上訴等の意思決定は、現任の監査等委員である取締役が当事者である場合を除き、監査等委員会が決定権限を有すると解される[3]。

ただし、令和元年改正会社法は、会社が監査等委員以外の取締役（監査等委員以外の取締役であった者を含む。）の責任を追及する訴えに係る訴

2) 監査役設置会社の場合、会社と監査役（監査役であった者を含む。）間の訴訟において、監査役が会社を代表することはない（法386条1項参照）。これに対し、監査等委員会設置会社においては、会社と現任取締役との訴訟については、監査等委員以外の取締役との訴訟についてのみ監査等委員会が選定する監査等委員が会社を代表するが、会社と退任取締役との訴訟については、当事者が監査等委員である取締役であったか否かにかかわらず、監査等委員会が選定する監査等委員が会社を代表する。かかる規律は、指名委員会等設置会社の規律（法408条1項1号）と類似のものである（江頭憲治郎＝中村直人『論点体系 会社法〈補巻〉』（第一法規、2015）335頁〔土田亮〕）。
3) コンメ補巻467頁〔田中亘〕、塚本英巨『監査等委員会導入の実務』（商事法務、2015）258頁、渡辺邦広「監査等委員会設置会社における提訴請求・利益相反取引に関する諸問題」商事法務2135号（2017）51頁（注4）、指名委員会等設置会社について、コンメ(9)135頁〔伊藤靖史〕。会社と現任の監査等委員である取締役との訴訟については、かかる訴訟の代表者の決定が公正性確保の観点から取締役会の権限とされていることに照らし（法399条の7第1項2号）、訴えの提起等の決定は取締役会の権限であると解するべきと考えられる（コンメ補巻467頁〔田中亘〕、塚本・前掲261頁、渡辺・前掲48頁参照）。ただし、指名委員会等設置会社について、現任の監査委員である取締役に対する訴訟提起等の意思決定の決定権限は監査委員会にあると解する見解(コンメ(9)135頁〔伊藤靖史〕参照)もある。

訟において和解をする場合、①会社が原告として当該訴えを提起している場合（この場合、和解について会社を代表するのは監査等委員会が選定する監査等委員である。法399条の7第1項2号）も、②株主が当該訴え（株主代表訴訟）を提起しており、監査等委員会設置会社が補助参加人又は利害関係人として和解をする場合（この場合、和解について会社を代表するのは代表取締役であると解されている[4]）も、いずれの場合においても、各監査等委員の同意（＝監査等委員全員の同意を意味する。）を得る必要があることとした（法849条の2）[5][6]。

　また、各監査等委員（自らが訴訟当事者である場合は除く。）は、取締役が会社に訴えを提起する場合における訴状の送達先（法399条の7第2項）、株主の提訴請求の受領（同条5項1号）、及び、株主代表訴訟における株主の訴訟告知や和解についての裁判所からの通知・催告の受領（同条5項2号）について、会社を代表する。これらについては、いずれの監査等委員（自らが訴訟当事者である場合は除く。）も受領権限を有しており、これらの受領のために、特定の監査等委員を選定する必要はない。

　さらに、株主代表訴訟において会社が監査等委員以外の取締役（監査等委員以外の取締役であった者を含む。）を補助するために補助参加の申出をなす場合、及び、株式交換等完全子会社の旧株主による責任追及訴訟において被告側に補助参加する場合、各監査等委員の同意を要する（法849条3項2号）。

　このほか、会社が株式交換等完全子会社の旧株主による責任追及訴訟

4)　株主代表訴訟において会社が補助参加人又は利害関係人として和解をする場合に誰が会社を代表するかについては、通常の業務執行と同様に代表取締役である（会社法349条4項参照）との見解が有力である（一問一答（令和元年改正）226頁）。

5)　一問一答（令和元年改正）227頁。なお、法849条の2が適用されないこれ以外の訴訟類型に関しては、①監査等委員以外の取締役（監査等委員以外の取締役であった者を含む。）との間の、責任を追及する訴え以外の訴訟における和解、及び、監査等委員である取締役であった者との訴訟における和解の意思決定については、監査等委員会が決定権限を有し、②現任の監査等委員である取締役との訴訟における和解の意思決定については、取締役会が決定権限を有すると解される（法399条の7第1項1号・2号参照）。

6)　かかる規定が設けられたことからすれば、監査等委員以外の取締役（監査等委員以外の取締役であった者を含む。）の責任を追及する株主代表訴訟の和解において、和解の当事者でない会社が述べることができる異議（法850条3項）についても、同条2項の規定による通知・催告を受ける権限を有する各監査等委員が述べることができると解される（一問一答（令和元年改正）229頁）。

又は最終完全親会社等の株主による特定責任追及訴訟の対象となり得る訴訟を提起する場合（法399条の7第3項）、及び、これらに先立つ株式交換完全子会社又は完全子会社等に対する提訴請求をする場合（同条4項）、監査等委員会が選定する監査等委員が、会社を代表するとされている。

(4) 責任限定等に関する各監査等委員の同意

役員の責任限定に関して、①監査等委員以外の取締役の会社に対する責任について、株主総会の特別決議に基づく責任免除に関する議案を株主総会に提出する場合（法425条3項2号）、②監査等委員以外の取締役の責任を取締役会の決議により免除できる旨の定款変更議案を株主総会に提出する場合、及び、当該定款の規定に基づき監査等委員以外の取締役の責任の免除に関する議案を取締役会に提出する場合（法426条2項）、③非業務執行取締役等（監査等委員である取締役を除く。）との間で責任限定契約を締結できる旨の定款変更議案を株主総会に提出する場合（法427条3項）には、各監査等委員の同意（＝監査等委員全員の同意を意味する。）を得る必要がある。

3 報告権限

(1) 監査報告

監査等委員会は、各事業年度ごとに、監査の結果を記載した監査報告を作成する（法399条の2第3項1号、436条2項2号）。

監査役会設置会社においては、監査役会の監査報告とは別に、各監査役の監査報告の作成が求められるが（施行規則129条、計算規則127条）、監査等委員会設置会社においては、各監査等委員の監査報告の作成は求められない。

監査等委員会の監査報告の内容は法務省令に規定されている（施行規則130条の2、計算規則128条の2。Q23参照）。監査報告の記載事項に関しては、監査役会設置会社については「監査役及び監査役会の監査の方法及びその内容」（施行規則130条2項1号）を記載することとされているのに対し、監査等委員会設置会社においては「監査等委員会の監査の方法及びその内容」（施行規則130条の2第1項1号）を記載するものとされている点を除けば、監査役会の監査報告の記載事項（施行規則130条、計算規則128条参照）と同様の事項がその内容とされている。

　監査等委員会の監査報告の内容は、監査等委員会の決議をもって定めなければならない（法399条の2第3項1号、施行規則130条の2第2項、計算規則128条の2第2項）。ただし、各監査等委員は、監査等委員会の決議による監査報告の内容が自らの意見と異なる場合は、その意見を監査報告に付記することができる（施行規則130条の2第1項、計算規則128条の2第1項）。

(2)　株主総会への報告義務

　監査等委員は、取締役が株主総会に提出しようとする議案・書類等につき法令・定款違反又は著しく不当な事項があると認めるときは、その旨を株主総会に報告しなければならない（法399条の5、施行規則110条の2）。

　この株主総会提出議案等の調査・報告義務は、監査役設置会社の監査役には同様の義務が存在するが（法384条）、指名委員会等設置会社の監査委員にはないものである。これは、指名委員会等設置会社の監査委員は、取締役会の構成員でもあるため、取締役会による株主総会の招集の決定（法298条4項）に当たり、取締役会の構成員として議案等を検討し、これに法令違反等があると認めるときは、株主総会への報告ではなく、法406条に基づく取締役会への報告等により対応することになるためである。監査等委員である取締役も、取締役会の構成員として議案等を検討し、法令違反等があると認めるときは、取締役会に報告しなければならないこと（法399条の4）は変わらないが、監査等委員会設置会社には指名委員会・報酬委員会が置かれないため、指名委員会等設置会社ほどには取締役会の経営者からの独立性が図られていないことに鑑み、監査等委員には、監査役と同様に、取締役会だけでなく株主総会にも報告する義務を課すのが適切と考えられたものである[7]。

4　その他

　監査等委員会の監査やこれに伴う具体的権限の行使を容易にするため、監査等委員会は、一定の場合に取締役や会計監査人の報告義務の相手先とされている。

7）岩原紳作「『会社法制の見直しに関する要綱案』の解説〔I〕」商事法務1975号（2012）7頁、一問一答（平成26年改正）44頁。

すなわち、取締役は、株式会社に著しい損害を及ぼすおそれのある事実があることを発見したときは、直ちに、当該事実を監査等委員会に報告しなければならない（法357条1項・3項）。また、会計監査人は、その職務を行うに際して取締役の職務の執行に関し不正の行為又は法令若しくは定款に違反する重大な事実があることを発見したときは、遅滞なく、これを監査等委員会に報告しなければならない（法397条1項・4項）。さらに、公認会計士又は監査法人は、財務諸表等の監査証明を行うに当たって、法令に違反する事実その他の財務計算に関する書類の適正性の確保に影響を及ぼすおそれがある事実を発見したときは、当該事実の内容及び当該事実に係る法令違反の是正その他の適切な措置をとるべき旨を、遅滞なく、内閣府令で定めるところにより、監査等委員に書面で通知しなければならない（金融商品取引法第193条の3、財務諸表等の監査証明に関する内閣府令7条）。

2　会計監査人の選任等

　監査等委員会は、株主総会に提出する会計監査人の選任・解任・不再任[8]に関する議案の内容の決定権限を有する（法399条の2第3項2号）。なお、公開会社である会計監査人設置会社においては、事業報告に「会計監査人の解任又は不再任の決定の方針」の記載を要するが（施行規則126条4号）、当該方針の決定は、監査等委員会の権限に属するものであるため、監査等委員会が決定することになると考えられる。

　さらに、会計監査人が、①職務上の義務に違反し、又は職務を怠ったとき、②会計監査人としてふさわしくない非行があったとき、③心身の

8）　会計監査人は、定時株主総会で別段の決議がされなければ再任されたものとみなされるため（法338条2項）、法的には会計監査人の再任について特段の機関決定は不要である。監査等委員会の権限とされているのが、会計監査人の選任・解任・不再任の決定であり、再任の決定が含まれていないのは、このためである。もっとも、実務上、定時株主総会に会計監査人の選任等の議案を上程せず会計監査人を再任することについて、会社としての何らかの意思決定は必要であり、その判断主体は監査等委員会となる。このことから、監査等委員会としては、毎事業年度ごとに、取締役会の定時株主総会の議案決定に先立ち、会計監査人の再任の適否について審議を行い、再任を決定した場合はその旨（会計監査人の交代が必要と判断した場合は、現任の会計監査人の不再任と新任の会計監査人選任議案の内容）を、取締役会に通知する対応が考えられる（監査役の対応について日本監査役協会「会計監査人の選解任等に関する議案の内容の決定権行使に関する監査役の対応指針」（平成27年3月5日）参照）。

故障のため、職務の執行に支障があり、又はこれに堪えないときのいずれかに該当する場合、監査等委員全員の同意によって会計監査人を解任することができる（法340条1項・5項）。この場合、監査等委員会が選定した監査等委員は、その旨及び解任の理由を解任後最初に招集される株主総会において報告しなければならない（同条3項・5項）。

　会計監査人が欠けた場合又は定款で定めた会計監査人の員数が欠けた場合において、遅滞なく会計監査人が選任されないときは、監査等委員会は、一時会計監査人の職務を行う者を選任しなければならない（法346条4項・7項）。

　また、会計監査人の報酬等については、取締役会又はその委任を受けた取締役がこれを決定することとなるが、監査等委員会は、会計監査人の報酬等についての同意権を有する（法399条1項・3項）。

3　経営評価権限

　監査等委員会設置会社においては、監査役や監査委員会にはない、監査等委員会独自の特有の権限等として、以下のものが認められている。

1　監査等委員以外の取締役の指名・報酬についての意見陳述権

　監査等委員会は、監査等委員以外の取締役の選任（不再任）・解任・辞任についての意見を決定し（法399条の2第3項3号）、監査等委員会が選定する監査等委員は、株主総会で、その意見を述べることができる（法342条の2第4項）。

　また、監査等委員会は、監査等委員以外の取締役の報酬等についての意見を決定し（法399条の2第3項3号）、監査等委員会が選定する監査等委員は、株主総会において、その意見を述べることができる（法361条6項）。

　これらの権利の趣旨は、指名委員会等設置会社の指名委員会が有する取締役の選任等の議案の決定権（法404条1項）や報酬委員会が有する取締役の報酬等の決定権（同条3項）までは有しないとしても、これらの権利を背景に、社外取締役が過半数を占める監査等委員会による経営評価を会社の運営に反映させるための仕組みである[9]（**Q25** 参照）。

9）商事法務・改正会社法の解説〔Ⅱ〕23頁、一問一答（平成26年改正）42頁、江頭617頁。

2　利益相反取引の事前承認

　一般的に、取締役と会社との間の取引のように、取締役と会社との間の利益相反取引（法356条1項2号・3号）によって会社に損害が生じたときは、当該取引に関与した一定の取締役につき任務懈怠を推定することとされている（法423条3項）。しかしながら、監査等委員会設置会社においては、監査等委員以外の取締役との利益相反取引について、監査等委員会の事前の承認があったときは、取締役の任務懈怠の推定が生じないとされている（同条4項）（**Q27**参照）。

　これも、監査等委員会設置会社についてのみ認められる規律である[10]。

４　監査費用

　監査等委員がその職務の執行（監査等委員会の職務の執行に関するものに限る。）につき、会社に対して、①費用の前払いの請求、②支出した費用及び支出の日以後におけるその利息の償還の請求、③負担した債務の債権者に対する弁済（当該債務が弁済期にない場合には相当の担保の提供）を請求したとき、会社は、当該請求に係る費用等が当該監査等委員の職務の執行に必要でないことを証明しない限り、請求を拒むことはできない（法399条の2第4項）。

　これは、監査役や指名委員会等の委員による費用等の請求（法388条、404条4項）と同様の規律である。

監査役・監査等委員（会）・監査委員（会）の権限の比較

		監査役会設置会社	監査等委員会設置会社	指名委員会等設置会社
独任性		あり	なし	なし
調査権限	業務財産調査権	各監査役（法381条2項）	監査等委員会が選定する監査等委員（法399条の3第1項）	監査委員会が選定する監査委員（法405条1項）

---

10)　商事法務・改正会社法の解説〔Ⅱ〕24頁、一問一答（平成26年改正）45頁。

	子会社調査権	各監査役（法381条3項）	監査等委員会が選定する監査等委員（法399条の3第2項）	監査委員会が選定する監査委員（法405条2項）
是正権限	不正行為等に関する取締役会への報告義務	各監査役（法382条）	各監査等委員（法399条の4）	各監査委員（法406条）
	会社・取締役等間の訴訟における会社の代表者	各監査役（法386条1項）	監査等委員会が選定する監査等委員（法399条の7第1項2号）	監査委員会が選定する監査委員（法408条1項2号）
	違法行為等差止請求権	各監査役（法385条）	各監査等委員（法399条の6）	各監査委員（法407条）
是正権限	取締役会の招集権	各監査役（取締役への招集請求権（法383条2項））	監査等委員会が選定する監査等委員（法399条の14）	各委員会が選定する委員（法417条1項）
報告権限	株主総会提出議案等の調査・株主総会への報告	各監査役（法384条）	各監査等委員（法399条の5）	―
監査役等の選任議案への関与		監査役（会）に同意権・提案権（法343条1項〜3項）	監査等委員会に同意権・提案権（法344条の2）	取締役選任議案は、指名委員会において決定し（法404条1項）、監査委員は取締役の中から取締役会で選定（法400条2項）
監査役等の選解任・辞任に関する株主総会における意見陳述権		各監査役（法345条1項・2項・4項）	各監査等委員（法342条の2第1項・2項）	― （注）取締役の選解任議案を指名委員会が決定（法404条1項）

監査役等の報酬等に関する株主総会における意見陳述権	各監査役（法387条3項）	各監査等委員（法361条5項）	― （注）取締役の個人別の報酬等を報酬委員会が決定（法404条3項）
監査等委員以外の取締役の選解任・辞任に関する株主総会における意見陳述権	―	監査等委員会が選定する監査等委員（法342条の2第4項）	― （注）取締役の選解任議案を指名委員会が決定（法404条1項）
監査等委員以外の取締役の報酬等に関する株主総会における意見陳述権	―	監査等委員会が選定する監査等委員（法361条6項）	― （注）取締役の個人別の報酬等を報酬委員会が決定（法404条3項）
利益相反取引の事前承認による任務懈怠推定規定（法423条3項）の適用除外	―	監査等委員会（法423条4項）	―

Q19 監査等委員会の監査と妥当性監査

Q　監査等委員会の監査は、妥当性監査に及ぶといわれますが、具体的に何をすればよいのでしょうか。

A　監査等委員は取締役であるため、代表取締役・業務担当取締役の職務執行について、適法性にとどまらず妥当性についても検証を行うことになります。そして、妥当性を欠く事象を発見した場合は、取締役会に報告して議論を行い、代表取締役・業務担当取締役が不適任と認める場合は、取締役会として適切な人事権が発動されるよう行動することが求められます。

●解説

　監査役については、その業務監査の権限が及ぶ範囲について、適法性監査に限るとの見解と妥当性監査に及ぶとの見解の争いがあり、伝統的に、適法性監査に限られるとの見解が通説とされてきた[1]。これに対し、指名委員会等設置会社の監査委員会については、監査委員は全員が取締役であり、業務執行の妥当性を監督する取締役会の構成員であることなどから、適法性監査にとどまらず、妥当性監査の権限も有するとされていた[2]。

　以上の立場からは、監査等委員会の業務監査についても、監査等委員全員が取締役であることから、取締役の職務執行の適法性の監査にとどまらず、その妥当性を監査する権限を有することになる[3]。

　上記見解を前提とすると、いわゆる妥当性監査の発動として、監査等委員はいかなる行動をとることが求められるのであろうか。この点、妥当性に関する事項は開示に適さないため、法令上特に求められる場合を

1) 江頭554頁、矢沢惇「監査役の職務権限の諸問題（下）」商事法務696号（1975）3頁など。
2) 始関正光『Q & A平成14年改正商法』（商事法務、2003）91頁、江頭594頁、コンメ(9) 95頁〔伊藤靖史〕など。
3) 江頭616頁、塚本英巨『監査等委員会導入の実務』（商事法務、2015）248頁。

除き、監査報告への記載は求められない[4]。妥当性を巡る問題は、最終的には、取締役会の監督権限としての人事権の行使に帰着することになるものであり、監査等委員会は、取締役の職務執行に妥当性に欠ける事柄を発見したときは、取締役会に報告し、意見を述べるとともに、妥当性の問題が解消されず代表取締役・業務担当取締役が不適任と認める場合は、取締役会の解任権等の監督権限の発動を促すことが求められると説明されている[5]。

　もっとも、このように整理する場合、監査権限が妥当性監査にまで及ぶか否かは、取締役として取締役会における議決権を有するか否かによって区別されており、妥当性監査といわれるものは、取締役としての職務を意味するとも思われる（少なくとも両者の区別は容易ではない。)[6]。監査役・監査等委員会・監査委員会の職務として会社法上「監査」という共通の文言が用いられており（法381条1項、399条の2第3項1号、404条2項1号)、これらは同一の職務を想定していると読むのが自然であることからすれば、取締役としての職務は別として、「監査」の意義自体は機関設計にかかわらず同一であると解することに合理性がある[7]。

　また、監査役等の日常的な情報収集活動（法357条等）の場面では、その範囲が適法性が問題となる事項に限ることは不可能であることや、

---

4) 監査等委員会の監査報告の記載事項のうち、内部統制システムの相当性に関する意見（施行規則129条1項5号、130条の2第1項2号)、買収防衛策に対する意見（施行規則129条1項6号、130条の2第1項2号)、親会社等との取引に関する事項に対する意見（施行規則129条1項6号、130条の2第1項2号）については、適法性を超えた意見の記載が求められている。一方、「取締役の職務の遂行に関し、不正の行為又は法令若しくは定款に違反する重大な事実があったときは、その事実」（施行規則129条1項3号、130条の2第1項2号）については、法令・定款への不適合を含む、善管注意義務違反に該当する事項の開示が求められるものと解されている。

5) 指名委員会等設置会社の監査委員会の監査に関して、始関正光「平成14年改正商法の解説〔V〕」商事法務1641号（2002）28頁（注74）参照。

6) かかる問題意識としては、片木晴彦「平成26年会社法改正——企業統治関係(2)」日本取引所金融商品取引法研究4号（2015）44頁〔伊藤靖史発言〕、澤口実ほか「委員会型ガバナンスの展望と課題」商事法務2072号（2015）16頁参照。

7) 田中亘ほか「攻めのガバナンスと監査の実効性」月刊監査役649号（2016）24頁〔田中亘発言〕、澤口実＝太子堂厚子＝出澤尚＝井坂久仁子「わが国における「監査」の展望ー日本取締役協会の報告書に寄せてー」商事法務2121号（2016）32頁、藤田友敬＝澤口実＝三瓶裕喜＝田中亘＝長谷川顕史「＜新・改正会社法セミナー－令和元年・平成26年改正の検討（2）＞監査等委員会設置会社（2）」ジュリスト1558号（2021）57頁〔田中発言〕・58頁〔藤田発言〕。

監査役等の監査対象には内部統制システムの相当性や買収防衛策に関する事項など適法性に限られない事項（注4参照）も存在することなどから、監査の範囲は個々の権限行使ごとに判断せざるを得ないとして、適法性監査と妥当性監査の区別の意義は乏しいとの見解も有力である[8]。

以上のような理論的な整理は別として、いずれにしても、監査等委員（会）は、取締役の職務執行の妥当性に関して、以下の権限行使を行うことになると考えられる。

① 監査等委員は取締役である以上、代表取締役・業務担当取締役の職務執行が妥当性を有するか否かについて検証を行う。監査等委員（会）は、取締役会における審議又は監査等委員会としての情報収集活動を通じて、取締役の職務執行について妥当性を欠く事象を発見した場合は、取締役会において意見を述べて議論を行う。

② 代表取締役・業務担当取締役の職務執行の妥当性の検証の結果、代表取締役・業務担当取締役が不適任と認める場合は、取締役会において適切な人事権（選定・解職等）が発動されるよう行動する。取締役会の人事権が適切に行使されない場合等においては、状況に応じ、監査等委員会において、株主総会における監査等委員以外の取締役の指名・報酬に関する意見陳述権（Q 25 参照）の行使を検討する。

③ 監査等委員会は、適法性の判断にとどまらない権限として、監査報告における内部統制システムの相当性に関する意見（施行規則129条1項5号、130条の2第1項2号）、買収防衛策に対する意見（施行規則129条1項6号、130条の2第1項2号）、親会社等との取引に関する事項に対する意見（施行規則129条1項6号、130条の2第1項2号）のほか、会計監査人の選任等の議案の内容の決定や報酬等の同意（法399条の2第3項2号、399条1項・3項）、会社による取締役の責任追及訴訟の提起の決定（法399条の7第1項2号）、監査等委員会設置会社に特有の権限として、監査等委員以外の取締役の指名・報酬に関する意見陳述権（Q 25 参照）や利益相反取引の事前承認の権限（Q 27 参照）などを有している。

8）コンメ(8)395頁〔吉本健一〕、コンメ補巻427頁〔田中亘〕。

　監査等委員会は、必要に応じて業務財産調査権（法399条の3第1項）等を行使した情報収集の上、これらの権限行使を行う。

Q20 監査等委員に独任制がないことによる相違

Q 監査等委員は、監査役と異なり、独任制が認められないといわれますが、そのことによりどのような違いがあるのですか。

A 監査等委員には、監査役と同様の独任制は認められておらず、監査等委員会が選定する監査等委員が行使することとされている権限が複数あるとおり、基本的に監査等委員会の多数決により、会議体としての権限行使を行うことになります。もっとも、緊急時に行使されることが想定される権限などについて、単独での権限行使が可能なものもあります。

●解説

1 独任制が認められないことの意義

　監査役の場合、原則として監査役が個々に十全の権限を有しており、複数の監査役がいる場合も、各自が独立して監査権限を行使することができる（独任制）。このため、監査役会設置会社であっても、監査役会の決定は、個々の監査役の権限行使を妨げることはできないとされている（法390条2項ただし書）。

　これに対し、監査等委員には同様の独任制は認められておらず、基本的に監査等委員会の多数決により、会議体としての権限行使を行うことになる[1]。多くの権限について行使の主体が「監査等委員会が選定する監査等委員」とされているのは（後記**2**参照）、その現れである。

　指名委員会等設置会社の監査委員も同様に独任制が認められておらず、監査等委員・監査等委員会の権限は、基本的に、監査委員・監査委員会と共通している。

　もっとも、独任制がないといっても、各監査等委員の単独の権限行使

1）商事法務・改正会社法の解説〔Ⅱ〕23頁、一問一答（平成26年改正）40頁、コンメ補巻424頁〔田中亘〕。

が全く認められないわけではない。以下に述べるとおり、権限の性質等
に鑑み、各監査等委員が行使することができるものも存在する（③の株
主総会への報告義務及び④の意見陳述権を除き、指名委員会等設置会社の監
査委員の権限と同様である。）。

① 各監査等委員は、監査等委員会の決議による監査報告の内容が自
　らの意見と異なる場合は、その意見を監査報告に付記することが
　できる（施行規則130条の2第1項、計算規則128条の2第1項）。
　これは、本来、適法か違法かといった事項は多数決で決められる
　性質のものではなく、多数意見と異なる意見も株主に報告させる
　べきであるためである。

② 各監査等委員は、取締役が不正の行為をし、もしくは当該行為を
　するおそれがあると認めるとき、又は、法令・定款に違反する事
　実もしくは不当な事実があると認めるときは、遅滞なく取締役会
　へ報告する義務を負う（法399条の4）。また、取締役が法令又は
　定款に違反する行為をし、又はこれらの行為をするおそれがある
　場合における差止請求権も、各監査等委員が行使することができ
　る（法399条の6）。これらの報告や差止めは緊急性を有する場合
　が多いため[2]、会議体である監査等委員会ではなく、各監査等委
　員の権利義務とされている。

③ 監査等委員は、取締役が株主総会に提出しようとする議案等につ
　き法令・定款違反又は著しく不当な事項があると認めるときは、
　その旨を株主総会に報告しなければならない（法399条の5。当該
　株主総会への義務は、指名委員会等設置会社の監査委員にはない。）。
　かかる報告も、多数意見と異なる意見でも報告させるため、会議
　体である監査等委員会ではなく、各監査等委員の権利義務とされ
　ている。

④ 各監査等委員は、監査等委員である取締役の選任・解任・辞任に
　関する意見陳述権（法342条の2）、及び、監査等委員である取締
　役の報酬等についての意見陳述権（法361条5項）を有している。
　これらは、監査等委員自身の地位に関する権限であり、各監査等

2）一問一答（平成26年改正）41頁。

委員による個別の権利行使が認められている。

⑤　会社・取締役間の訴え及び株主代表訴訟について、各監査等委員は、訴状の送達、裁判所からの通知、提訴請求を受ける権限等を有し、会社を代表するとされている（法399条の7第5項）。これは、通知等の時点でどの監査等委員が会社を代表するかが決定されていない可能性があるためである。

2　選定監査等委員の選定方法

　監査等委員会が選定する監査等委員（選定監査等委員）が行使するとされている権限について、権限を行使する監査等委員の選定は、監査等委員会において、権利行使のつど選定することもできるし、そのような権限を特定の監査等委員に継続的に付与することもできる。

　報告徴収・業務財産調査権（法399条の3第1項）のように日常的な行使が想定される権限については、継続的な権限付与を行う場合が多いと思われる（例えば、監査委員である取締役が選任された株主総会終了後の最初の監査等委員会において、任期中の2年間における権限付与を行うことなどが考えられる。**Q 45** 参照）。

　また、当該権限を有する監査等委員を複数選定することもでき、監査等委員の全員を選定することも可能である[3]。実務上、特定の監査等委員（常勤の監査等委員など）に付与するケースが多いと思われるが、実質的に独任制である監査役と同等の権限行使を可能とするため、すべての監査等委員への権限付与を行う場合もある[4]。

　会社法上、監査等委員会が選定する監査等委員が行使することとされている権限は、以下のとおりである。監査等委員会としては、これらの権限について、いつ、どの監査等委員に権限付与をするべきかを検討することとなる。

3）塚本英巨『監査等委員会導入の実務』（商事法務、2015）252頁、指名委員会等設置会社についてコンメ(9)111頁〔伊藤靖史〕参照。

4）日本監査役協会「監査等委員会監査の実態と今後の在り方について－重要な業務執行の決定の取締役への委任が監査に与える影響と組織監査に関する考察を中心に－」（2019年11月26日）19頁参照。

監査等委員会が選定する監査等委員が権限を有する事項

① 当社の取締役・使用人に対する職務執行に関する事項の報告の請求、業務及び財産の状況の調査権（法399条の3第1項） ② 子会社に対する事業の報告の請求、子会社の業務及び財産の状況の調査権（法399条の3第2項） ③ 取締役会の招集（法399条の14） ④ 監査等委員以外の取締役の選任・解任・辞任についての株主総会における意見の陳述（法342条の2第4項） ⑤ 監査等委員以外の取締役の報酬等についての株主総会における意見の陳述（法361条6項） ⑥ 監査等委員以外の取締役と会社間の訴え等の訴訟についての会社の代表権限（法399条の7第1項2号・3項・4項） ⑦ 監査等委員会が会計監査人を解任したときの株主総会に対する解任の事実・解任理由の報告（法340条3項・5項） ⑧ 会計監査人に対する会計監査に関する報告の請求（法397条2項・4項）

3 監査等委員会の監査体制等

　監査等委員会設置会社においては、監査等委員に独任制は認められておらず、監査等委員会は、指名委員会等設置会社の監査委員会と同様に、会議体として組織的な監査を行い、監査を行うに際し、株式会社の業務の適正を確保するために必要な体制（内部統制システム）を利用することが想定されている（Q21参照）。

　このため、監査等委員会設置会社においては、大会社であるか否かにかかわらず、取締役会において、内部統制システムの基本方針の決定を行わなければならない（法399条の13第1項1号ハ。Q33参照）。

　また、監査等委員会は、内部統制システムを利用して監査に必要な情報を入手し、組織的な監査を行うことが想定されていることを踏まえ、監査等委員会設置会社への移行に伴い、監査役会設置会社の頃と比べて、監査等委員会設置会社と内部監査部門との連携等が強化される場合も多い（Q22参照）。

Q21 監査等委員会の監査の方法

Q　監査等委員会の監査の方法は、監査役の監査の方法と異なるのでしょうか。

A　監査役の場合、独任制の機関として、自ら会社の業務財産の調査等を行うという方法で監査を行うことが想定されているのに対し、監査等委員会については、内部統制システムを利用した組織的監査を行うことが想定されています。ただし、これは制度における基本的な想定に過ぎず、実務上の監査方法の差異は相対的です。機関設計にかかわらず、各社における監査方法は、監査の実効性と効率性の観点で、自社の規模・事業内容や内部統制部門その他の組織体制のあり方を踏まえて判断するべきものといえます。

●解説

1 内部統制システムを利用した組織的監査

1 監査等委員会の監査方法の基本的な想定

　監査役は、独任制の機関として、通常、自ら会社の業務財産の調査等を行うという方法で監査を行うことが想定されている。

　これに対し、監査等委員には独任制は認められておらず（**Q20**参照）、監査等委員会は、指名委員会等設置会社の監査委員会と同様に、会議体として組織的な監査を行い、監査を行うに際し、株式会社の業務の適正を確保するために必要な体制（内部統制システム）を利用することが想定されている。すなわち、典型的には、監査等委員会は、内部統制システムが取締役会により適切に構築・運営されているかを監視し、また、必要に応じて内部統制部門（内部監査部門、コンプライアンス所管部門、リスク管理所管部門、経理部門、財務部門その他内部統制機能を所管する部署など）や内部統制システムを利用して監査に必要な情報を入手し、また、必要に応じて内部統制部門に対して具体的指示を行う方法で、監査を行うことが想定されている[1]。

　監査等委員会が組織的監査を行うことは、会社法上、直接的に規定されているわけではない。もっとも、前記のとおり監査等委員に独任制が認められず、監査等委員会において常勤者の選定が義務付けられないのは、監査等委員会が内部統制システムを利用した組織的な監査を行うことを前提としているためである（Q16参照）。また、監査等委員会設置会社において、指名委員会設置会社と同様に、大会社である場合に限らず、取締役会が内部統制システムの基本方針の決定義務を負うのも（法399条の13第2項・1項一号ロ・ハ）、監査等委員会が内部統制システムを利用した組織的監査を行うことが想定されているためである（Q33参照）。

2　監査役監査等との実務上の相違

　もっとも、監査役設置会社の監査役監査についても、一定以上の規模の会社においては、実務上、監査役が自ら調査権限を行使しての監査には限界がある。監査役監査と内部監査部門の監査の領域が重なる場面が増えていることも踏まえ、監査全体としての網羅性と監査の実効性・効率性を高めるために、監査役・監査役会と内部監査部門の相互の連携は不可欠である。このため、監査役は、内部監査部門の内部監査計画を受領し、必要に応じて、監査対象部署・監査項目の追加等、監査計画の調整を要請することが重要であると指摘されている[2]。また、実際、一定規模以上の監査役設置会社においては、監査役・監査役会が、内部監査部門その他の内部統制部門と連携しながら監査を実施している[3]。

　一方、組織的監査を行うとされる監査等委員会設置会社・指名委員会等設置会社においても、任意に常勤の監査等委員を置く会社は93.5％、常勤の監査委員を置く会社は79.1％に上り（Q16参照）、相当数の会社において監査等委員・監査委員による実査が行われている。

　このように、機関設計による監査方法の相違は、実務上は相対的なものである。結局、監査等委員会が内部統制部門と連携し、あるいはこれ

---

1)　商事法務・改正会社法の解説〔II〕23頁、一問一答（平成26年改正）55頁、コンメ補巻425頁〔田中亘〕。

2)　日本監査役協会「監査役監査における内部監査部門との連係」（平成21年8月24日）（http://www.kansa.or.jp/support/el005_091002.pdf参照）。

3)　別冊商事法務編集部編『会社法下における取締役会の運営実態（別冊商事法務334号）』（商事法務、2009）83頁以下、第4回議事録15頁〔齊藤真紀発言〕。

を指揮命令して、監査に関するいかなる情報を取得するか、あるいは、監査等委員が自らどこまで調査等を行い、そのために常勤者が必要であるか（**Q16** 参照）といった、監査等委員会の監査方法やそのための社内体制のあり方は、自社・グループの規模・事業内容を踏まえた監査業務の分量や監査をサポートする社内体制等を考慮の上、いかなる監査が実効的かつ効率的かという観点で、各社において個別に判断するべき事柄であるといえる。

2 　組織的監査の実施方法

内部統制システムを利用した組織的監査の具体的な方法は、典型的には、内部監査部門と連携し、又は、内部監査部門を指揮命令[4]しての監査である。

日本監査役協会「監査等委員会監査等基準」（2015 年 9 月 29 日制定）においては、監査等委員会の「組織監査」に関する定めがあり（後記の「監査等委員会監査等基準」第 39 条参照）、監査等委員会は、内部監査部門等（同基準において「内部監査部門その他内部統制システムにおけるモニタリング機能を所管する部署等」と定義されている。）から、定期的に監査計画と監査結果について報告を受けるとともに、必要があると認めた場合は、内部監査部門に対して調査を求め、又はその職務の執行について具体的な指示を行うとされている。

監査等委員会の組織的監査がこのような意味合いを持つことは共通認

4）監査等委員は非業務執行取締役であり、監査等委員が業務執行を行うことは認められないところ（**Q12**）、内部監査部門を指揮命令することが業務執行に該当しないかについては、取締役の職務執行の「監督」や「監査」は、「業務の執行」には含まれないため（前田庸『会社法入門〔第 12 版〕』（有斐閣、2009）347 頁、神田秀樹『会社法〔第 18 版〕』（弘文堂、2016）217 頁、稲葉威雄編『実務相談株式会社法（補遺）』（商事法務、2004）133 頁）、「監査」の目的のために一定の指揮命令を行っても業務執行には該当しないと考えられる（内田修平「監査役等と内部監査部門の連携」商事法務 2232 号（2020）67 頁）。この点、平成 27 年省令パブコメ結果において、監査等委員会が監査等委員会の職務を補助する取締役に指示をすると業務執行をすることになるのではないかとの意見に対し、法務省は「監査等委員会は、内部統制システムが適切に構築・運営されているかを監視し、必要に応じて内部監査部門等に対して指示を行うという方法で監査を行うことが想定されている。したがって、監査等委員が内部監査部門に対して監査等委員会の職務の執行に必要な範囲で指示を行うことは、その職務として当然に許容される」との見解を示している（平成 27 年省令パブコメ結果 30 頁）。

識となっていると思われるが、当該枠組みの中で、①内部監査部門の監査計画の策定について、監査等委員会がこれを承認するなど一定の関与をしているか、②社内規程上、監査等委員会が内部監査部門に対して指揮命令権を持つか（指揮命令権までは付与されておらず、連携にとどまるか）、③内部監査部門を主に指揮命令するのは社長その他の執行側か、それとも監査等委員会か（ひいては専ら監査等委員会が指揮命令しているか）等については、実務上、各社における監査等委員会と内部監査部門の関係（Q22 参照）等に応じた相違がある。

日本監査役協会「監査等委員会監査等基準」（2015 年 9 月 29 日制定）

（組織監査）
第 39 条
1. 監査等委員会は、第 20 条に定める内部監査部門等との連携体制その他内部統制システムの構築・運用の状況等を踏まえながら、会社の内部統制システム等を活用して、組織的かつ効率的にその職務を執行するよう努める。【Lv.4】
2. 監査等委員会は、内部監査部門等からその監査計画と監査結果について定期的に報告を受けなければならない。【Lv.2】また、必要があると認めたときは、内部監査部門等に対して調査を求め、又はその職務の執行について具体的に指示する。【Lv.3】
3. 監査等委員会は、前項に定める内部監査部門等に対する調査の要請又はその職務の執行に係る具体的指示を行った場合、当該内部監査部門等から適時に報告を受領し、その内容について検証するとともに、必要があると認めたときは、追加の指示等を行わなければならない。【Lv.2】
4. 監査等委員会は、前 3 項の監査を行うに当たり、必要があると認めたときは、第 10 条第 1 項各号に定める監査等委員を通じて調査その他の監査を行うことができる。【Lv.5】
5. 監査等委員会は、必要があると認めたときは、内部監査部門等のほか、内部統制部門からも内部統制システムに関する事項について定期的かつ随時に報告を受け又は調査を求める。【Lv.3】
6. 監査等委員会は、内部監査部門等の職務の執行の状況若しくは監査の結果及び内部統制部門からの報告等を内部統制システムに係る監査に実効的に活用する。【Lv.3】

　一方、内部統制システムを利用した組織的監査の下でも、監査等委員会が自らの調査権限（法 399 条の 3 等）を行使して情報収集を行うことは、

当然可能である。具体的には、監査等委員会が選定する監査等委員は、自ら取締役・使用人からの報告聴取、各事業部門や子会社に対する往査、重要な会議への出席あるいは重要な書類の閲覧を行うといった方法で、監査活動を行うことが考えられる。

　このように、監査等委員会は、必要に応じて、内部統制システムを利用した監査（いわば「させる監査」）と、自ら行う監査活動（いわば「する監査」）を組み合わせることにより、監査の実効性及び効率性の観点で、自社にとって最適と判断する方法により監査を行うことになる[5]。

3　監査等委員会設置会社への移行時の対応

　監査等委員会設置会社への移行会社においては、監査等委員会は組織的監査を行うとの制度的な想定があることを踏まえ、移行に際し、内部監査部門の位置付けや連携・指揮命令の在り方を見直し、強化する会社は少なくない。

　例えば、2015 年に日本監査役協会が実施した監査等委員会設置会社への移行会社に対する調査によれば、「監査等委員会設置会社への移行による、監査等委員会と内部監査部門との関係における変化についての問いに対し、監査等委員会設置会社である上場会社 90 社のうち、11 社（12.2％）が「内部監査部門に対する指揮命令権を有することとなった」とし、43 社（47.8％）が「内部監査部門との連携が強化された」と回答しており、合わせて 6 割の会社が内部監査部門との関係を強化したという結果となっている[6]。また、日本監査役協会が 2019 年に実施した調査によれば、調査対象である監査等委員会設置会社全体の 15.5％において、監査等委員会設置会社への移行を契機として「内部監査部門の組織上の位置付けの変更」がなされており、その内容としては、監査等委員会への直属に変更、又は代表取締役社長と監査等委員会の両方への直属に変更がなされたケースが一定数見受けられたとされる[7]。

　前記のとおり、実務上、機関設計による監査方法の相違は相対的であ

---

5) コンメ補巻 426 頁〔田中亘〕、塚本英巨「監査等委員会設置会社の監査体制」商事法務 2099 号（2016）7 頁。

6) 日本監査役協会「役員等の構成の変化などに関する第 16 回インターネット・アンケート集計結果（監査等委員会設置会社版）」（2015 年 11 月 5 日）25 頁参照。

り、例えば、監査等委員会設置会社に移行前の監査役会と内部監査部門との連携等が十分に図られており、実効的な監査が行われているのであれば、移行に伴い監査等委員会と内部監査部門との関係を、従来の監査役会との関係から変更することは必須とはいえない。一方、我が国の監査の実情に照らせば、機関設計にかかわらず、内部監査部門との指揮命令関係ないし連携を強化した組織的監査を進展させることが、監査の実効性と効率性の向上に繋がることが多く、監査等委員会設置会社への移行に際して監査体制を見直すことは有益である場合は多い。

　機関設計の変更というコーポレートガバナンスの重大な変更に当たり、改めて、自社の監査体制を見直し、内部監査部門との連携等において見直すべき点があれば改善等を行うことは、望ましいと考えられる。

---

7)　日本監査役協会「監査等委員会監査の実態と今後の在り方について－重要な業務執行の
　　決定の取締役への委任が監査に与える影響と組織監査に関する考察を中心に－」(2019
　　年11月26日) 15頁参照。

Q22 監査等委員会と内部監査部門との関係

Q 監査等委員会と内部監査部門との関係は、どのようなものですか。

A 監査等委員会は、内部監査部門を活用した組織的監査を行うことが想定されていますが（Q21参照）、内部監査部門に対する指揮命令権の有無、内部監査部門の組織上の位置付け、内部監査部門の独立性確保のための対応等は、各社の社内体制によって様々です。

●解説

1 監査等委員会監査と内部監査部門との関係

　監査等委員会は、会議体として組織的な監査を行うことが想定されており、典型的には、内部統制システムが取締役会により適切に構築・運営されているかを監視し、また、必要に応じて内部統制部門（内部監査部門、コンプライアンス所管部門、リスク管理所管部門、経理部門、財務部門その他内部統制機能を所管する部署など）や内部統制システムを利用して監査に必要な情報を入手し、また、必要に応じて内部統制部門に対して具体的指示を行う方法で、監査を行うことが想定されている（Q22参照）。

　このような制度上の想定に加えて、実務上も、一定以上の規模の会社においては、監査等委員が自ら調査権限を行使しての監査には限界があり、監査全体としての網羅性と監査の実効性・効率性を高めるために、監査等委員会と内部監査部門の一定の連携等は不可欠であり、内部監査部門を活用した組織的監査を強化することが、監査の実効性と効率性の向上に繋がることが多い。

　このようなことから、監査等委員会設置会社への移行会社においては、移行に際し、内部監査部門の位置付けや連携・指揮命令の在り方を見直し、強化する会社は少なくない（Q22参照）。

　このような場合において、実務上論点となることの多い事項は、以下の通りである。

1 監査等委員会の内部監査部門に対する指揮命令権

監査の目的で内部監査部門に対して指揮命令を行うことは業務執行には該当しないと考えられており、監査役（会）又は監査等委員会が内部監査部門に対して指揮命令権を持つことは法的に可能である[1]。もっとも、実務上、監査役会と内部監査部門とは「連携」を図るとされている場合が多く、監査等委員会設置会社への移行に対して、監査等委員会に内部監査部門への指揮命令権を付すかが検討されることは多い。

この点、従来の監査役（会）と内部監査部門との連携（双方の監査計画の調整、監査役会から内部監査部門への一定の調査の依頼、内部監査部門の監査結果の監査役会への報告、合同監査の実施等）によって監査役会監査の実効性が十分に図られていたのであれば、監査等委員会設置会社に移行後も、従来と同様に監査等委員会と内部監査部門との関係を「連携」のままとすることも考えられる。

一方、監査等委員会の監査の実効性を高めるほか、執行部門からの内部監査部門の独立性を高めるため、監査等委員会に内部監査部門への指揮命令権を付与することも考えられる（この場合、監査等委員会監査基準や内部監査規程等の社内規程において、かかる指揮命令権を規定することが考えられる。）。特に、社長が関与したおそれのある不正のほか、社長が深く関与する取引・組織や社長が望まないテーマの監査についても内部監査部門が機能するよう、社長からの独立性確保の観点で、監査等委員会に指揮命令権を付すことは検討に値すると考えられる。

我が国においては、機関設計を問わず、内部監査部門は取締役社長（CEO）の直轄とされることが多く（後記 2 参照）、内部監査部門は、取締役社長（CEO）の耳目としてその指揮命令に服する場合が多い。もっとも、日本監査役協会が 2020 年に実施した「内部監査部門等への指示等」に関するアンケート調査の結果によれば、監査等委員会設置会社においては、監査役会設置会社と比較して、社内規則において内部監査部門等への指示等の権限が規定される比率が増加しており、組織的監査の体制がより進展している（次頁の図表参照）。これは、監査等委員会設置会社

---

1) 内田修平「監査役等と内部監査部門の連携」商事法務 2232 号（2020）67 頁、Q21・注 4) 参照

監査役会・監査等委員会・監査委員会の内部監査部門等への指示等（上場会社）
※日本監査役協会「第21回インターネット・アンケート集計結果（役員等の構成の変化など）」（協会事務局）（2021年5月17日）に基づき筆者作成

	監査役会設置会社	監査等委員会設置会社	指名委員会等設置会社
1. 社内規則で権限が規定されており、その権限を行使したことがある	19.3%	35.0%	64.1%
2. 社内規則で権限が規定されているが、その権限を行使したことはない	17.9%	25.5%	15.4%
3. 社内規則で権限は規定されていないが、依頼をしたことがある	48.0%	32.0%	20.5%
4. 社内規則で権限は規定されておらず、依頼をしたこともない	14.3%	6.8%	0.0%

への移行に際して、内部監査部門との関係が見直され、監査等委員会にも内部監査部門への指揮命令権が付されたり、内部監査部門が監査等委員会の直轄とされる場合があること等によると思われる。

　なお、内部監査人の国際団体であるThe Institute of Internal Auditors（内部監査人協会。以下「IIA」という。）の国際基準[2]の実施ガイダンスにおいては、内部監査部門と取締役会又は監査委員会との関係の強化を重視して、内部監査部門は職務上（functionally）は取締役会及び監査委員会等に報告（report）し、部門運営上（administratively）はCEOに報告するものとする「デュアルレポートライン」を確保することが明記されている。そして、ここにいう「報告（report）」とは、単なる伝達ではなく、直属する、指揮・命令を受ける、指示を仰ぐ、復命する（命令されたことの経過や結果を報告する）ことを意味しており[3]、内部監査部門は、職

---

[2] IIAが定めるInternational Standards for the Professional Practice of Internal Auditing（内部監査の専門職的実施の国際基準。https://global.theiia.org/standards-guidance/mandatory-guidance/Pages/Standards.aspx）参照。

[3] CIAフォーラム研究会No.38「監査役会と内部監査部門の理想的な関係」月刊監査研究506号（2016）63頁注1参照。

務（監査機能）上はガバナンス機関である取締役会又は監査委員会（監査等委員会設置会社においては監査等委員会と理解される。）の指揮命令を受け、部門運営上はCEOの指揮命令を受けるものとされている。このようなIIAの国際基準の実施ガイダンスに沿って、内部監査部門の独立性を高めるため、監査機能に関しては内部監査部門を監査等委員会の指揮命令のラインに置くことが、今後、より望ましいものとして我が国の実務上も定着する可能性はあると思われる。

　監査等委員会に内部監査部門への指揮命令権を付す場合、内部監査部門への指揮命令権を専ら監査等委員会が持つ制度設計とすることが考えられる。一方、従来、社長の耳目として特命事項等の監査を行ってきた機能を維持し、社長と監査等委員会の両方から指揮命令を受ける組織と位置付けることも考えられる（この場合において、実務上、内部監査部門に対して主に指揮命令をするのが、社長であるか監査等委員会であるかは、各社の制度設計・運用によって異なる。）。両方からの指揮命令を受ける場合、社長と監査等委員会からの指示が矛盾した場合の対応が問題となるが、このような場合は、監査等委員会の指示が優先する旨を社内規程等に定めておくことが考えられる[4]。

2　内部監査部門の組織上の位置付け

　前記のとおり、我が国においては、内部監査部門は取締役社長（CEO）の直轄とされる場合が多いが、内部監査部門に対して監査等委員会が専ら又は主たる指揮命令権を有することとする場合、内部監査部門の組織上の位置付けを監査等委員会の直属とすることも選択肢となる。

4）塚本英巨「監査等委員会設置会社の監査体制」商事法務2099号（2018）9頁。かかる優劣関係を定める実例としては、内部監査部門は取締役会及び社長の傘下にあるが、監査等委員会が特別に監査の必要があると認める事象があった場合は監査等委員会が内部監査部門に指示することができ、当該指示は社長に優先することを社内規程で定めている旨を紹介するもの（田上静上＝長濱守信＝松井秀征＝澤口実「『第88回監査役全国会議パネルディスカッション　コーポレート・ガバナンス改革を踏まえた監査役等の在り方－潮流の変化に伴う監査役等の役割』月刊」監査役697号（2019）45頁〔長濱発言〕）がある。また、セイコーエプソン株式会社は、同社のコーポレート・ガバナンス報告書（最終更新日：2020年6月26日）において、「監査等委員会は、内部監査部門から監査結果等について報告を受け、また必要に応じて、内部監査部門に対して具体的指示を行うことができる。なお、内部監査部門に対する監査等委員会と社長の指示が離齬をきたす場合には、社長は、内部監査部門に対し、監査等委員会による指示を尊重させるものとする。」としている。

内部監査部門等の組織上の位置付け（上場会社）
※日本監査役協会「第21回インターネット・アンケート集計結果（役員等の構成の変化など）」（協会事務局）（2021年5月17日）に基づき筆者作成

	監査役会設置会社	監査等委員会設置会社	指名委員会等設置会社
①社長に直属	84.5％	78.7％	64.1％
②その他の（業務執行）取締役・執行役に直属	7.8％	5.2％	10.3％
③執行役員に直属	4.2％	1.0％	－
④取締役会に直属	2.2％	2.4％	2.6％
⑤監査役会・監査等委員会・監査委員会に直属	0.0％	7.0％	10.3％
⑥執行側と監査役（会）等の両方に直属している	0.3％	4.2％	2.6％

　日本監査役協会が2020年に実施したアンケート調査によれば、監査等委員会設置会社（上場会社）のうち、内部監査部門の組織上の位置付けについて、社長直属とする会社が78.7％と多数を占めるが、監査等委員会の直属とする会社が7.0％となっており、一定数の会社が監査等委員会の直属とする組織体制を選択している。なお、執行側と監査等委員会の両方に直属しているとする会社も4.2％あり、執行側と監査等委員会の両方に指揮命令権を付していることから、組織上の位置付けも双方に直属すると整理しているものと思われる。

　なお、前記のとおり、IIAの国際基準の実施ガイダンスは、職務上（functionally）の事項と部門運営上（administratively）の事項とで指揮命令権の所在を区別している。すなわち、職務（監査機能）上は監査等委員会が指揮命令する一方、部門運営上の事項（社内組織の一つである内部監査部門が日々の業務を円滑に進められるように社内の環境を整えるための事項等と説明され、内部監査部門スタッフの人事評価や報酬を含む人事管理等が含まれると考えられている。）については、CEO（執行側）が司ると整理されている。近時、我が国においても、当該IIAの国際基準の実施ガイダンスの整理に従ったコーポレートガバナンス体制図を開示する会社

りそなホールディングスの内部監査体制[5)]

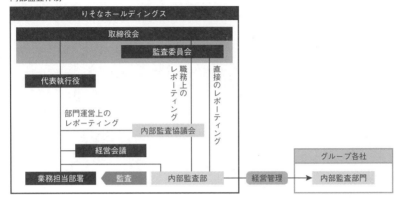

内部監査体制

も出てきており（指名委員会等設置会社の例であるが、株式会社りそなホールディングスのホームページ上の内部監査体制についての記載を掲載する。）、今後の実務動向が注目される。

3　内部監査部門の監査等委員会への報告

　監査等委員会が内部監査部門を指揮命令する場合、監査等委員会が、内部監査部門から監査結果の報告を受けるのは当然のことである。一方、内部監査部門が社長直轄の組織であり、監査等委員会が内部監査部門に対する指揮命令権を有しない場合であっても、内部監査部門の監査結果を、社長のみならず、ガバナンス機関である取締役会又は監査等委員会に直接報告する仕組みを構築することは、内部監査部門とガバナンス機関との連携を確保する上でも、極めて有益である。

　日本監査役協会が2020年に実施したアンケート調査によれば、監査等委員会設置会社（上場会社）のうち、平時において、①「内部監査部門等を所管する役員（社長が所管している場合を含む）」又は「取締役会」及び監査等委員会が、ともに正式報告先であるとする会社が50.5％、②「内部監査部門等を所管する役員（社長が所管している場合を含む）」又は「取締役会」が正式報告先であり、監査等委員会は報告の写送付先であ

5）株式会社りそなホールディングスのホームページ（https://www.resona-gr.co.jp/holdings/about/governance/naibu/index.html）参照（2021年7月10日時点）

る会社が 32.2％、③監査等委員会が正式報告先であり、「内部監査部門等を所管する役員（社長が所管している場合を含む）」又は「取締役会」は報告の写送付先であるとなっている会社が 3.7％、④監査等委員会のみに報告される会社が 1.2％となっている[6]。このように、何らかの形で内部監査部門から監査等委員会に対する報告がなされている会社が多数を占めるが、ガバナンスの実効性の観点では、内部監査部門の監査報告書が、社長その他の執行側による何らの修正も加えられることなく、直接、監査等委員会に報告されることが重要である。

　なお、2021 年 6 月 11 に改訂されたコーポレートガバナンス・コードにおいては、補充原則 4-13 ③において、内部監査部門の監査等委員会への直接報告の仕組み等により両者が連携を図るべきことが、新たに規定されている。

コーポレートガバナンス・コード補充原則 4-13 ③（下線部分は 2021 年 6 月に改訂された箇所である）

> 4-13 ③　上場会社は、取締役会及び監査役会の機能発揮に向け、内部監査部門がこれらに対しても適切に直接報告を行う仕組みを構築すること等により、内部監査部門と取締役・監査役との連携を確保すべきである。また、上場会社は、例えば、社外取締役・社外監査役の指示を受けて会社の情報を適確に提供できるよう社内との連絡・調整にあたる者の選任など、社外取締役や社外監査役に必要な情報を適確に提供するための工夫を行うべきである。

4　内部監査部門の独立性確保のための措置

　内部監査部門を活用した組織的監査の実効性を高めるためには、内部監査部門の執行部門からの独立性を高めることが重要である。

　内部監査部門の独立性を高めるためには、前記のとおり、監査等委員会に内部監査部門への指揮命令権を付して、経営者から独立した内部監査の指揮命令系統を構築することが考えられる。また、内部監査部門に対して監査等委員会が専ら又は主たる指揮命令権を有する場合、内部監

---

6) 日本監査役協会「役員等の構成の変化などに関する第 21 回インターネット・アンケート集計結果（監査等委員会設置会社）」（2021 年 5 月 17 日）参照。

査規程や内部監査部門の監査計画については、監査等委員会が承認することになると考えられ、かかる取組みも内部監査部門の独立性に資するものである。

　また、人事面に関しては、内部監査部門スタッフの被監査部門との兼務を回避することに加え、内部監査部門長の任免・人事考課・懲戒処分や報酬について、監査等委員会の事前同意・承認を要するとすることが考えられる（なお、内部監査部門長を対象とすることが多いが、内部監査部門スタッフに対象を広げる場合もある。）。

　なお、IIA の国際基準の 1110–Organizational Independence（組織上の独立性）の解釈指針は以下の通り定めており、実務上参考となる[7]。

　「組織上の独立性は、内部監査部門長が取締役会[8] から職務上の指示を受け、職務上の報告を行うことにより、有効に確保される。取締役会の職務上の指示・報告の例として、取締役会が次のことを行う場合が挙げられる。
  ・内部監査基本規程を承認すること
  ・リスク・ベースの内部監査部門の計画を承認すること
  ・内部監査部門の予算及び監査資源の計画を承認すること
  ・内部監査部門の計画に対する業務遂行状況及びその他の事項について内部監査部門長から伝達を受けること
  ・内部監査部門長の任命や罷免に関する決定を承認すること
  ・内部監査部門長の報酬を承認すること
  ・不適切な監査範囲や監査資源の制約が存在するか否かについて判断

7）内部監査部門の独立性を確保するための実務対応に関しては、澤口実「グループガイドラインの実務への活用　I　グループ内部統制」商事法務 2208 号（2019）8 頁、別府正之助「監査役会等と内部監査部門の指揮・報告関係を規定化しよう」月刊監査研究 548 号（2019）44 頁も参考になる。
8）ここにいう取締役会（the board）は、IIA の国際基準（International Standards for the Professional Practice of Internal Auditing。内部監査の専門職的実施の国際基準）において、組織体の活動を指揮および監督し、またはそのいずれかを行い、最高経営者に結果に対する責任を果たさせる職責を負う最上位の統治機関を指し、統治機関が一定の機能を委譲した、委員会やその他の機関（例：監査委員会）を意味することもあるとされており、日本においては、取締役会及び監査役（会）・監査等委員会・監査委員会などが、「the board」に該当すると解される（経済産業省「コーポレート・ガバナンス・システムに関する実務指針（CGS ガイドライン）」（2018 年 9 月 28 日改訂）74 頁参照）。

するために、経営管理者及び内部監査部門長に適切な質問をすること」

Q23 監査等委員会の監査報告の内容

Q 監査等委員会の監査報告の記載内容を教えてください。

A 　監査等委員会の監査報告の記載内容は、法務省令に定められており、基本的に、監査役会の監査報告の記載事項と変わりません。

●解説

1 監査等委員会の監査報告の記載事項

　監査等委員会は、その職務として、各事業年度ごとに監査報告を作成することとされている（法399条の2第3項1号、436条2項2号）。

　監査役会設置会社においては、監査役会の監査報告とは別に、各監査役の監査報告の作成が求められるが（施行規則129条、計算規則127条）、監査等委員会設置会社においては、監査等委員会が会議体として組織的な監査を行うため、各監査等委員の監査報告の作成は求められない。

　監査報告に監査結果等の記載を行う監査の対象は、原則として、事業報告及びその附属明細書並びに計算書類及びその附属明細書である（法436条2項）。ただし、事業年度の末日において大会社であって有価証券報告書提出会社である会社は、当該事業年度に係る連結計算書類を作成しなければならず（法444条3項）、この場合、連結計算書類も監査対象となる（同条4項）。

　監査等委員会の監査報告の内容は法務省令に規定されており、事業報告及びその附属明細書に係る監査報告の記載事項（施行規則130条の2）と、計算書類及びその附属明細書並びに連結計算書類に係る監査報告の記載事項（計算規則128条の2）が、別個に規定されている。

　なお、事業報告及びその附属明細書に係る監査報告の記載事項である「監査の方法及びその内容」について、監査役設置会社では「監査役及び監査役会の監査の方法及びその内容」（施行規則130条2項1号）とされているのが、監査等委員会設置会社では「監査等委員会の監査の方法及びその内容」（施行規則130条の2第1項1号）とされているのは、監

査等委員会は会議体として組織的な監査を行うため、各監査等委員独自の監査の方法及び内容を観念できないためである。この点を除けば、監査報告における記載事項は、監査役会の監査報告の記載事項（施行規則130条、計算規則128条参照）と同一である。

　監査等委員会の監査報告の内容は、監査等委員会の決議（議決に加わることができる監査等委員の過半数が出席し、その過半数の賛成。法399条の10第1項）をもって定められる（施行規則130条の2第2項、計算規則128条の2第2項）。ただし、各監査等委員は、監査等委員会の決議による監査報告の内容が自らの意見と異なる場合は、その意見を監査報告に付記することができる（施行規則130条の2第1項、計算規則128条の2第1項）。

監査等委員会の監査報告の記載事項

I　事業報告及びその附属明細書に関する監査報告の内容とするべき事項（施行規則130条の2）
1　監査等委員会の監査の方法及びその内容 2　施行規則129条1項2号から6号までに掲げる事項 　①　事業報告及びその附属明細書が法令又は定款に従い当該株式会社の状況を正しく示しているかどうかについての意見 　②　当該株式会社の取締役の職務の遂行に関し、不正の行為又は法令もしくは定款に違反する重大な事実があったときは、その事実 　③　監査のため必要な調査ができなかったときは、その旨及びその理由 　④　施行規則118条2号に掲げる事項（監査の範囲に属さないものを除く。）がある場合において、当該事項の内容が相当でないと認めるときは、その旨及びその理由 　⑤　施行規則118条3号若しくは施行規則118条5号に規定する事項が事業報告の内容となっているとき又は施行規則128条3項に規定する事項が事業報告の附属明細書の内容となっているときは、当該事項についての意見 3　監査報告を作成した日
II　会計監査人設置会社における計算関係書類[1]に関する監査報告の内容とするべき事項（計算規則128条の2）

---

1)「計算関係書類」とは、成立の日における貸借対照表、各事業年度に係る計算書類及びその附属明細書、臨時計算書類、連結計算書類を指す（計算規則2条3項3号）。

> 1 監査等委員会の監査の方法及びその内容
> 2 計算規則 127 条 2 号から 5 号までに掲げる事項
> ① 会計監査人の監査の方法又は結果を相当でないと認めたときは、その旨及びその理由（計算規則 130 条 3 項に規定する場合にあっては、会計監査報告を受領していない旨）
> ② 重要な後発事象（会計監査報告の内容となっているものを除く。）
> ③ 会計監査人の職務の遂行が適正に実施されることを確保するための体制に関する事項
> ④ 監査のため必要な調査ができなかったときは、その旨及びその理由
> 3 監査報告を作成した日

2 監査等委員会の監査報告の記載例

　監査等委員会の監査報告の記載例として実務上参照されることが多い、日本監査役協会が公表している監査等委員会の監査報告のひな型[2] の内容は、以下のとおりである（注記は省略している。）。

　実務上、事業報告等と計算書類等を対象とする個別の監査報告書と、連結計算処理に係る監査報告書を、分けて作成される場合もあるが、以下の記載例は、これらを一体として作成する例である。

日本監査役協会の監査等委員会監査報告のひな型（2015 年 11 月 10 日制定）

> 監　査　報　告　書
>
> 　当監査等委員会は、平成○年○月○日から平成○年○月○日までの第○○期事業年度における取締役の職務の執行について監査いたしました。その方法及び結果につき以下のとおり報告いたします。
>
> 1. 監査の方法及びその内容
> 　監査等委員会は、会社法第 399 条の 13 第 1 項第 1 号ロ及びハに掲げる事項に関する取締役会決議の内容並びに当該決議に基づき整備されている体制（内部統制システム）について取締役及び使用人等からその構築及び運用の状況について定期的に報告を受け、必要に応じて説明を求め、意見を表明するとともに、下記の方法で監査を実施しました。

---

2) 日本監査役協会「監査等委員会監査報告のひな型」（2015 年 11 月 10 日制定）（http://www.kansa.or.jp/support/library/regulations/post-154.html 参照））。

①監査等委員会が定めた監査の方針、職務の分担等に従い、会社の内部統制部門と連携の上、重要な会議に出席し、取締役及び使用人等からその職務の執行に関する事項の報告を受け、必要に応じて説明を求め、重要な決裁書類等を閲覧し、本社及び主要な事業所において業務及び財産の状況を調査しました。また、子会社については、子会社の取締役及び監査役等と意思疎通及び情報の交換を図り、必要に応じて子会社から事業の報告を受けました。

②事業報告に記載されている会社法施行規則第118条第3号イの基本方針及び同号ロの各取組み並びに会社法施行規則第118条第5号イの留意した事項及び同号ロの判断及びその理由については、取締役会その他における審議の状況等を踏まえ、その内容について検討を加えました。

③会計監査人が独立の立場を保持し、かつ、適正な監査を実施しているかを監視及び検証するとともに、会計監査人からその職務の執行状況について報告を受け、必要に応じて説明を求めました。また、会計監査人から「職務の遂行が適正に行われることを確保するための体制」（会社計算規則第131条各号に掲げる事項）を「監査に関する品質管理基準」（平成17年10月28日企業会計審議会）等に従って整備している旨の通知を受け、必要に応じて説明を求めました。

　以上の方法に基づき、当該事業年度に係る事業報告及びその附属明細書、計算書類（貸借対照表、損益計算書、株主資本等変動計算書及び個別注記表）及びその附属明細書並びに連結計算書類（連結貸借対照表、連結損益計算書、連結株主資本等変動計算書及び連結注記表）について検討いたしました。

2. 監査の結果
　(1)　事業報告等の監査結果
　　①　事業報告及びその附属明細書は、法令及び定款に従い、会社の状況を正しく示しているものと認めます。
　　②　取締役の職務の執行に関する不正の行為又は法令若しくは定款に違反する重大な事実は認められません。
　　③　内部統制システムに関する取締役会決議の内容は相当であると認めます。また、当該内部統制システムに関する事業報告の記載内容及び取締役の職務の執行についても、指摘すべき事項は認められません。
　　④　事業報告に記載されている会社の財務及び事業の方針の決定を支配する者の在り方に関する基本方針は相当であると認めます。事業報告に記載されている会社法施行規則第118条第3号ロの各取組みは、当該基本方針に沿ったものであり、当社の株主共同の利益を損

　　なうものではなく、かつ、当社の会社役員の地位の維持を目的とす
　　るものではないと認めます。
　⑤　事業報告に記載されている親会社等との取引について、当該取引
　　をするに当たり当社の利益を害さないように留意した事項及び当該
　　取引が当社の利益を害さないかどうかについての取締役会の判断及
　　びその理由について、指摘すべき事項は認められません。
(2)　計算書類及びその附属明細書の監査結果
　　会計監査人○○○○の監査の方法及び結果は相当であると認めます。
(3)　連結計算書類の監査結果
　　会計監査人○○○○の監査の方法及び結果は相当であると認めます。

3.　監査等委員○○○○の意見（異なる監査意見がある場合）

4.　後発事象（重要な後発事象がある場合）

平成○年○月○日

　　　　　　　　　　○○○○株式会社　監査等委員会
　　　　　　　　　　　　　　　　監査等委員　○○○○　印
　　　　　　　　　　　　　　　　監査等委員　○○○○　印
　　　　　　　　　　　　　　　　監査等委員　○○○○　印
　　　　　　　　　　　　　　　　監査等委員　○○○○　印

(注)　監査等委員○○○○及び○○○○は、会社法第 2 条第 15 号及び第
　　　331 条第 6 項に規定する社外取締役であります。

Q24 監査等委員会の監査報告の作成手続・スケジュール

Q 監査等委員会の監査報告の作成手続とスケジュールについて教えてください。

A 監査等委員会の監査報告の作成の手続・スケジュールは、基本的に、会計監査人設置の監査役会設置会社・指名委員会等設置会社と同様です。

●解説

　監査等委員会の監査報告の作成の手続・スケジュールは、各監査役の監査報告の作成が求められない点において監査役会設置会社と異なるほか、基本的に、会計監査人設置の監査役会設置会社・指名委員会等設置会社と変わらない。

　以下、事業報告及びその附属明細書、計算書類及びその附属明細書、及び連結計算書類のそれぞれについて、監査の手続の流れを記載する。

1　事業報告及びその附属明細書の作成・監査の手続

① 事業報告を作成する取締役による各事業年度に係る事業報告・附属明細書の作成（法 435 条 2 項）

② 取締役による事業報告等の監査等委員会に対する提供（施行規則 130 条の 2）

※提供先は、法務省令において単に監査等委員会とされており、特定監査等委員（後記⑤参照）とはされていない。もっとも、実務上、特定監査等委員が受領し、各監査等委員に送付することが考えられる。

③ 監査等委員会による監査（法 436 条 2 項 2 号）

④ 監査等委員会の決議による監査報告の作成（法 399 条の 2 第 3 項 1 号、施行規則 130 条の 2 第 1 項・2 項）

⑤ 特定監査等委員は、<u>次の(a)〜(c)に掲げる日のいずれか遅い日まで</u>に、監査等委員会の監査報告の内容の特定取締役に通知（施行規則

132条1項)。この日までに通知しない場合、当該通知をすべき日に、監査等委員会の監査を受けたものとみなす（同条3項）。

(a)	事業報告を受領した日から4週間を経過した日
(b)	附属明細書を受領した日から1週間を経過した日
(c)	特定取締役と特定監査等委員の間で合意した日

※特定取締役とは、次の者である（施行規則132条4項）。
・監査報告の内容の通知受領者を定めた場合[1]は、その者
・通知受領者を定めていない場合は、事業報告及びその附属明細書の作成に関する職務を行った取締役
※特定監査等委員[2]とは、次の者である（施行規則132条5項3号）。
・監査等委員会が監査報告の内容を通知すべき監査等委員を定めた場合は、その者
・通知者を定めていない場合は、監査等委員のうちいずれかの者

⑥　事業報告等の決算取締役会による承認（法436条3項）
⑦　定時株主総会への計算書類等の提出（法438条1項）
⑧　定時株主総会への報告（法438条3項）

2　計算書類及びその附属明細書の作成・監査の手続

①　計算書類を作成する取締役による各事業年度に係る計算書類・附属明細書の作成（法435条2項）

※法的には、監査済みの計算書類等についてのみ取締役会決議が求められ（法436条3項）、この段階での取締役会決議は不要であるが、実務上、会計監査人等に計算書類を提出する段階で決算短信を提出することも多く、これに先立ち任意に取締役会決議を経る（又は報告事項として報告する）ことも多い[3]。合わせて、会計監査人の事実上の了承を

---

1) 会計監査報告の内容の通知受領者の決定は、重要な業務の執行の決定に当たるものでもなく、必ずしも取締役会決議によらなくても、計算書類作成者間での互選その他の適切な方法で定めれば足りる（郡谷大輔＝和久友子編著『会社法の計算詳解』（中央経済社、2008）106頁）。
2) 施行規則132条5項においては、すべての機関設計についてまとめて「特定監査役」と定義されているが、本文では、便宜的に、特定監査等委員の用語を用いている。
3) 2018年に実施された日本監査役協会のアンケート調査によれば、上場会社である監査等委員会設置会社のうち、決算短信について取締役会の決議事項とする会社が85.3%（報告事項とする会社が10.9%）であった（日本監査役協会「役員等の構成の変化などに関する第19回インターネット・アンケート集計結果（監査等委員会設置会社）」（2019年5月24日）52頁参照）。

　得ておくことも一般的である[4]。

②　取締役による計算書類等の会計監査人及び監査等委員会の指定した監査等委員に対する提供（計算規則 125 条）

③　会計監査人による計算書類等の監査（法 436 条 2 項 1 号）

④　会計監査人による会計監査報告の作成（計算規則 126 条）

⑤　会計監査人は、<u>次の(a)～(c)に掲げる日のいずれか遅い日までに</u>、会計監査報告の内容の特定取締役及び特定監査等委員に通知（計算規則 130 条）。この日までに通知しない場合、当該通知をすべき日に、会計監査人の監査を受けたものとみなす（同条 3 項）。

(a)　計算書類の全部を受領した日から 4 週間を経過した日
(b)　附属明細書を受領した日から 1 週間を経過した日
(c)　特定取締役・特定監査等委員・会計監査人の間で合意で定めた日

　※特定取締役とは、次の者である（計算規則 130 条 4 項）。
　　・会計監査報告の内容の通知受領者を定めた場合[5]は、その者
　　・通知受領者を定めていない場合は、監査を受けるべき計算関係書類の作成に関する職務を行った取締役
　※特定監査等委員[6]とは、次の者である（計算規則 130 条 5 項 3 号）。
　　・監査等委員会が会計監査報告の内容の通知受領者を定めた場合は、その者
　　・通知受領者を定めていない場合は、監査等委員のうちいずれかの者

⑥　会計監査人の職務の遂行に関する事項の特定監査等委員への通知（計算規則 131 条）

⑦　監査等委員会による監査（法 436 条 2 項 1 号）

⑧　監査等委員会の決議による監査報告の作成（法 399 条の 2 第 3 項 1 号、計算規則 128 条の 2 第 1 項・2 項）

⑨　特定監査等委員は、<u>次の(a)(b)に掲げる日のいずれか遅い日までに</u>、監査等委員会の監査報告の内容の特定取締役及び会計監査人に通

---

4)　森・濱田松本法律事務所編・宮谷隆＝奥山健志著『株主総会の準備事務と議事運営〔第 4 版〕』（中央経済社、2015）24 頁。
5)　会計監査報告の内容の通知受領者の決定は、重要な業務の執行の決定にあたるものでもなく、必ずしも取締役会決議によらなくても、計算書類作成者間での互選その他の適切な方法で定めれば足りる（郡谷＝和久編著・前掲注 1）106 頁）。
6)　計算規則 130 条 5 項においては、すべての機関設計についてまとめて「特定監査役」と定義されているが、本文では、便宜的に、特定監査等委員の用語を用いている。

知（計算規則 132 条）。この日までに通知しない場合、当該通知を
すべき日に、監査等委員会の監査を受けたものとみなす（同条 3
項）。

(a)　会計監査報告を受領した日から 1 週間を経過した日
(b)　特定取締役と特定監査等委員の間で合意で定めた日

---

⑩　計算書類等の決算取締役会による承認（法 436 条 3 項）
⑪　定時株主総会への計算書類等の提出（法 438 条 1 項）
⑫　以下の要件（計算規則 135 条各号）のいずれにも該当する場合は、
定時株主総会への報告（法 439 条）。要件に該当しない場合には、
定時株主総会の承認（法 438 条 2 項）。

＜計算書類等の承認の特則に関する要件（計算規則 135 条）＞
✓　会計監査報告の内容に無限定適正意見が含まれていること（1 号）。
✓　会計監査報告に係る監査等委員会の監査報告の内容として会計監査
人の監査の方法又は結果を相当でないと認める意見がないこと（2
号）。
✓　会計監査報告に係る監査等委員会の監査報告に付記された監査等委
員の意見（計算規則 128 条の 2 第 1 項後段）が、会計監査人の監査
の方法又は結果を相当でないと認める意見でないこと（3 号）。
✓　計算関係書類が計算規則 132 条 3 項の規定（特定監査等委員が監査
報告の内容を通知期限までに特定取締役及び会計監査人に通知しな
かったこと）により監査等委員会の監査を受けたものとみなされた
ものでないこと（4 号）。
✓　取締役会を設置していること（5 号）。

3　連結計算書類の作成・監査の手続

①　連結計算書類を作成する取締役による連結計算書類の作成（法
444 条 3 項）
※法的には、監査済みの連結計算書類についてのみ取締役会決議が求め
られ（法 436 条 3 項）、この段階での取締役会決議は不要であるが、実
務上、この段階で任意に取締役会決議を経る（又は報告事項として報
告する）ことが多いことには、計算書類及びその附属明細書と同様で
ある（前記**2**参照）。
②　取締役による連結計算書類の会計監査人及び監査等委員会の指定
した監査等委員に対する提供（計算規則 125 条）
③　会計監査人による連結計算書類の監査（法 444 条 4 項）

④　会計監査人による会計監査報告の作成（計算規則 126 条）

⑤　会計監査人は、連結計算書類の全部を受領した日から 4 週間を経過した日（特定取締役・特定監査等委員・会計監査人の間で合意で定めた日がある場合は、その日）までに、会計監査報告の内容の特定取締役及び特定監査等委員に通知（計算規則 130 条）。この日までに通知しない場合、当該通知をすべき日に、会計監査人の監査を受けたものとみなす（同条 3 項）。

※特定取締役・特定監査等委員の意義は、計算書類及びその附属明細書の場合と同じ。

⑥　会計監査人の職務の遂行に関する事項の特定監査等委員への通知（計算規則 131 条）

⑦　監査等委員会による監査（法 436 条 2 項 1 号）

⑧　監査等委員会の決議による監査報告の作成（法 399 条の 2 第 3 項 1 号、計算規則 128 条の 2 第 1 項・2 項）

⑨　特定監査等委員は、会計監査報告を受領した日から 1 週間を経過した日（特定取締役と特定監査等委員の間で合意で定めた日がある場合は、その日）までに、監査等委員会の監査報告の内容の特定取締役及び会計監査人に通知（計算規則 132 条）。この日までに通知しない場合、当該通知をすべき日に、監査等委員会の監査を受けたものとみなす（同条 3 項）。

⑩　連結計算書類等の決算取締役会による承認（法 436 条 3 項）

⑪　定時株主総会への連結計算書類等の提出、連結計算書類の内容及び会計監査報告・監査等委員会の監査報告の内容の報告（法 444 条 7 項）。

Q25　監査等委員以外の取締役の指名・報酬についての意見陳述権(1)

Q　監査等委員会設置会社について、監査等委員以外の取締役の選任等・報酬等についての意見陳述権が認められたのはなぜですか。

……………………………………………………………………………………………

A　監査等委員以外の取締役の選任等・報酬等についての株主総会における意見陳述権は、監査等委員である取締役が、当該権限を背景として、監査等委員以外の取締役の人事（指名・報酬）の決定について取締役会における発言力を強めることにより、業務執行者に対する監督機能の強化が図られることが意図されています。

●解説

1　権限の内容

　監査等委員会設置会社においては、独自の権限として、監査等委員会に、監査等委員以外の取締役の人事（指名・報酬）について、以下の株主総会における意見陳述権が認められている。

1　監査等委員以外の取締役の選任等についての意見陳述権

　監査等委員会は、監査等委員以外の取締役の選任（不再任）・解任・辞任についての意見を決定し（法399条の2第3項3号）、監査等委員会が選定する監査等委員は、株主総会において、当該監査等委員会の意見を述べることができる（法342条の2第4項）。

　なお、監査等委員以外の取締役の選任・解任議案が上程される株主総会について、当該議案に関して株主総会において陳述する監査等委員会の意見があるとき、当該意見の概要は、株主総会参考書類の記載事項とされている（施行規則74条1項3号、78条3号）。

2　監査等委員以外の取締役の報酬等についての意見陳述権

　監査等委員会は、監査等委員以外の取締役の報酬等についての意見を決定し（法399条の2第3項3号）、監査等委員会が選定する監査等委員は、株主総会において、当該監査等委員会の意見を述べることができる（法361条6項）。

　なお、監査等委員以外の取締役の報酬議案が上程される株主総会について、当該議案に関して株主総会において陳述する監査等委員会の意見があるとき、当該意見の概要は、株主総会参考書類の記載事項とされている（施行規則 82 条 1 項 5 号）。

2　権限が認められた趣旨

　これらの権限は、監査等委員会設置会社には法定の指名・報酬委員会が存在しないため、社外取締役が過半数を占める監査等委員会による経営評価を会社の運営に反映させるために、監査等委員会の独自の権限等として定められたものである。

　すなわち、監査等委員会にこれらの意見陳述権を認めることにより、監査等委員である取締役が、当該意見陳述権を背景として、取締役会における取締役の人事（指名・報酬）の決定について発言権を強め、主導的に関与することにより、監査等委員会の意見がその決定に反映され、業務執行者に対する監督機能の強化が図られることが意図されている[1]。これらの権限を有することから、監査等委員会は、純然たる監査機関にとどまるものではなく、一種の監督機能をも有するものといえる[2]。

　なお、当該権限行使により、監査等委員会が、実質的に、指名委員会等設置会社の法定の指名・報酬委員会と同等の機能を果たすことを期待する向きもある[3]。実際、監査等委員会がかかる意見陳述権を有することを背景に、指名・報酬の決定プロセスに積極的に関与することにより、同様の機能を果たしている実例も存在する。

　もっとも、監査等委員会は、指名・報酬について意見陳述権を持つだけで、決定権限を有しないから、法解釈上、当然に法定の指名・報酬委員会と同等の機能を果たさなければならないわけではないと考えられる[4]。実際上も、監査等委員会が単独で、監査等委員会としての職務に

---

　1)　一問一答（平成 26 年改正）42 頁、岩原紳作「『会社法制の見直しに関する要綱案』の解説〔 I 〕」商事法務 1975 号（2012）8 頁、商事法務・改正会社法の解説〔 II 〕23 頁、江頭 617 頁、コンメ補巻 433 頁〔田中亘〕。

　2)　このように「監査」にとどまらない監督権限を有することから、監査等委員会は、要綱の段階では仮称として「監査・監督委員会」とされていた（要綱第 1 部第 1 の 1）。

　3)　江頭憲治郎「会社法改正によって日本の会社は変わらない」法律時報 86 巻 11 号（2014）64 頁等。

加えて指名委員会・報酬委員会と同等の機能までも果たすことは、その業務負担の重さ等に照らして、現実的に困難な場合も多いと思われる。そして、監査等委員会設置会社においても、独立社外取締役を主要な構成員とする任意の指名・報酬委員会を設置することで監督機能を強化する選択肢は一般的なものとなっており（**Q8** 参照）、任意の指名・報酬委員会が設置されている場合、監査等委員以外の取締役の指名・報酬に関する中心的な審議はかかる任意の委員会において行い、監査等委員会は、当該委員会の審議結果の情報提供を受けて、株主総会における意見陳述権の行使の要否を検討することが考えられる（**Q26** 参照）。

　監査等委員会に、監査等委員以外の取締役の指名・報酬に関する実質的な監督機能をどこまで求めるかは、各社のコーポレート・ガバナンス体制とその運用に負うところが大きいと思われる。

4）森本滋『企業統治と取締役会』（商事法務、2017）174 頁は、監査等委員会の意見陳述権の対応について、指名委員会等設置会社の指名・報酬委員会に近似した運用に配慮することにも合理性があろうが、人事関連事項については決定権を有していない監査等委員会は、それらと同様の審議方法を採用しなければならないわけではないとする。

Q26 監査等委員以外の取締役の指名・報酬についての意見陳述権(2)

Q 監査等委員以外の取締役の選任等・報酬等についての意見陳述権の具体的な行使方法について教えてください。

....

A　監査等委員会は、基本的に、毎年の定時株主総会に先立ち、監査等委員以外の取締役の人事（指名・報酬）に関して当該株主総会において陳述する意見の要否を検討することになると考えられます。そして、かかる意見の決定があった場合、監査等委員会が選定する監査等委員は、当該意見を株主総会において陳述することになります。

●解説

　監査等委員以外の取締役の人事（指名・報酬）についての監査等委員会の株主総会における意見陳述権の行使方法は、以下のとおりである。

1　意見陳述の対象事項

　監査等委員会の意見の対象は、監査等委員以外の取締役の選任・解任・辞任（法342条の2第4項）及び報酬等（法361条6項）である。

　意見の対象は株主総会の上程議案に関する事項に限定されるものではなく[1]、いかなる事項について検討を行い、陳述する意見の有無・内容について意見形成をするかは、監査等委員の善管注意義務に照らした監査等委員会の判断に委ねられる。

　例えば、選任（指名）に関しては、監査等委員会としては、以下のような観点で検討を行い、陳述すべき意見の要否を検討することが考えられる。

---

1) コンメ補巻433頁〔田中亘〕、森本滋『企業統治と取締役会』（商事法務、2017）174頁。なお、日本監査役協会「選任等・報酬等に対する監査等委員会の関与の在り方－実態調査を踏まえたベストプラクティスについて－」（2017年12月1日）5頁は、意見陳述の対象は付議議案に限定されているわけではないとしつつ、実際の意見陳述権の行使事例は株主総会付議議案に関する意見の陳述がほとんどであると指摘する。

・定時株主総会に上程される監査等委員以外の取締役選任議案の各候補者
　の適格性
・取締役会全体の構成（知識・経験・能力のバランスや多様性と適正規模等）
・指名方針・指名基準等の適切性
・指名の決定プロセスの公正性・適切性
・最高経営責任者（CEO）等の後継者計画（サクセッション・プラン）[2] 等

　報酬等に関しても、下のような観点で検討を行い、陳述すべき意見の
要否を検討することが考えられる。

・報酬上限額等に関する株主総会決議・議案の内容の相当性
・報酬総額・報酬水準の適正性、個人別報酬の相当性[3]
・自社の報酬設計の妥当性（報酬の基本方針・報酬ミックス等の妥当性、業
　績向上に向けた適切なインセンティブとなっているか等）
・報酬の決定プロセスの公正性・適切性等

　なお、任意の指名・報酬委員会を設置する場合は、監査等委員会とし
ては、任意の指名・報酬委員会の活動を含めた決定プロセスの公正性・
適切性について重点的に検討を行うことが考えられる（後記 **7** 参照）。

---

2) 日本監査役協会「選任等・報酬等に対する意見陳述権に関連して監査等委員会に期待さ
　れる検討の在り方について－サクセッション・プランへの関与を中心とした分析－」（2019
　年2月4日）は、監査等委員会が、監査等委員以外の取締役の選任等に対する意見陳述
　権係る監査等委員会の活動として、最高経営責任者（CEO）等の後継者計画について、
　いかなる検討を行うべきかについて整理している。当該資料は、指名委員会等設置会社
　の指名委員会及び報酬委員会による検討の実態を参考に考察を行ったものとされており、
　サクセッション・プランの内容について、監査等委員会が深度の高い検討を行うことが
　想定されているところ、任意の指名委員会が設置されている会社においては、かかる検
　討は指名委員会において行うという整理も考えられる（後記 **7** 参照）。

3) 報酬等に関する意見の対象は、全員に支給する総額ではなく、個人別の報酬等であると
　する見解があるが（江頭618頁、松元暢子「監査等に関する規律の見直し」商事法務
　2062号（2015）25頁（注29））、必ずしも、これに限定する必要はないと考えられる。
　この点については、株主総会で全部個別的な監査等委員以外の取締役の報酬についてい
　う必要はなく、総額の合理性を確認した上で運用は適切であるとの意見を形成すべきで
　あるとの指摘や（前田雅弘「平成26年会社法改正―企業統治関係（1）」JPX金融商品取
　引法研究会研究記録15頁〔森本滋発言〕）、実際上、個人別の報酬ではなく、その全員の
　報酬枠を対象として、会社の業績に鑑みた相当性についての意見が述べられるにとどま
　るのではないかとの指摘がある（塚本英巨『監査等委員会導入の実務』（商事法務、
　2015）235頁参照）。

2　意見陳述権が認められる株主総会

意見陳述権が認められる株主総会については、法文上、単に「株主総会」とされており、また、監査等委員会の意見の対象は、株主総会の上程議案には限られないから（前記**1**参照）、これを取締役の選任・解任議案や報酬議案が上程されている株主総会に限定する必要はない。

したがって、定時株主総会・臨時株主総会の別や、監査等委員以外の取締役の選任・解任議案や報酬議案の上程の有無を問わず、すべての株主総会において意見陳述権が認められると解される[4]（ただし、後記**3**2記載のとおり、実務上は、基本的に、毎年の定時株主総会における意見陳述を検討することになると考えられる。）。

3　監査等委員会による意見の決定

1　監査等委員会の意見の決定と意見陳述との関係

監査等委員以外の取締役の選任等及び報酬等についての意見の決定は、監査等委員会の職務とされている（法399条の2第3項3号）。

監査等委員会による意見の決定と株主総会における意見陳述の関係については、①監査等委員会は、必ず意見を決定しなければならないが、株主総会において常に意見を述べる義務があるわけではないとする見解[5]と、②監査等委員会は、意見を決定した以上は、株主総会において常に意見を述べる必要がある（かつ、必要があれば意見を決定して陳述することが、善管注意義務に照らして求められる。）とする見解[6]がある。

この点、法文上、監査等委員会がその職務として決定することが求められるのは「第342条の2第4項及び第361条第6項に規定する監査等委員会の意見」であり（法399条の2第3項3号）、これは株主総会において陳述する意見の決定と読むのが自然と思われる。また、意見陳述権はすべての株主総会において認められると解されるところ（前記**2**参照）、取締役の選任・解任議案や報酬議案が上程されない臨時株主総会などに際しては、監査等委員会の意見の陳述のみならず決定も必須ではないと考えられる。以上からすれば、上記②の整理により、監査等委員

4）塚本・前掲注3）229頁、松元・前掲注3）21頁。
5）江頭617頁、松元・前掲注3）21頁。
6）前田・前掲注3）10頁〔前田発言〕、12頁・15頁〔森本発言〕。

会が陳述する意見を決定した以上、監査等委員会が選定した監査等委員は株主総会における意見陳述を行う必要があるものとして、意見の決定と意見陳述は一体として考えるべきである。その上で、監査等委員会には、個々の株主総会について、法律上当然に陳述する意見の決定義務があるのではなく（後記**4**参照）、監査等委員会としての意見陳述の要否及び意見を述べる場合の意見の内容については、監査等委員の善管注意義務に照らした監査等委員会の判断に委ねられるとする考え方が妥当と思われる[7]。

2　いかなる頻度で意見陳述の検討を行うべきか

株主総会において陳述する意見の有無・内容は監査等委員会の判断に委ねられるが（前記**1**参照）、法律上の権限である以上、監査等委員の善管注意義務に照らした、適切な対応が求められる。

かかる観点からは、監査等委員会としては、基本的に、毎年、定時株主総会に先立ち、同株主総会において陳述する意見の有無・内容について審議することになると考えられる[8]。なぜなら、指名・報酬に関する意見陳述権が認められたのは、当該意見陳述権を背景として、監査等委員会の意見が取締役の人事（指名・報酬）の決定に反映され、業務執行者に対する監督機能の強化を図るためであるところ（**Q25**参照）、監査等委員以外の取締役の任期は1年であり（法332条3項）、毎年、定時株主総会に選任議案が上程されること、及び、報酬も毎年の業績等を踏まえて見直されることを踏まえれば、業務執行者に対する監督機能を実効的に及ぼすため、監査等委員会としては、毎年の定時株主総会における意見陳述の要否を検討することになると考えられるからである[9]。

このほか、監査等委員以外の取締役の選任・解任議案又は報酬議案が上程される臨時株主総会についても、監査等委員会は、同様の意見の有無・内容を検討することになると思われる。

3　権限行使のための情報収集

指名・報酬に関する監査等委員会の意見形成のために、取締役会の審

7）太子堂厚子「監査等委員会設置会社への移行後の実務課題－指名・報酬に関する規律と重要な業務執行の決定権限の委譲－」商事法務2111号（2016）26頁注3参照。
8）太子堂・前掲注7）18頁、コンメ補巻434頁〔田中亘〕、前田・前掲注3）10頁〔前田発言〕、12頁・15頁〔森本発言〕）。

議を通じて得られる情報だけでは不十分であるのが通常であり、監査等委員会として、どのように情報収集を行うかも、実務上の課題となる。

　まず、監査等委員会が、自らの調査権限（法399条の3、399条の9第3項等）を行使して、ヒアリングや資料閲覧等を実施することにより、必要な情報を取得することは当然に可能である。また、前記のとおり、監査等委員会としては、毎年定時株主総会に先立ち陳述する意見の有無等を検討することになるから、代表取締役等の執行側から、株主総会に先立つ一定の時期に、指名・報酬の原案の内容等についての情報提供や説明を行う機会を設けるなど、定期的な情報提供や意見交換の機会を設定することとする場合も多い。また、任意の指名・報酬委員会を設置している場合は、その審議内容に関する情報を監査等委員会に共有する仕組みを作ることになると考えられる（かかる情報共有は、任意の指名・報酬委員会の委員である監査等委員から監査等委員会に共有される場合があるほか、任意の指名・報酬委員会の事務局から監査等委員会への説明が行われる場合等がある。）。

4　監査等委員会の決定の内容

　意見陳述権の対応として監査等委員会が決定する内容は、大きく分けて、①陳述する意見（指名・報酬についての肯定的な意見又は否定的な意見）の内容を決定する、②陳述する意見はないことを決定する、のいずれかである。

　この点、上記②の対応については、「意見がない」ということは本来あり得ないとの指摘[10]や、監査等委員会は毎年必ず意見を決定し株主総会において意見を陳述しなければならないとの見解[11]がある。もっとも、前記の意見陳述権の趣旨（Q25参照）に照らせば、監査等委員会

9）定時株主総会に先立ち、監査等委員会が、どの程度前から検討を開始するかについては、日本監査役協会が2017年に実施したアンケート調査によれば、選任等に関しては、株主総会から遡って平均2.58か月前に執行側から具体的な候補者の提示を受け、2.33か月前に監査等委員会における検討を開始し、1.71か月前に監査等委員会としての意見を決定している。報酬等に関しては、平均2.37か月前に執行側から報酬案の提示を受け、2.14か月前に監査等委員会における検討を開始し、1.50か月前に監査等委員会としての意見を決定しているとされている（日本監査役協会・前掲注1）8頁参照）。

10）岩原紳作ほか「〈座談会〉改正会社法の意義と今後の課題〔上〕」商事法務2040号（2014）22頁〔岩原発言〕参照。

として指名・報酬について一切何らの意見もないという場合は別論であるが、監査等委員会の意見陳述権の存在等を背景に、現に指名・報酬の決定の適正が図られているのであれば、株主総会の議場における意見の陳述自体は必須ではないと考えられる。例えば、監査等委員会において、監査等委員以外の取締役の指名・報酬について審議し、指摘等がある場合は代表取締役や取締役会に対して意見を述べて議論・調整の上、指名・報酬について異論がないとの結論に至り、「指摘するべき点はない」、「株主総会において陳述するべき意見はない」といった意見形成に至ることは、特段否定されるものではないと思われる[12]。したがって、監査等委員会の指名・報酬の決定プロセスへの適切な関与がある限り、監査等委員会が、指名・報酬に関する意見はない旨の決定を行い、定時株主総会の議場における意見陳述をしないとしても、直ちに善管注意義務違反の問題を生じさせるものではないと考えられる[13]。

　なお、監査等委員会において指名・報酬についての意見がない（指摘すべき事項がない）場合に、①株主総会で陳述する意見はないと整理して、株主総会参考書類に記載せず、株主総会において意見陳述を行わないことも、②「指摘するべき点はない」旨を株主総会で陳述する意見と整理して、株主総会参考書類に記載し、株主総会において意見陳述を行うことも、いずれも可能である（ただし、前者の場合も、法律上の権限行使ではない任意の報告として、監査等委員会が選定する監査等委員が、株主総会の場で「特段指摘するべき点はない」との報告を行うことは可能である。）[14]。

---

11) 前田・前掲注3) 10頁〔前田発言〕、12頁・15頁〔森本発言〕は、毎年、監査等委員会は意見を決定し、必ず意見を陳述しなければならないとする。

12) 例えば、当初、監査等委員会は否定的な意見であったが、取締役会等における協議の結果、監査等委員会の意見が取締役会の決定に反映され、監査等委員会としては「指摘するべき点はない」との意見に至ったケースなどを考えれば、議場での意見陳述の有無にかかわらず、監査等委員会の指名・報酬に関する意見陳述権が認められた趣旨（Q25）に合致する。

13) 太子堂・前掲注7) 19頁、コンメ補巻435頁〔田中亘〕、森本・前掲注1) 177頁、永池正考ほか〔〈座談会〉2015年株主総会にみえる運営実務の変化と今後の課題〔上〕」商事法務2080号（2015）22頁〔松井秀征発言〕参照。

14) 太子堂・前掲注7) 19～21頁、太子堂厚子＝吉田瑞穂「ＴＯＰＩＸ五〇〇構成銘柄企業にみる監査等委員会設置会社の指名・報酬の規律－指名・報酬に関する意見陳述権の行使状況を中心に－」商事法務2186号（2018）15～19頁、商事法務研究会「株主総会白書」商事法務2256号（2021）127頁参照。

5　株主総会参考書類等における開示

　監査等委員以外の取締役の選任議案に関して、「法第342条の2第4項の規定による監査等委員会の意見があるときは、その意見の内容の概要」が、株主総会参考書類の記載事項とされている（施行規則74条1項3号）。また、監査等委員以外の取締役の報酬等議案について、「法第361条第6項の規定による監査等委員会の意見があるときは、その意見の内容の概要」が、株主総会参考書類の記載事項とされている（施行規則82条1項5号）。

　このほか、辞任した監査等委員以外の取締役があるときにおいて、監査等委員会が選定する監査等委員が株主総会において当該辞任に関して陳述する意見（法342条の2第4項の意見）があるときは、当該事業年度前の事業年度に係る事業報告の内容としたものを除き、その意見の内容が、事業報告の記載事項とされている（施行規則121条7号ロ）。

6　株主総会における意見陳述

　監査等委員会が選定する監査等委員は、株主総会において、監査等委員会が決定した意見がある場合にこれを陳述する（法342条の2第4項、361条6項）。

　監査等委員会が選定する監査等委員が意見を陳述する場合に、株主総会のシナリオ中でどこで意見を述べるかについては、法律上特段の定めはないが、①監査等委員以外の取締役の選任議案・報酬等議案の議案の説明に際して意見陳述することが考えられるほか、②監査等委員会の監査報告の場面で、意見陳述することが考えられる。

　監査等委員以外の取締役の任期は1年であるから、その選任議案は毎年定時株主総会に上程されるものの、報酬等議案は毎年上程されるものではない。したがって、指名・報酬の両方について意見陳述する場合は、監査等委員会の監査報告の際に、指名・報酬合わせて意見を述べるのが自然であり、実務上も、監査報告に合わせて意見陳述が行われる場合が多数となっている[15]。

　簡潔に指摘する事項がない旨を述べる場合のシナリオの例としては、

15）商事法務研究会・前掲注14）128頁参照。

以下のようなものが考えられる[16)]。

監査等委員会の監査報告のシナリオ例

（連結・単体の計算書類の監査結果報告の後）
　事業報告及びその附属明細書につきましては、法令及び定款に従い、会社の状況を正しく示しているものと認めます。また、取締役の職務の執行に関しても、不正の行為又は法令もしくは定款に違反する重大な事実は認められません。
　なお、本総会に提出される議案及び書類に関しましても、法令もしくは定款に違反する事実、又は著しく不当な事項は認められません。
　また、本株主総会に上程されている監査等委員である取締役以外の取締役の選任議案及び当事業年度における監査等委員である取締役以外の取締役の報酬については、いずれも相当であり、当監査等委員会としては指摘するべき事項はございません。

　なお、監査等委員以外の取締役の選任・解任・辞任・報酬等について、監査等委員会が選定する監査等委員が株主総会で述べた監査等委員会の意見は、株主総会議事録の記載事項とされている（施行規則72条3項3号ハ・ト。記載例についてはQ41参照）。

　また、監査等委員会が選定する監査等委員が意見陳述を行ったか否かにかかわらず、株主総会の場で、株主から、取締役の選任等又は報酬等に関する監査等委員会の意見について説明を求められれば、監査等委員が必要な説明をする必要がある[17)]（法314条）。

7　任意の指名・報酬委員会と意見陳述権の関係

　任意の指名・報酬委員会が設置された場合、法定の指名委員会・報酬

---

16)　監査等委員である取締役の選解任・辞任及び報酬に関しては、監査等委員である取締役の独立性を確保するため、監査等委員である各取締役に株主総会における意見陳述権が認められている（法342条の2第1項、361条5項）。監査役にも同様の権利が付与されているが（法345条4項・1項、387条3項）、監査役の独立性が害されるような場面において例外的に行使されるものとして、実務上、意見陳述権が行使されることは稀であった。したがって、株主総会において、監査等委員以外の取締役の指名・報酬について監査等委員会の意見陳述を行いつつ、監査等委員である取締役の指名・報酬については各監査等委員の意見に言及しない取扱いも特段不合理ではないと考えられる。
17)　江頭618頁。

委員会が存在しないことの補完的な意味合いを有する指名・報酬に関する意見陳述権のあり方にも、一定の影響があると思われる。

　すなわち、会社が、独立社外取締役を主要な構成員とする任意の指名・報酬委員会を通じて、指名・報酬の決定プロセスの独立性と客観性を確保するコーポレート・ガバナンス体制を選択している以上、監査等委員会としては、かかる決定プロセスの実効性を中心に審査を行い、かかるプロセスに重大な問題がなければ、指名・報酬の実質的な内容の妥当性については独自の意見形成をせずに、任意の委員会の判断に委ねることにも合理性があると考えられる[18]。

　例えば、監査等委員会は、任意の指名・報酬委員会において、諮問事項に対応した適切な審議事項が設定され、十分な情報提供がされているか、合理的な審議によって答申内容等の決定が行われ、取締役会において任意の委員会の答申等を尊重した決定がなされているか等の確認を行い、かかる決定プロセスに実効性を欠くといえる重大な問題がなければ、監査等委員会が業務監査等を通じて得た情報に照らして指名・報酬の内容に明らかな問題があると判断される場合を除き、指摘すべき点はない等の意見形成を行うことが考えられる。一方、取締役会において合理的な理由なく委員会の答申を尊重した決定が行われないなど、決定プロセスに重大な問題がある場合は、その妥当性に踏み込んだ検討の上、意見陳述権の行使の要否を検討することが考えられる。

　実務上、任意の指名・報酬委員会が存在する場合も、監査等委員会において、指名・報酬の内容の妥当性について積極的な意見形成を行っている例は存在する（その結果、例えば、任意の委員会の委員を兼務する監査

---

18) 太子堂厚子＝吉田瑞穂「ＴＯＰＩＸ五〇〇構成銘柄企業にみる監査等委員会設置会社の指名・報酬の規律－指名・報酬に関する意見陳述権の行使状況を中心に－」商事法務2186号（2018）22頁、藤田友敬＝澤口実＝三瓶裕喜＝田中亘＝長谷川顕史「＜新・改正会社法セミナー－令和元年・平成26年改正の検討(2)＞監査等委員会設置会社(2)」ジュリスト1558号（2021）54頁〔田中発言〕〔松井発言〕・55頁〔藤田発言〕参照。日本監査役協会「監査等委員会監査等基準」（2015年9月29日制定）は、独立社外取締役を主要な構成員とする任意の指名・報酬委員会等が設置されている場合、監査等委員会は、当該諮問委員会等が適切に行われているか否か等について説明を聞いた上で、当該諮問委員会の意見及び活動内容に依拠して、意見を形成することができるとしており（同基準46条5項、47条4項）、同様の考え方に立つと思われる。

等委員が、任意の委員会において実効的に意見を述べる等の有益な効果を生んでいる実例もある。)。このような監査等委員会の活動は否定されてはならないが、指名・報酬・監査という三つの機能について中核的な機能を果たすことは過度の負担になり得るため（**Q8** 参照）、任意の指名・報酬委員会を設置している以上、監査等委員会が、常に、指名・報酬の内容の妥当性について意見形成をし「なければならない」と考える必要はないと考えられる。

　このように、任意の指名・報酬委員会を活用したコーポレート・ガバナンス体制の下では、当該意見陳述権は、任意の委員会の実効性を補完的に支える権限として位置づけることが可能であると思われる。

Q27　利益相反取引についての任務懈怠の推定規定の適用除外

Q　利益相反取引についての任務懈怠の推定規定の適用除外とは、どのようなものですか。

A　監査等委員会設置会社においては、監査等委員以外の取締役と会社との利益相反取引（法356条1項2号・3号の取引）について、監査等委員会の事前の承認を受けたときは、取締役の任務懈怠の推定（法423条3項）が生じないとされています（同条4項）。

●解説

1　任務懈怠の推定規定の適用除外の趣旨

　一般的に、取締役と会社との間の取引など取締役と会社との間の利益相反取引（法356条1項2号・3号の取引）によって会社に損害が生じたときは、株主総会又は取締役会の承認の有無にかかわらず、①利益相反取締役（すなわち、直接取引の相手方として自己又は第三者のために会社と取引した取締役又は間接取引において会社と利益が相反する取締役[1]。法423条3項1号）、②会社を代表して当該取引をすることを決定した取締役（同項2号）、③当該取引に関する取締役会の承認の決議に賛成した取締役（同項3号）について、任務懈怠を推定することとされている（法423条3項）。

　しかしながら、監査等委員会設置会社においては、監査等委員以外の取締役と会社との利益相反取引について、監査等委員会の事前の承認を受けたときは、取締役の任務懈怠の推定が生じないとされている（法423条4項）。

　かかる規律の趣旨については、監査等委員会は、その委員の過半数が社外取締役であり、社外取締役には、業務執行者から独立した立場で、

---

1)　江頭498頁、コンメ(8)90頁〔北村雅史〕。

株式会社と業務執行者との間の利益相反を監督する機能を期待すること
ができることに加えて、監査等委員会は、監査等委員以外の取締役の人
事（指名・報酬）についての意見陳述権（**Q25** 参照）を有しており、業
務執行者に対する監督機能をも有するためとされている[2]。当該規律は、
他の機関設計にはない、監査等委員会設置会社独自のものである。

2　対象となる取引

　会社法上、この特則の適用対象となる利益相反取引に係る取締役（法
356 条 1 項の取締役）から、監査等委員である取締役が除外されている（法
423 条 4 項かっこ書）。

　すなわち、当該規律の適用対象は、監査等委員以外の取締役を利益相
反取締役とする利益相反取引である[3]。具体的には、①監査等委員以外
の取締役が当事者として（自己のために）、又は他人の代理人・代表者と
して（第三者のために）、会社と取引をしようとするとき（直接取引。法
356 条 1 項 2 号）、及び、②会社が監査等委員以外の取締役の債務を保証
する等、取締役以外の者との間で、会社と監査等委員以外の取締役との
利害が相反する取引をしようとするとき（間接取引。同項 3 号）である。

　この特則の適用対象となる利益相反取引に係る取締役から、監査等委
員である取締役を除くこととされているのは、監査等委員会の判断の公
正性を確保するためである。

3　承認の時期及び手続

　法 423 条 4 項の監査等委員会の承認の時期については、同項の法文上
は明示的には事前の承認は求められていないが、同項の適用場面である
「第 356 条第 1 項第 2 号又は第 3 号に掲げる場合」とは、取締役等が利
益相反取引を「しようとするとき」の定めであり、事前の承認が求めら
れると解されている[4]。

---

2)　商事法務・改正会社法の解説〔Ⅱ〕24 頁、一問一答（平成 26 年改正）45 頁。
3)　渡辺邦広「監査等委員会設置会社における提訴請求・利益相反取引に関する諸問題」商
　　事法務 2135 号（2017）50 頁。
4)　一問一答（平成 26 年改正）46 頁。利益相反取引に関する取締役会の承認の場合、一般
　　的に事後承認が可能と解されているが（江頭 461 頁、コンメ(8)〔北村雅史〕84 頁）、法
　　423 条 4 項に基づく監査等委員会の承認については、事後承認は認められないことになる。

　法 423 条 4 項の文言上、「同項（注：法 356 条 1 項）の取締役（監査等委員であるものを除く。）が当該取引につき監査等委員会の承認を受けたとき」とされているが、対象取引について監査等委員会の事前承認が得られている以上、監査等委員会に対して事前承認を請求した取締役がどの取締役であっても（例えば、会社を代表して取引を行う取締役又は利益相反取締役のいずれであっても）、任務懈怠の推定規定の適用除外の効果が生じると考えられる[5]。

　監査等委員会が利益相反取引を承認した場合も、利益相反取引についての取締役会の承認（法 365 条 1 項、356 条 1 項 2 号・3 号）が不要となるわけではない[6]。監査等委員会の事前承認は受けたが、取締役会の承認を受けなかった場合、法 423 条 3 項 1 号・2 号に掲げる者は法令違反を犯しており、任務懈怠の推定を免れないと考えられる[7]。

　利益相反取引についての取締役会の承認と異なり、法 423 条 4 項の監査等委員会の承認は、利益相反取引の適法要件ではなく、取引を実施する上で必須の手続ではない。したがって、これが行われなかったとしても、取引の有効性を左右するものではなく、監査等委員会は、利益相反取引についての事前承認を求められても、その是非を審査する法的義務を負うわけではない[8]。もっとも、監査等委員会設置会社においては、社内規程により、監査等委員以外の取締役との利益相反取引を行う場合、当該取引について監査等委員会の事前承認を受けることとする旨の社内手続を設けることも考えられる（Q38 の取締役会規程の規定例参照）。

　監査等委員会としては、当該利益相反取引が会社の犠牲の下に取締役又は第三者の利益を図るものではなく、株主の利益を損なうものではな

5）法 356 条 1 項の解釈においては、同項に基づき利益相反取引について株主総会・取締役会の承認を受けるべき取締役の意義について、利益相反取締役（法 423 条 3 項 1 号参照）を指すとの見解と会社を代表して取引を行う取締役を指すとの見解がある。もっとも、いずれにしても、重要事実の開示に基づき株主総会、取締役会の承認手続が行われている以上、議案提出者が誰であっても決議の瑕疵を招来する必要はないと解されている（コンメ(8)〔北村雅史〕84 頁）。

6）一問一答（平成 26 年改正）46 頁。

7）江頭 614 頁（注 1）。

8）岩原紳作ほか「〈座談会〉改正会社法の意義を今後の課題〔上〕」2040 号（2015）24 頁〔坂本三郎発言〕、江頭憲治郎＝中村直人編著『論点体系　会社法〈補巻〉』（第一法規、2015）339 頁〔土田亮〕。

いか否かという観点で、当該取引の承認の有無を検討することとなると考えられる[9]。

4　事前承認の効果

　利益相反取引について監査等委員会の事前承認が行われた場合、監査等委員会の承認を求めた取締役に限らず、法423条3項各号のすべての取締役について、取締役の任務懈怠の推定が生じないと考えられる。

　したがって、監査等委員以外の取締役の利益相反取引について、監査等委員会の事前承認を受けた場合、かかる取引に関する取締役の責任を追及する訴訟において、責任を追及しようとする者は、自ら、当該取締役の任務懈怠を立証する必要がある。

---

[9]　日本監査役協会「改正会社法及び改正法務省令に対する監査役等の実務対応」（2015年3月5日）11頁は、「監査等委員会が利益相反取引について検討するにあたっては、監査役が利益相反取引について検討する場合と同様、利益相反取引の内容、取引の経緯、これまで審議プロセスの検証のほか、場合によっては専門家等第三者の意見を求める等して、慎重な判断をすることが必要である。」としている（http://www.kansa.or.jp/support/el002_150305_01.pdf 参照）。

Q28 監査等委員会の運営

Q　監査等委員会の招集、決議などの運営方法について教えてください。

A　監査等委員会の運営方法は、基本的に、指名委員会等設置会社の監査委員会と同じです。

　もっとも、監査等委員会の場合は、監査委員会と異なり、①招集期間の短縮は取締役会の決議ではなく、定款の定めによることとされている、②委員会の職務執行の状況を監査等委員会が選定する監査等委員が取締役会に報告する義務はない、③監査等委員会の議事録について監査等委員以外の取締役の閲覧・謄写権がないといった相違があります。

●解説

　監査等委員会の招集、決議などの運営方法は、基本的に指名委員会等設置会社の監査委員会と同様である。

　もっとも、監査等委員会は、取締役会の構成員である取締役によって構成されるものの、監査等委員である取締役は株主総会において監査等委員以外の取締役とは区別して選任され（法329条2項）、その選解任や報酬等については監査役の選解任や報酬等の規律を参考にして、その独立性を確保する仕組みが設けられていることから（Q9、Q11参照）、指名委員会等のように取締役会の内部機関として位置付けることはできず、むしろ、監査役会と同様に取締役会から一定程度独立したものとして位置付けられる[1]。このような位置付けの相違から、監査等委員会の運営には、一部監査役会と同様の規律が採用されており、監査委員会の規律とは一定の相違がある。

---

1)　商事法務・改正会社法の解説〔Ⅱ〕25頁、一問一答（平成26年改正）49頁。

1　委員長・議長

　会社法上、監査等委員会の委員長・議長を置くべきであるとの定めはないが、実務上、会議体の円滑な運営のため、これを定めるのが通常である。

　前記のとおり、監査等委員会は、取締役会の内部機関というよりも、取締役会から一定程度独立した会議体と位置付けられるため、監査等委員会の委員長・議長は、取締役会ではなく、監査等委員会において選定することになると考えられる。

　また、監査等委員会には高い独立性が求められることに鑑み、監査等委員会の委員長・議長を社外取締役とすることも考えられる。この点、2020年8月時点の東証上場会社である監査等委員会設置会社の監査等委員会の委員長の属性は、社内取締役が57.8％、社外取締役が40.0％、委員長を指名していない会社が2.3％となっている[2]。

2　監査等委員会の招集

　監査等委員会は、各監査等委員が招集する（法399条の8）。社外取締役である監査等委員の招集権を確保する必要などから、取締役会の招集の場合とは異なり（法366条1項ただし書参照）、監査等委員会を招集する監査等委員を特定の者に限定することは認められていない。したがって、監査等委員会規程その他の社内規定において、原則的な招集権者として特定の監査等委員（委員長など）を定めたとしても、他の監査等委員の招集権限は否定されない。

　監査等委員会の招集通知は、原則として、会日の1週間前までに、各監査等委員に発せられなければならない（法399条の9第1項）。指名委員会等設置会社の指名委員会等の場合、かかる期間の短縮は取締役会で定めることができるが（法411条1項参照）、監査等委員会については、監査等委員以外の取締役からの監査等委員会の独立性を確保するため、監査役会と同様に（法392条2項参照）、招集通知の発出から会日までの

　2）東京証券取引所「東証上場会社コーポレート・ガバナンス白書2021」（2021年3月）119頁参照。なお、同白書によれば、指名委員会等設置会社の監査委員会の委員長の属性については、社外取締役の割合が88.2％と多くなっている。

期間の短縮は、取締役会の決議ではなく定款の定めによることとされている（法399条の9第1項）。

なお、監査等委員の全員の同意があるときは、招集手続を経ることなく監査等委員会を開催することができる（法399条の9第2項）。

監査等委員会の招集通知の方法及び内容については、監査役会や監査委員会と同様に、特に制約はない。したがって、招集通知の方法は、書面や電磁的方法によることも可能であるし、理論的には、口頭や電話等でもかまわない[3]。

招集通知においては、監査等委員会の開催日時と場所は特定しなければならないが、会議の議題・議案の特定は必須ではない。招集通知に記載されていない議題について審議することも可能である[4]。また、招集通知において特定された議題について特別利害関係を有する監査等委員は議決に参加できないが（後述**3**参照）、当該特別利害関係を有する監査等委員にも、招集通知を発する必要がある[5]。

監査等委員以外の取締役の監査等委員への出席権は認められていない[6]。これは、監査等委員以外の取締役がいない状況での自由・闊達な議論をする機会を保障するためである。ただし、取締役は、監査等委員会の要求があったときは、監査等委員会に出席し、監査等委員会が求めた事項について説明しなければならない（法399条の9第3項）。

3　**監査等委員会の決議**

監査等委員会の決議は、議決に加わることができる監査等委員の過半数が出席し、その過半数をもって行われる（法399条の10第1項）。決議について特別利害関係を有する監査等委員は、議決に加わることができない（同条2項）。

この点、監査役会の場合は、定足数の定めがなく、現実に出席している監査役の数にかかわらず、監査役全員の過半数をもって決議が成立す

3）　もっとも、社外取締役の存在に留意すれば、書面又は電磁的方法によって行うのが望ましいとの指摘がある（江頭憲治郎＝中村直人編著『論点体系　会社法〈補巻〉』（第一法規、2015）340頁〔土田亮〕、指名委員会等設置会社についてコンメ⑻150頁〔森本磁〕）。

4）　江頭＝中村編著・前掲注3）340頁〔土田〕。

5）　コンメ⑼150頁〔森本磁〕、江頭＝中村編著・前掲注3）340頁〔土田〕。

6）　商事法務・改正会社法の解説〔Ⅱ〕25頁、一問一答（平成26年改正）47頁。

ること（法393条1項）、及び、決議について特別利害関係を有する監査
役であっても、監査役会の議決から除外されない点において、監査等委
員会の規律とは異なっている。

　監査等委員会の定足数及び決議要件について、加重ないし緩和は一切
認められない。この点は、監査役会の決議要件と同様であり（法393条
1項参照）、指名委員会等設置会社の指名委員会等の場合は、取締役会の
決議によって加重することができる（法412条1項参照）のとは異なっ
ている。

　また、監査等委員会については、取締役会と同様に、代理人による出
席は認められない。

　監査等委員会の決議について、決議の省略（いわゆる書面決議）は認
められない（この点は、監査役会及び監査委員会と同様である。ただし、報
告の省略は認められる。後記**4**参照）。

4　監査等委員会への報告

　会社法上、監査等委員会に対する一定の報告義務が定められている。
すなわち、取締役は、株式会社に著しい損害を及ぼすおそれのある事実
があることを発見したときは、直ちに、当該事実を監査等委員会に報告
しなければならない（法357条1項・3項）。また、会計監査人・会計参
与は、その職務を行うに際して取締役の職務の執行に関し不正の行為又
は法令もしくは定款に違反する重大な事実があることを発見したときは、
遅滞なく、これを監査等委員会に報告しなければならない（法397条1項・
4項、375条1項・3項）。

　監査等委員会設置会社においては、監査役会及び監査委員会と同じく
（法395条、414条参照）、報告の省略が認められている。すなわち、取締
役、会計参与又は会計監査人が、監査等委員の全員に対して監査等委員
会に報告すべき事項を通知したときは、当該事項を監査等委員会へ報告
することを要しない（法399条の12）。

5　取締役会への報告義務の不存在

　監査等委員会については、指名委員会等設置会社における監査委員会
が選定する監査委員の委員会の職務執行の状況を取締役会に報告する義

務（法 417 条 3 項）に対応するものは、規定されていない（**Q29**）。

6　監査等委員会議事録

　監査等委員会の議事については、法務省令（施行規則 110 条の 3）で定めるところにより、議事録を作成し、出席監査等委員が署名・記名捺印しなければならない（法 399 条の 10 第 3 項）。議事録は 10 年間本店に備え置かれる（法 399 条の 11 第 1 項）。監査等委員会議事録の記載事項及び記載例は、**Q31** を参照されたい。

　監査等委員会の議事録については、監査委員会の議事録について監査委員会の構成員でない取締役の閲覧・謄写権が認められるのと異なり（法 413 条 2 項参照）、監査等委員以外の取締役の閲覧・謄写権は認められていない（法 399 条の 11）（**Q31**）。

Q29 取締役会への報告義務の不存在

Q　監査等委員会の職務執行の状況の取締役会への報告義務がないのはなぜですか。

A　監査等委員会については、監査等委員以外の取締役からの独立性を確保するため、監査等委員会の職務の執行の状況の取締役会への報告義務は定められていません。

●解説

　指名委員会等設置会社においては、指名委員会等がその委員の中から選定する者は、遅滞なく、当該指名委員会等の職務の執行の状況を取締役会に報告しなければならないとされている（法417条3項）。

　これに対し、監査等委員会については、監査等委員以外の取締役からの独立性を確保するため、監査等委員会が選定する監査等委員が遅滞なく職務の執行の状況を取締役会に報告しなければならないとの義務は規定されていない。

　この点は、監査役会について同様の取締役会への報告義務は存在しないことと同様である[1]。

1）一問一答（平成26年改正）49頁。

Q30 監査等委員会規程サンプル

Q 監査等委員会規程の記載例があれば、教えてください。

A 監査等委員会規程の一例を示します。また、実務上、日本監査役協会の監査等委員会規則のひな型が参照されることが多いです（同協会の HP 参照）。

● **解説**

　監査等委員会の組織や運営に関する基本的事項は、監査等委員会規程に定めるのが通常である。監査等委員会規程の一例は、以下に記載のとおりである。

　このほか、実務上、日本監査役協会の監査等委員会規則のひな型を参照することも多い。同ひな型については、同協会の HP を参照されたい[1]。

記載例：監査等委員会規程
※規程作成上の注意点を【　　　】内に記載している。

監査等委員会規程

（目的）
第1条
　本規程は、法令及び定款に基づき、監査等委員会に関する事項を定める。

（組織）
第2条
1. 監査等委員会は、すべての監査等委員である取締役（以下「監査等委員」という。）で組織する。
2. 監査等委員は3名以上で、その過半数は社外取締役でなければならない。
3. 監査等委員は、当社の業務執行取締役、使用人若しくは会計参与又は当社の子会社の業務執行取締役、執行役、使用人若しくは会計参与を兼ねる

1）日本監査役協会「監査等委員会規則（ひな型）」（2015年7月23日制定）（http://www.kansa.or.jp/news/briefing/post-333.html 参照））。

ことができない。【注：自社又は子会社の「会計参与」や子会社の「執行役」が存在しない場合は、これらは省略可能】

4. 監査等委員会は、その決議により、監査等委員の中から委員長を定める。

5. ［監査等委員会は、その決議により、監査等委員の中から1名以上の常勤の監査等委員を選定する。］【注：常勤の監査等委員を置く場合に規定。必ず置くとは限らない場合、文末を「…常勤の監査等委員を選定することができる。」とすることも考えられる。】

（開催）
第3条

監査等委員会は、［3か月に1回以上］開催する。【注：［ ］内は各社の開催時期に応じて記載する。「監査等委員会は、月1回開催する。ただし、必要があるときは、随時開催する。」といった記載方法も考えられる。】

（招集）
第4条

監査等委員会は、委員長が招集する。ただし、他の監査等委員も必要に応じて監査等委員会を招集することができる。【注：監査等委員会は、各監査等委員が招集することとされており（法399条の8）、原則的な招集権者として特定の監査等委員を定めたとしても、他の監査等委員の招集権限は否定されないことからただし書を規定している。】

（招集手続）
第5条

1. 監査等委員会の招集通知は、会日の3日前までに各監査等委員に対して発する。ただし、緊急の必要があるときは、この期間を短縮することができる。【注：監査等委員会の招集通知の発送時期は、原則として監査等委員会の日の1週間前までであるが、これを下回る期間を定款で定めることも可能であり（法399条の9第1項）、本規定例は定款で「会日の3日前まで」と定めた場合の記載例である。】

2. 監査等委員会は、監査等委員の全員の同意があるときは、招集の手続を経ることなく開催することができる。

（議長）
第6条

1. 監査等委員会の議長は、委員長がこれにあたる。

2. 委員長に事故があるときは、監査等委員会においてあらかじめ定めた順序に従い、他の監査等委員が議長となる。

（［決］議の方法）

第 7 条

1. 監査等委員会の決議は、議決に加わることができる監査等委員の過半数が出席し、その過半数をもって行う。

2. 決議について特別の利害関係を有する監査等委員は、議決に加わることができない。

（決議事項等）

第 8 条

1. 監査等委員会は、法令、定款又は本規程に別途定める事項のほか、次の事項を決議する。【注：個別の権限をどこまで列挙するかは各社の判断である。】

　　一　監査の方針、監査計画、監査の方法、監査業務の分担、監査費用等

　　二　会計監査人の選任・不再任・解任に関する株主総会に提出する議案の内容、会計監査人を再任することの適否の決定、会計監査人の解任・不再任の決定の方針

　　三　会計監査人又は一時会計監査人の報酬等の決定に対する同意に関する事項

　　四　一時会計監査人の職務を行うべき者の選任

　　五　監査等委員の選任に関する議案の株主総会への提出に対する同意及び監査等委員の選任を株主総会の目的とすること又は監査等委員の選任に関する議案を株主総会に提出することの請求に関する事項

　　六　会社法第 342 条の 2 第 4 項及び第 361 条第 6 項に規定する監査等委員会の意見

　　七　第 12 条第 1 項各号の権限を行使する監査等委員の選定又は指定

　　八　監査等委員による報告の徴収又は調査に関する事項

　　九　監査報告の内容

　　十　特定監査等委員（第 14 条において定義される。）に関する事項

　　十一　監査等委員以外の取締役の利益相反取引の事前承認

　　十二　本規程及び監査等委員会監査等基準の改定

　　十三　支配権の異動を伴う募集株式の発行等が行われる際に株主に対して通知される監査等委員会の意見

　　十四　その他監査等委員会の職務執行に関する事項で、監査等委員会が必要と認めた事項

2. 次の事項に係る各監査等委員の同意は、監査等委員会における協議を経て行うことができる。【注：法令上監査等委員の全員の同意によるとされている事項について、監査等委員会の決議は要しないが（法 340 条、425 条 3 項、426 条 2 項、427 条 3 項、849 条 3 項）、その重要性に鑑み、監査

等委員会の協議を経て同意することができると規定する場合の例であ

一　会社法第 340 条に基づく会計監査人の解任

二　監査等委員以外の取締役の責任免除に関する議案の株主総会への提出

三　取締役会決議によって監査等委員以外の取締役の責任免除をすることができる旨の定款変更に関する議案の株主総会への提出、及び、当該定款に基づく監査等委員以外の取締役の責任免除に関する議案の取締役会への提出

四　監査等委員以外の取締役（業務執行取締役等であるものを除く。）との間で責任免除の契約をすることができる旨の定款変更に関する議案の株主総会への提出

五　株主代表訴訟において会社が監査等委員以外の取締役及び清算人並びにこれらの者であった者の側へ補助参加すること

（監査等委員会に対する報告）

第 9 条

1. 監査等委員は、自らの職務の執行の状況を監査等委員会に定期及び随時に報告するとともに、監査等委員会の求めがあるときはいつでも報告しなければならない。

2. 取締役、使用人、会計監査人その他の者から報告を受けた監査等委員は、これを監査等委員会に報告しなければならない。

3. 監査等委員会は、必要に応じて、取締役、使用人、会計監査人その他の者に対して報告を求めることができる。

4. 前 3 項に関して、監査等委員、取締役、使用人、会計監査人その他の者が監査等委員の全員に対して監査等委員会に報告すべき事項を通知したときは、当該事項を監査等委員会へ報告することを要しない。

（報告に対する措置）

第 10 条

　監査等委員会は、次に掲げる報告を受けた場合には、必要な調査を行い、状況に応じ適切な措置を講じる。

一　会社に著しい損害を及ぼすおそれのある事実を発見した旨の取締役からの報告

二　取締役の職務の執行に関し不正の行為又は法令若しくは定款に違反する重大な事実があることを発見した旨の会計監査人からの報告

三　あらかじめ取締役と協議して定めた事項についての取締役又は使用人からの報告

（報告義務及び違法行為等差止請求権）

第11条

1. 監査等委員は、取締役が不正の行為をし、若しくは当該行為をするおそれがあると認めるとき、又は法令若しくは定款に違反する事実若しくは著しく不当な事実があると認めるときは、遅滞なく、その旨を取締役会に報告しなければならない。

2. 監査等委員は、取締役が当社の目的の範囲外の行為その他法令若しくは定款に違反する行為をし、又はこれらの行為をするおそれがある場合において、当該行為によって当社に著しい損害が生ずるおそれがあるときは、当該取締役に対し、当該行為をやめることを請求することができる。

（調査等の権限）

第12条

1. 監査等委員会が選定又は指定する監査等委員は、法令、定款又は本規程に別途定める事項のほか、以下の各号に定める権限を有する。【注：監査等委員会が選定する監査等委員（選定監査等委員）が行使することができる権限（Q20参照）を規定するものである。なお、法定の権限のほか、監査等委員会の決議により一定の事項について特定の監査等委員に権限付与することがあり得るため、10号を規定している。】

　一　取締役、支配人その他の使用人に対するその職務の執行に関する事項の報告の請求

　二　当社の業務及び財産の状況の調査

　三　監査等委員会の職務を執行するため必要があるときにおける子会社に対する事業の報告の請求、又はその子会社の業務及び財産の状況の調査

　四　取締役会の招集

　五　株主総会における、監査等委員以外の取締役の選任若しくは解任又は辞任についての監査等委員会の意見の陳述

　六　株主総会における、監査等委員以外の取締役の報酬等についての監査等委員会の意見の陳述

　七　当社と取締役との間の訴えに係る訴訟の代表（監査等委員が訴えの当事者である場合を除く。）、その他訴訟提起等に関し会社を代表すること

　八　監査等委員会が会計監査人を解任したときの株主総会に対する解任の事実及び解任理由の報告

　九　監査等委員会の職務を行うため必要があるときの会計監査人に対する会計監査に関する報告の請求

　十　その他監査に関して監査等委員会が必要と認める権限

2. 前項の権限を有する監査等委員は、当該権限に関する事項についての監査等委員会の決議があるときは、これに従わなければならない。

（監査等委員以外の者の出席）
第13条
1. 監査等委員会には、必要に応じて、監査等委員以外の者を出席させ、その報告と意見を聞くことができる。
2. 前項の規定により監査等委員会に出席する取締役、使用人及び会計監査人は、監査等委員会に対し、監査等委員会が求めた事項について説明しなければならない。

（特定監査等委員）
第14条
　監査等委員会は、その決議によって次に掲げる職務を行う者（以下「特定監査等委員」という）を定める。
　　一　監査等委員会が受領すべき事業報告及びその附属明細書並びに計算関係書類を取締役から受領し、それらを他の監査等委員に対し送付すること
　　二　事業報告及びその附属明細書に関する監査等委員会の監査報告の内容を、その通知を受ける者として定められた取締役（以下「特定取締役」という）に対し通知すること
　　三　特定取締役との間で、前号の通知をすべき日について合意をすること
　　四　会計監査人から会計監査報告の内容の通知を受け、当該監査報告の内容を他の監査等委員に対し通知すること
　　五　特定取締役及び会計監査人との間で、前号の通知を受けるべき日について合意をすること
　　六　計算関係書類に関する監査等委員会の監査報告の内容を特定取締役及び会計監査人に対し通知すること
　　七　特定取締役との間で、前号の通知をすべき日について合意をすること

（監査報告の作成）
第15条
1. 監査等委員会は、その決議により、監査等委員会の監査報告を作成する。
2. 監査等委員会の監査報告の内容が各監査等委員の意見と異なる場合であって、かつ、当該監査等委員の求めがあるときは、監査等委員会は、当該監査等委員の意見を監査等委員会の監査報告に付記するものとする。

3.　監査等委員会の監査報告には、各監査等委員が署名又は記名押印（電子署名を含む）する。

4.　前3項の規定は、当社が臨時計算書類又は連結計算書類を作成する場合に準用する。

（報酬等に関する協議）

第16条

1.　監査等委員の報酬等の協議については、監査等委員の全員の同意がある場合には、監査等委員会において行うことができる。

2.　前項の議事録は、開催の日から10年間本店に備え置く。

（議事録）

第17条

1.　監査等委員会の議事は、その経過の要領と結果その他の法令に定める事項を議事録に記載又は記録し、出席した監査等委員がこれに記名捺印する。

2.　前項の議事録は、開催の日から10年間本店に備え置く。

（監査等委員会事務局）

第18条

　監査等委員会の招集事務、議事録の作成、その他監査等委員会の運営に関する事務は、監査等委員会の職務を補助すべき使用人がこれにあたる。

（監査等委員会監査等基準）

第19条

　監査等委員会の監査等に関する事項は、法令又は定款若しくは本規程に定める事項のほか、監査等委員会において定める監査等委員会監査等基準による。

（本規程の改廃）

第20条

　本規程の改廃は監査等委員会が行う。

（附則）

　本規程は、○年○月○日より実施する。

以　上

Q31 監査等委員会の議事録

Q 監査等委員会の議事録とは、どのようなものですか。

A 監査等委員会の議事録の記載事項は、監査役会の議事録の記載事項と基本的に同一です。なお、監査等委員会の議事録については、監査等委員以外の取締役の閲覧・謄写権はありません。

●解説

1 議事録の記載事項等

　監査等委員会の議事については、法務省令（施行規則110条の3）で定めるところにより、議事録を作成しなければならない（法399条の10第3項）。

　監査等委員会の議事録については、通常開催の監査等委員会の場合と、報告の省略（法399条の12）の場合に分けて、記載事項が定められている。その記載事項は、監査役会議事録の記載事項（施行規則109条3項・4項）と基本的に同一である。

1　通常開催の監査等委員会の場合

　通常開催の監査等委員会の議事録の記載事項は、以下のとおりである（施行規則110条の3第3項）。

　この場合、監査等委員会議事録が書面をもって作成されているときには、出席した監査等委員の署名又は記名押印が必要である（法399条の10第3項）。議事録が電磁的記録をもって作成されているときは、出席監査等委員は電子署名をしなければならない。同条4項、施行規則225条1項8号）。監査等委員会の決議に参加した監査等委員は、議事録に異議をとどめない以上、決議に賛成したものと推定されるため（同条5項）、留意が必要である。

通常の監査等委員会の場合の記載事項（施行規則110条の3第3項）

①	監査等委員会が開催された日時及び場所（当該場所に存しない監査等委員、取締役（監査等委員であるものを除く。）、会計参与又は会計監査人が監査等委員会に出席をした場合における当該出席の方法を含む。）	
②	監査等委員会の議事の経過の要領及びその結果	
③	決議を要する事項について特別の利害関係を有する監査等委員があるときは、その氏名	
④	次に掲げる規定により監査等委員会において述べられた意見又は発言があるときは、その意見又は発言の内容の概要	
	イ	法357条3項の規定により読み替えて適用する同条1項 ＝株式会社に著しい損害を及ぼすおそれのある事実を発見した場合における取締役の報告
	ロ	法375条3項の規定により読み替えて適用する法357条1項 ＝取締役の不正行為又は法令・定款に違反する重大な事実があることを発見した場合における会計参与の報告
	ハ	法397条4項の規定により読み替えて適用する法397条1項 ＝取締役の不正行為又は法令・定款に違反する重大な事実があることを発見した場合における会計監査人の報告
⑤	監査等委員会に出席した取締役（監査等委員であるものを除く。）、会計参与又は会計監査人の氏名又は名称	
⑥	監査等委員会の議長が存するときは、議長の氏名	

記載例：通常の監査等委員会の場合の監査等委員会議事録

第○回監査等委員会議事録

開催日時　　○○年○月○○日（○曜日）○時○○分
開催場所　　当社本社○○会議室
出席者　　　監査等委員3名中3名
　　　　　　　A、B、C

　定刻、委員長Aが議長となり、開会を宣し議事に入った。

議題1　第○○期事業年度　監査等委員会監査報告作成の件
　議長より、第○○期事業年度の監査等委員会監査報告を作成したい旨を述べ、会計監査人の計算書類及び連結計算書類の監査結果の内容を説明し

た後、監査等委員会監査報告を添付の内容とすることについて提案があり、審議した結果、全員異議なくこれを承認可決した。

議題2　会計監査人の再任の件

　議長より、第○○期定時株主総会の終結の時をもって任期満了となる会計監査人Ａ監査法人を、第○○期事業年度の会計監査人として再任すること、及び、本再任については第○○期定時株主総会の目的事項とはしないことについて提案があり、全員異議なくこれを承認可決した。

　以上をもって本日の議事を終了したので、○時○○分議長は閉会を宣した。

　上記議事の経過の要領及びその結果を明確にするため、この議事録を作成し、出席監査等委員はこれに記名押印する。

○○年○月○日

○○○株式会社　監査等委員会

議長　監査等委員長　　　　Ａ　　㊞
　　　監査等委員　　　　　Ｂ　　㊞
　　　監査等委員　　　　　Ｃ　　㊞

　　添付資料：監査等委員会監査報告

2　報告の省略の場合

　取締役、会計参与又は会計監査人が、監査等委員の全員に対して監査等委員会に報告すべき事項を通知したときは、当該事項を監査等委員会へ報告することを要しない（法399条の12）（Q28）。

　このような報告の省略の場合の議事録の記載事項は、以下のとおりである（施行規則110条の3第3項）。

報告の省略（法399条の12）の場合の記載事項（施行規則110条の3第4項）

①	監査等委員会への報告を要しないものとされた事項の内容
②	監査等委員会への報告を要しないものとされた日
③	議事録の作成に係る職務を行った監査等委員の氏名

記載例：報告の省略の場合の監査等委員会議事録

監査等委員会議事録

監査等委員会への報告を要しないものとされた日　　　　○年○月○日
議事録の作成に係る職務を行った監査等委員　　監査等委員長○○○○

監査等委員会への報告を要しないものとされた事項の内容
　　議　題　株式会社に著しい損害を及ぼすおそれのある事実の報告の件
　○○○○

　　○年○月○日、取締役○○○○により監査等委員の全員に対して上記監
査等委員会に報告すべき事項が通知されたことから、会社法 399 条の 12 に
基づき、当該事項について監査等委員会への報告を要しないものとされた。

　　上記のとおり、監査等委員会の報告の省略を行ったので、監査等委員会
への報告を要しないものとされた事項を明確にするため、会社法 399 条の
12 及び会社法施行規則 110 条の 3 第 4 項に基づき本議事録を作成する。

　　　○年○月○日

　　　　　　　　株式会社○○○○　監査等委員会
　　　　　　　　　監査等委員長　　○○○○　　○印

2　議事録の閲覧等

　監査等委員会の議事録は 10 年間本店に備え置かれる（法 399 条の 11
第 1 項）。

　そして、監査等委員会設置会社の株主及び親会社社員は、その権利を
行使するために必要があるとき、また、監査等委員会設置会社の債権者
は、取締役又は会計参与の責任を追及するために必要があるとき、それ
ぞれ、裁判所の許可を得て、監査等委員会の議事録の閲覧等を請求する
ことができる（法 399 条の 11 第 2 項〜 4 項）。

　なお、指名委員会等設置会社の取締役は、指名委員会等の委員でない
場合も、指名委員会等の議事録の閲覧・謄写権を有しているが（法 413
条 2 項）、監査等委員会の議事録については、これと異なり、監査等委
員以外の取締役の閲覧・謄写権は認められていない（法 399 条の 11）。

これは、監査等委員以外の取締役からの監査等委員会の独立性を確保するためであり、監査役会の議事録について取締役の閲覧・謄写権が認められていない（法 394 条参照）のと同様の取扱いである[1]。

1）一問一答（平成 26 年改正）48 頁。

第 4 章

監査等委員会設置会社の
取締役会の職務・権限と運用

Q32 監査等委員会設置会社の取締役会の職務・権限

Q 監査等委員会設置会社の取締役会の職務と権限は、何ですか。

A 　監査等委員会設置会社の取締役会は、①業務執行の決定、②取締役の職務の執行の監督、③代表取締役の選定・解職がその職務内容です。業務執行の決定に関しては、取締役会は、ⅰ経営の基本方針、ⅱ内部統制システムの基本方針を必ず決定しなければなりません。また、監査等委員会設置会社の取締役会は、原則として、重要な業務執行の決定を取締役に委任することができませんが、例外的に、取締役の過半数が社外取締役である場合、又は、定款の定めがある場合には、取締役会の決議によって重要な業務執行の決定の全部又は一部を取締役に委任することができます。

●解説

1 取締役会の職務

　監査等委員会設置会社の取締役会は、次に掲げる職務を行うものとされている（法399条の13第1項各号）。その内容は、業務執行の決定、取締役の職務の執行の監督、代表取締役の選定・解職である。

監査等委員会設置会社の取締役会の職務（法399条の13第1項）

| 一　次に掲げる事項その他監査等委員会設置会社の業務執行の決定 |
| イ　経営の基本方針 |
| ロ　監査等委員会の職務の執行のため必要なものとして法務省令で定める事項 |
| ハ　取締役の職務の執行が法令及び定款に適合することを確保するための体制その他株式会社の業務並びに当該株式会社及びその子会社から成る企業集団の業務の適正を確保するために必要なものとして法務省令で定める体制の整備 |
| 二　取締役の職務の執行の監督 |
| 三　代表取締役の選定及び解職 |

1　業務執行の決定

監査等委員会設置会社において、業務執行の決定は、取締役会並びに取締役会から委任を受けた代表取締役、業務執行取締役又は常務会等において行われる。

もっとも、以下の事項（上記表の一イ・ロ・ハの事項）については、代表取締役等への委任が認められず、取締役会が必ず定めなければならない（法399条の13第2項）。

(1)　経営の基本方針

経営の基本方針（法399条の13第1項1号イ）とは、取締役会及び代表取締役等が業務執行を決定し、取締役会が取締役の職務の執行を監督する際の基本方針である。

監査等委員会設置会社の取締役会は、業務執行者に対する監督を中心とした取締役会（モニタリング・モデルの取締役会）を指向することも可能なものとされており（**Q4**参照）、指名委員会等設置会社の取締役会と同様に、経営の基本方針の決定が求められている。

経営の基本方針が何を指すかについては、経営戦術のレベルを超える基本的な経営戦略がこれに該当し、具体的には、中長期計画、当該年度の基本経営計画等がこれに当たる[1]。

なお、1年ごとの方針の策定は必須ではなく[2]、また、経営の基本方針を毎年決議し直すことが求められるものではない[3]。

(2)　内部統制システムの基本方針

監査等委員会設置会社の取締役会は、いわゆる内部統制システムの基本方針（①監査等委員会の職務の執行のため必要なものとして法務省令で定める事項、②取締役の職務の執行が法令及び定款に適合することを確保するための体制その他株式会社の業務並びに当該株式会社及びその子会社から成る企業集団の業務の適正を確保するために必要なものとして法務省令に定める体制の整備。法399条の13第1項1号ロ・ハ）を必ず定めなければなら

---

1) 江頭583頁、コンメ(9)172頁〔落合誠一〕、コンメ補巻494頁〔田中亘〕。
2) 森本滋ほか「〈新春座談会〉平成14年商法改正と経営機構改革〔上〕」商事法務1651号（2003）16頁〔始関正光発言〕、コンメ補巻494頁〔田中亘〕。
3) 江頭憲治郎ほか編著『改正会社法セミナー（企業統治編）』（有斐閣、2006）281頁〔岩原紳作発言〕、塚本英巨「監査等委員会設置会社における重要な業務執行の決定の委任先等」商事法務2108号（2016）114頁、コンメ補巻494頁〔田中亘〕。

ない。

　監査等委員会は、指名委員会等設置会社の監査委員会と同様に、内部統制システムを利用した組織的監査を行うことを前提としているため、大会社であるか否かにかかわらず、取締役会は当該事項を決定しなければならないこととされている（**Q33** 参照）。

　(3)　**重要な業務執行の決定**

　監査等委員会設置会社の取締役会は、原則として、監査役設置会社の場合と同様に「重要な業務執行の決定」を取締役に委任することができない（法 399 条の 13 第 4 項）。

　もっとも、監査等委員会設置会社においては、①取締役の過半数が社外取締役である場合、又は、②定款の定めがある場合には、指名委員会等設置会社の場合と同様に、取締役会の決議によって、法定のものを除く重要な業務執行の決定の全部又は一部を取締役に委任することができる（法 399 条の 13 第 5 項・6 項。**Q34** 参照）。

　2　取締役の職務の執行の監督

　取締役会は、取締役の職務の執行を監督する。取締役会は、代表取締役・業務担当取締役の選定・解職、取締役の職務の分掌の決定、取締役の報酬等の決定、株主総会に提出する取締役の選任・解任議案の決定を通じて、その監督権限を行使することとなる。

　監査等委員会設置会社がモニタリング・モデルを指向する場合、当該監督機能が取締役会の中心的な役割となる（**Q4** 参照）。

　3　代表取締役の選定及び解職

　取締役会は、代表取締役の選定及び解職を決定する。代表取締役は、監査等委員以外の取締役の中から選定されなくてはならない（法 399 条の 13 第 3 項）。

Q33 監査等委員会設置会社の内部統制システムの基本方針

Q 監査等委員会設置会社は、内部統制システムの基本方針として、どのような内容を決議しなければならないのですか。

A 　監査等委員会設置会社は、大会社であるか否かにかかわらず、①監査等委員会の職務の執行のため必要なものとして法務省令で定める事項（法399条の13第1項1号ロ）、②取締役の職務の執行が法令及び定款に適合することを確保するための体制その他株式会社の業務並びに当該株式会社及びその子会社から成る企業集団の業務の適正を確保するために必要なものとして法務省令に定める体制の整備（同号ハ）について、取締役会で決定しなければなりません。

●解説

1 内部統制システムの基本方針の決定義務

　監査等委員会設置会社の取締役会は、①監査等委員会の職務の執行のため必要なものとして法務省令で定める事項（法399条の13第1項1号ロ）、②取締役の職務の執行が法令及び定款に適合することを確保するための体制その他株式会社の業務並びに当該株式会社及びその子会社から成る企業集団の業務の適正を確保するために必要なものとして法務省令に定める体制の整備（同号ハ）についてを必ず定めなければならない。

　これらは、いわゆる内部統制システムの基本方針を指す。

　監査等委員会設置会社の監査等委員会は、指名委員会等設置会社の監査委員会と同様に、内部統制システムを利用した組織的な監査を行うことが前提とされている。すなわち、典型的には、監査等委員会は、内部統制システムが取締役会により適切に構築・運営されているかを監視し、また、必要に応じて内部統制部門や内部統制システムを利用して監査に必要な情報を入手し、また、必要に応じて内部統制部門に対して具体的指示を行う方法で、監査を行うことが想定されている（**Q21**参照）。

　そこで、監査等委員会設置会社においては、指名委員会等設置会社と

同様に、大会社であるか否かにかかわらず、内部統制システムに関する事項を取締役会で決定しなければならないとされたものである[1]。

2　決定するべき項目の内容

　内部統制システムの基本方針として決定すべき項目は法務省令に定められており（施行規則110条の4第1項・2項）、その内容は次に記載のとおりである。

監査等委員会設置会社の内部統制システムの基本方針

I	監査等委員会の職務の執行のため必要なものとして法務省令で定める事項（法399条の13第1項1号ロ、施行規則110条の4第1項）	
①	当該株式会社の監査等委員会の職務を補助すべき取締役及び使用人に関する事項（施行規則110条の4第1項1号）	
②	前号の取締役及び使用人の当該株式会社の取締役（当該取締役及び監査等委員である取締役を除く。）からの独立性に関する事項（同項2号）	
③	当該株式会社の監査等委員会の第1号の取締役及び使用人に対する指示の実効性の確保に関する事項（同項3号）	
④	次に掲げる体制その他の当該株式会社の監査等委員会への報告に関する体制（同項4号）	
	イ	当該株式会社の取締役（監査等委員である取締役を除く。）及び会計参与並びに使用人が当該株式会社の監査等委員会に報告をするための体制
	ロ	当該株式会社の子会社の取締役、会計参与、監査役、執行役、業務を執行する社員、法598条1項の職務を行うべき者その他これらの者に相当する者及び使用人又はこれらの者から報告を受けた者が当該株式会社の監査等委員会に報告をするための体制
⑤	前号の報告をした者が当該報告をしたことを理由として不利な取扱いを受けないことを確保するための体制（同項5号）	

1）商事法務・改正会社法の解説〔Ⅱ〕26頁、一問一答（平成26年改正）55頁、コンメ補巻494頁〔田中亘〕。

⑥	当該株式会社の監査等委員の職務の執行（監査等委員会の職務の執行に関するものに限る。）について生ずる費用の前払又は償還の手続その他の当該職務の執行について生ずる費用又は債務の処理に係る方針に関する事項（同項6号）	
⑦	その他当該株式会社の監査等委員会の監査が実効的に行われることを確保するための体制（同項7号）	
Ⅱ	株式会社の業務並びに当該株式会社及びその子会社から成る企業集団の業務の適正を確保するために必要なものとして法務省令に定める体制（法399条の13第1項1号ハ、施行規則110条の4第2項）	
⑧	取締役の職務の執行が法令及び定款に適合することを確保するための体制（法399条の13第1項1号ハ）	
⑨	当該株式会社の取締役の職務の執行に係る情報の保存及び管理に関する体制（施行規則110条の4第2項1号）	
⑩	当該株式会社の損失の危険の管理に関する規程その他の体制（同項2号）	
⑪	当該株式会社の取締役の職務の執行が効率的に行われることを確保するための体制（同項3号）	
⑫	当該株式会社の使用人の職務の執行が法令及び定款に適合することを確保するための体制（同項4号）	
⑬	次に掲げる体制その他の当該株式会社並びにその親会社及び子会社から成る企業集団における業務の適正を確保するための体制（同項5号）	
	イ	当該株式会社の子会社の取締役、執行役、業務を執行する社員、法598条1項の職務を行うべき者その他これらの者に相当する者（ハ及びニにおいて「取締役等」という。）の職務の執行に係る事項の当該株式会社への報告に関する体制
	ロ	当該株式会社の子会社の損失の危険の管理に関する規程その他の体制
	ハ	当該株式会社の子会社の取締役等の職務の執行が効率的に行われることを確保するための体制
	ニ	当該株式会社の子会社の取締役等及び使用人の職務の執行が法令及び定款に適合することを確保するための体制

　各項目の内容は、以下のとおりである（以下の見出しの①〜⑬の番号は、上記表中の番号と同一である。）。

1　監査等委員会の職務の執行のため必要な事項

① 当該株式会社の監査等委員会の職務を補助すべき取締役及び使用人に関する事項（施行規則110条の4第1項1号）

本項目は、監査等委員会の補助取締役・補助使用人（監査等委員会スタッフ）に関する事項である。

監査役設置会社における監査役スタッフに関する事項（施行規則100条3項1号）と異なり、「監査等委員会の職務を補助すべき取締役」（いわゆる監査等特命取締役）に関する事項が含まれているが、これは、例えば、監査等委員会が社外取締役のみで構成されている場合において、そのような監査等委員は情報収集をするチャネルや人的関係を株式会社内に十分に有していないことがあり得るため、当該監査委員会の情報収集活動に協力することを職務とする監査等委員以外の取締役や、監査等委員会をはじめとした各委員会相互間の情報共有に寄与することを職務とする監査等委員以外の取締役等を置くことがあることなどを想定していると考えられる[2]。なお、当該定めは、監査等委員会設置会社が監査等委員会の補助取締役を置くことを義務付けるものではない[3]。

一般的に、補助使用人（監査等委員会スタッフ）が所属する監査等委員会の補助組織については、「監査等委員会室」「監査等委員会事務局」といった名称の部署が置かれる場合が多い（専属のスタッフが置かれる場合が多いが、内部監査部門等との兼務スタッフの場合もある。）[4]。

本項目として決議する内容としては、ⅰ監査等委員会の職務を補助する取締役・使用人を置くのかどうか、また、その人数や地位、ⅱ補助使用人は他の部署（例えば、経理・財務、総務、内部監査部門など）と兼務

---

2) 指名委員会等設置会社に関する解説として、相澤哲編著『立案担当者による新会社法関係法務省令の解説（別冊商事法務300号）』（商事法務、2006）34頁参照。

3) 平成27年省令パブコメ結果31頁参照。実務上も、かかる監査等特命取締役が置かれる例は少ないが、実例を紹介するものとして塚本英巨＝三菱UFJ信託銀行法人コンサルティング部会社法務コンサルティング室『監査等委員会設置会社移行会社の事例分析』別冊商事法務399号（2015）12頁・28頁がある。

4) 我が国において、内部監査部門は、社長など執行部門の直轄組織であることが多いが、未だ少数ではあるものの、内部監査部門を監査等委員会の直轄組織とする例もある。そのような場合、内部監査部門を監査等委員会の補助組織と位置付けた上、内部監査部門の独立性を重視し、内部監査部門のスタッフの人事権等を監査等委員会に付与する例も存在する（Q22参照）。

とするのか、専属とするのか、ⅲ財務及び会計・法務などの一定の専門
分野に精通した者とすること等が考えられる。

②　前号の取締役及び使用人の当該株式会社の取締役（当該取締役及
　　び監査等委員である取締役を除く。）からの独立性に関する事項（同
　　項2号）

　監査等委員会の補助取締役・監査等委員会スタッフが監査対象である
監査等委員以外の取締役から独立性を有していなければ、監査の実効性
確保が図られないため、監査等委員会の補助取締役・監査等委員会スタッ
フの監査等委員以外の取締役からの独立性に関する事項が、内部統制シ
ステムの基本方針の一内容として規定されている。

　本項目として決議する内容としては、監査等委員会の補助取締役・監
査等委員会スタッフが監査対象となる監査等委員以外の取締役から不当
な干渉や圧力、不利益取扱いを受けることを防止するための方策として、
ⅰ監査等委員会の補助取締役・監査等委員会スタッフは、監査等委員が
指示した補助業務については、監査等委員会の指揮命令のみに従い、業
務執行側の指揮命令系統に入らないことを社内規程に定めること、ⅱ監
査等委員会スタッフの任免（採用や人事異動）・人事考課について監査等
委員会の事前同意承認、又は事前協議等を要するとすること、ⅲ監査
等委員会スタッフの懲戒についての監査等委員会の関与・異議申立権を
認めること等が考えられる。

③　当該株式会社の監査等委員会の第1号の取締役及び使用人に対す
　　る指示の実効性の確保に関する事項（同項3号）

　本項目は、監査等委員会の補助取締役・監査等委員会スタッフに対す
る監査等委員会の指示5)の実効性に関する事項である。

　一般に、監査等委員会の補助取締役・監査等委員会スタッフの監査等
委員以外の取締役からの独立性が高まれば、監査等委員会による指示の
実効性も高まると考えられるため、「指示の実効性の確保に関する事項」
は、前記②の「独立性に関する事項」と重なる部分が多く、共通の体制
として定められることも多いと考えられる6)。

---

5)　監査等委員が内部監査部門などの業務執行者に監査等委員会の職務の執行に必要な範囲
　　で指示を行ったとしても、「業務の執行」には該当しないと考えられている（平成27年
　　省令パブコメ結果30頁、Q21・注2参照）。

したがって、取締役会決議においては、両者を別項目とせず、「監査等委員会の職務を補助すべき取締役及び使用人の当該株式会社の取締役（当該取締役及び監査等委員である取締役を除く。）からの独立性並びに当該取締役及び使用人に対する指示の実効性の確保に関する事項」などとして、1つの項目にまとめて決定することも考えられる[7]。

④　次に掲げる体制その他の当該株式会社の監査等委員会への報告に関する体制（同項4号）

本項目は、監査等委員会への報告体制であり、自社の役職員からの報告体制（同号イ）だけでなく、子会社の役職員等からの報告体制（同号ロ）が含まれる。

イ　当該株式会社の取締役（監査等委員である取締役を除く。）及び会計参与並びに使用人が当該株式会社の監査等委員会に報告をするための体制（同号イ）

監査等委員会に社内実態についての十分な情報の流れが確保されなければ、実効的な監査が行えないことから、自社の監査等委員以外の取締役及び使用人が監査等委員会に報告をするための体制が、内部統制システムの基本方針の一内容として規定されている。

会社法上、監査等委員会が選定する監査等委員は、いつでも、取締役及び会計参与並びに使用人に対してその職務の執行に関する事項の報告を求め、又は、監査等委員会設置会社の業務及び財産の状況の調査をすることができる（法399条の3第1項）。また、取締役は、監査等委員会設置会社に著しい損害を及ぼすおそれのある事実があることを発見したときは、直ちにその事実を監査等委員会に報告しなければならない（法357条）。しかし、これらの法定の場合に限らず、一定の重要事項を、監査等委員以外の取締役だけでなく使用人からも監査等委員会に報告することが望ましい場面が考えられるため、一定の報告体制の整備が求められることになる。

本項目として決議する内容としては、ⅰ監査等委員以外の取締役、内

6）平成27年省令パブコメ結果26頁、坂本三郎ほか「会社法施行規則等の一部を改正する省令の解説〔Ⅰ〕──平成27年法務省令第6号」商事法務2060号（2015）6頁参照。
7）太子堂厚子＝河島勇太「グループ・ガバナンスに関する規律等の見直し」商事法務2057号（2015）33頁参照。

部監査部門、使用人等が監査等委員会に報告すべき事項の内容、ⅱ監査等委員会への報告方法（代表取締役・業務執行取締役から監査等委員会への定期的な業務報告、経営会議等の重要な会議への監査等委員の出席など）、ⅲ通常の報告ラインとは別に、使用人等が監査等委員会に直接報告をすることができる制度（監査等委員を通報窓口とする内部通報制度の設置など）、ⅳ監査等委員の重要な会議の議事録、資料、稟議書等の回付、閲覧権限の保証などが考えられる。

　ロ　当該株式会社の子会社の取締役、会計参与、監査役、執行役、業務を執行する社員、法598条１項の職務を行うべき者その他これらの者に相当する者及び使用人又はこれらの者から報告を受けた者が当該株式会社の監査等委員会に報告をするための体制（同号ロ）

　監査等委員会設置会社の子会社の取締役・監査役・使用人等又はこれらの者から報告を受けた者が、親会社である監査等委員会設置会社の監査等委員会に報告をするための体制である。報告主体として「これらの者から報告を受けた者」が含まれているとおり、子会社の役職員が親会社の監査等委員会に直接報告を行う体制だけでなく、子会社の役職員等から報告を受けた者（社内外の適切な窓口）を介して間接的に親会社の監査等委員会に報告を行う体制も含まれる。

　本項目として決議する内容としては、ⅰ親会社の監査等委員会に対し、親会社又は子会社の内部監査部門が子会社の内部監査の状況を報告すること、ⅱグループ監査役会等の設置により、子会社の監査役・監査等委員が親会社の監査等委員会に子会社のコンプライアンスの状況等を定期的に報告すること、ⅲ親会社の監査等委員を通報窓口とするグループ内部通報制度を設置する、又は、内部通報制度の担当部署又は子会社の役職員から通報を受けた外部弁護士が、子会社の内部通報の状況を親会社の監査等委員会に報告することなどが考えられる。

　⑤　前号の報告をした者が当該報告をしたことを理由として不利な取扱いを受けないことを確保するための体制（同項５号）

　監査等委員会へ前記④に記載の報告をした者が「当該報告をしたことを理由として不利な取扱いを受けないことを確保するための体制」が、内部統制システムの基本方針の一内容として規定されている。

　本項目として決議する内容としては、ⅰ監査等委員会へ報告を行った

者が当該報告をしたことを理由として不利な取扱いを受けない旨を社内規程に規定すること、ⅱ監査等委員会への報告を行った者及びその内容について厳重な情報管理体制を整備すること等が考えられる。

⑥　当該株式会社の監査等委員の職務の執行（監査等委員会の職務の執行に関するものに限る。）について生ずる費用の前払又は償還の手続その他の当該職務の執行について生ずる費用又は債務の処理に係る方針に関する事項（同項6号）

　会社法上、監査等委員がその職務の執行（監査等委員会の職務の執行に関するものに限る。）について、監査等委員会設置会社に対し、費用の前払いの請求・支出をした費用の償還の請求等をしたときは、当該会社は、当該請求に係る費用等が当該監査等委員の職務の執行に必要でないことを証明した場合を除き、これを拒むことができないとされている（法399条の2第4項）。そして、各社において各社の状況に応じて、監査費用の償還についての会社法の規定による監査費用の償還の手続その他の監査費用の処理に係る方針についての決議をあらかじめ行っておくことは、監査費用の処理についての監査等委員の予測可能性を高め、監査等委員の職務の円滑な執行に資すると考えられるため、本項目が内部統制システムの基本方針の一内容として規定されている[8]。

　本項目として決議する内容としては、ⅰ監査等委員から会社に対し、法399条の2第4項に基づく費用の前払等の請求があった場合の対応（担当部署において審議の上、当該請求に係る費用又は債務が当該監査等委員の職務の執行に必要でないと認められた場合を除き、速やかに当該費用又は債務を処理することとするなど）、ⅱ監査等委員が、独自の外部専門家（弁護士・公認会計士等）の助言を求めた場合の費用負担（会社は、当該監査等委員の職務の執行に必要でないと認められた場合を除き、その費用を負担することとするなど）、ⅲ監査等委員の職務の執行について生ずる費用等を支弁するための一定額の予算を設けること（また、予算を超える場合の対応）などが考えられる。

⑦　その他当該株式会社の監査等委員会の監査が実効的に行われることを確保するための体制（同項7号）

8）平成27年省令パブコメ結果32頁、坂本ほか・前掲注6）8頁参照。

　本項目は、以上の①から⑥に述べた体制を定めるのみでは、監査等委員会の監査の実効性確保のために不十分である場合もあり得ることから、バスケット条項的に、各社においてその他の実効性確保のための体制の決議を行うという趣旨で規定されている。

　本項目として決議する内容としては、例えば、ⅰ監査等委員・監査等委員会と取締役との定期的な会合・意見交換、ⅱ内部監査部門・会計監査人・グループ会社の他の監査役等との情報交換その他の連携、ⅲ法律・会計・財務等の分野を専門とする監査等委員の選任などが考えられる。

2　株式会社の業務並びに当該株式会社及びその子会社から成る企業集団の業務の適正を確保するために必要な体制

⑧　取締役の職務の執行が法令及び定款に適合することを確保するための体制（法399条の13第1項1号ハ）

⑫　当該株式会社の使用人の職務の執行が法令及び定款に適合することを確保するための体制（施行規則110条の4第2項4号）

　本項目は、自社におけるコンプライアンス（法令等遵守）体制である。

　本項目として決議する内容としては、ⅰ企業行動憲章・行動基準・倫理規程・コンプライアンス・マニュアル等のコンプライアンスに関する指針・諸規程等の策定、ⅱコンプライアンス担当役員、コンプライアンス・オフィサー、コンプライアンス委員会等のコンプライアンス推進のための役職・担当部署の設置、ⅲコンプライアンスに関する教育・研修の実施等、ⅳ内部監査部門等によるモニタリング、ⅴ通常の報告系統とは独立した情報収集ルートとしての内部通報制度（ヘルプライン）の設置、ⅵ役職員の法令等違反行為が発生した場合の社内処分についての基本的な手続等、ⅶ金融商品取引法下の財務報告に係る内部統制に関する体制、ⅷ反社会的勢力への対応に関する体制などが考えられる。

⑨　当該株式会社の取締役の職務の執行に係る情報の保存及び管理に関する体制（同項1号）

　本項目は、監査等委員会が取締役の職務執行を監査するためには、取締役の職務執行に係る情報が適切に保存され、改ざん等がされない状態に置かれ、かつ、監査等委員がその情報に容易にアクセスできるような状態が確保される必要があるため、内部統制システムの基本方針の一項目とされている。

「取締役の職務の執行に係る情報」における「取締役の職務」には、代表取締役・業務担当取締役としての職務に加えて、他の取締役に対する監督機関としての職務も含まれる。また、取締役は使用人を用いて業務執行を行う場合もあるため、取締役の指揮命令下にある使用人の行為に関する情報の保存及び管理に関する事項も含まれる[9]。

　本項目として決議する内容としては、ⅰ情報の保存・保管に関する規程（文書管理規程）の制定（かかる規程の改廃について、監査等委員会の同意を得る旨を定めることも考えられる。）、ⅱ情報の保存・保管に関する責任部署・責任者、ⅲ文書管理の基本的事項として、取締役の職務の執行に係る情報をどのような形で記録として残すのか、何年間保存するのか（保存方法・保存場所・保存期間）、ⅳ監査等委員による閲覧謄写の確保に関する体制（監査等委員の要求があった場合、直ちに提供する旨等）等が考えられる。

⑩　当該株式会社の損失の危険の管理に関する規程その他の体制（同項2号）

　本項目は、自社におけるリスク管理体制である。

　本項目として決議する内容としては、ⅰリスク管理規程などのリスク管理に関する規程の策定、ⅱリスク管理担当取締役、リスク管理部、リスク管理委員会などのリスク管理を担当する役職・専門部署の設置、ⅲ内部監査部等によるリスク管理のモニタリング、ⅳリスクが現実化した場合の対応マニュアルの策定や、自然災害等の緊急事態発生時の社内の情報伝達ルール等その他のリスクが現実化した場合の対処方法などが考えられる。

⑪　当該株式会社の取締役の職務の執行が効率的に行われることを確保するための体制（同項3号）

　本項目は、自社における取締役の効率的職務執行体制である。

　株式会社は、利益を上げることを目的としており、利益の最大化のためには、業務が効率的に行われることも当然に求められることから、本項目が内部統制システムの基本方針の一項目とされている。

　本項目として決議する内容としては、以下のようなものが考えられる。

9）相澤編著・前掲注2）32頁。

ⅰ　取締役会の効率化・機能強化のための組織体制

(a)　経営会議・常務会など、経営上の重要事項を審議する会議体の設置

(b)　経営の意思決定と執行の分離による取締役会の機能強化のための執行役員制度の導入

(c)　取締役会開催の手続・決議事項等を定める取締役会規則の制定

(d)　取締役会の定期的な開催と必要に応じた臨時開催

(e)　任意の指名委員会・報酬委員会の設置

ⅱ　役員と使用人の役割分担、職務分掌及び指揮命令系統等

(a)　組織規程、職務分掌規程の整備

(b)　決裁基準、稟議規程の整備

(c)　事業部門制・カンパニー制の導入

ⅲ　業務の効率化・合理化のための取組み

(a)　中期経営計画及び年度事業計画の策定

(b)　全社及び事業部門ごとの予算の把握の仕組み

(c)　全社統一的な経営指標及び業績管理指標の導入

(d)　情報管理・情報伝達などにおける電子化（ペーパーレス化）の取組み

(e)　ITの利用

(f)　管理会計システムの導入

⑬　次に掲げる体制その他の当該株式会社並びにその親会社及び子会社から成る企業集団における業務の適正を確保するための体制（同項5号）

　本項目は、自社のみならず親会社・子会社をも含む業務の適正を確保するための体制であり、いわゆる「グループ内内部統制」のことである。会社法において、連結ベースで内部統制システムを構築するべきことが明確化されたものである。

　持株会社化の普及等によるグループ経営の進展に伴い、親会社及びその株主にとって、子会社の経営の効率性及び適法性が極めて重要なものとなっていることから、平成26年改正会社法の下では、子会社管理に関する事項が内部統制システムに含まれることが、法務省令ではなく会社法において規定されることとなった（法399条の13第1項1号ハは「株

式会社の業務並びに<u>当該株式会社及びその子会社から成る企業集団の業務の</u><u>適正を確保するために必要なものとして法務省令で定める体制</u>」と規定している。)[10]。このことに伴い、以下のイからニに記載のとおり、子会社管理に関する体制の具体的内容が施行規則において規定されている。

　なお、施行規則110条の4第2項5号柱書の記載のとおり、本項目には、子会社管理に関する事項のみならず、「親会社」に関する体制も含まれている。したがって、他の会社等の子会社である株式会社については、親会社に関する事項として、ⅰ取引の強要等親会社による不当な圧力に関する予防・対処方法（例えば、親会社の指示が法令等に違反している場合は、親会社の監査役等・グループ監査役会・コンプライアンス委員会に報告するなど）、ⅱ親会社の役員等を兼務する役員等の自社に対する忠実義務の確保に関する事項（適切なガイドライン等の作成など）などを定めることが考えられる[11]。

　イ　当該株式会社の子会社の取締役、執行役、業務を執行する社員、
　　　法598条1項の職務を行うべき者その他これらの者に相当する者
　　　（ハ及びニにおいて「取締役等」という。）の職務の執行に係る事項
　　　の当該株式会社への報告に関する体制

　子会社管理の一環として、子会社の営業成績、財務・経理、人事その他の経営上の情報を、子会社から親会社に報告させる体制を構築するのは一般的である。根拠となる社内規程としては、親会社における子会社（関係会社）管理規程において、子会社の一定の重要事項について親会社への事前又は事後報告を義務付けることが多い。

　本項目は、このような子会社の経営情報の親会社への報告体制のことである。報告の主体が「取締役等」（子会社の取締役、執行役、業務を執行する社員、法598条1項の職務を行うべき者その他これらの者に相当する者）であるのは、子会社の経営情報の親会社への報告を行うのは子会社経営陣であるからである。

　本項目として決議する内容としては、ⅰ子会社管理規程において子会社の一定の重要事項について親会社に対する定期的な報告を義務付ける

<hr>

10) 一問一答（平成26年改正）235頁。
11) 相澤編著・前掲注2）33頁。

こと、ⅱグループ役員連絡会等において子会社取締役が親会社取締役への報告を実施すること、ⅲ非常事態発生時の親会社への報告体制等を決定することが考えられる。

　　ロ　当該株式会社の子会社の損失の危険の管理に関する規程その他の
　　　　体制

　本項目は、子会社を対象とするリスク管理体制である。自社単体の体制である前記⑩の対象を子会社に拡張したものである。

　本項目として決議する内容としては、ⅰ親会社において、子会社のリスクの分析・評価・対応・モニタリングのあり方等を定める社内規程（グループリスク管理規程など）を置く、ⅱ親会社にグループ全体のリスクマネジメントを推進するリスクマネジメント委員会等の組織や担当者を設置する、ⅲ子会社に自社のリスク管理体制を構築させるため、子会社に親会社のリスク管理規程に準じた社内規程の整備を求め、子会社のリスク管理活動の実践を指導・支援する、ⅳ親会社のリスク管理部門が子会社のリスク管理をモニタリングする、ⅴ親会社が子会社にも適用されるBCP（事業継続計画）を策定し子会社に周知するなどが考えられる。

　　ハ　当該株式会社の子会社の取締役等の職務の執行が効率的に行われ
　　　　ることを確保するための体制

　グループの利益を最大化するためには、子会社の業務が効率的に行われる必要があるため、本項目が内部統制システムの基本方針の一内容として規定されている。

　本項目は、子会社を対象とする取締役の効率的職務執行体制である。自社単体の体制である前記⑪の対象を子会社に拡張したものである。

　本項目として決議する内容としては、ⅰ連結ベースの中期経営計画や年度事業計画等の策定、ⅱ連結ベースでの経営指標や業績管理指標の導入、ⅲグループ全体の経営の基本戦略の策定等を行う会議体の設置、ⅳグループ共通の会計管理システムの導入、ⅴ親会社又はグループ会社から子会社に対する間接業務（財務経理、広報、法務、人事管理等）の提供、ⅵグループの資金調達の効率化のためのグループファイナンス（キャッシュ・マネジメント・システム等）の導入、ⅶ子会社における組織規程・職務分掌規程の整備など子会社における職務分掌及び指揮命令系統の整備を親会社が指導することなどが考えられる。

　ニ　当該株式会社の子会社の取締役等及び使用人の職務の執行が法令
　　及び定款に適合することを確保するための体制

　子会社を対象とするコンプライアンス（法令等遵守）体制である。自
社単体の体制である前記⑧⑫の対象を子会社に拡張したものである。

　本項目として決議する内容としては、ⅰグループ全体に適用される行
動規範、倫理規程、コンプライアンス基本方針、コンプライアンス・マ
ニュアル等の策定、ⅱ親会社による子会社の役職員に対するコンプライ
アンス研修の実施等による周知・徹底、ⅲグループ全体のコンプライア
ンスに係る重要事項等を審議するグループコンプライアンス委員会等の
設置、ⅳ親会社又は子会社の内部監査部門による子会社の内部監査の実
施、ⅴ親会社の監査等委員（会）と子会社の監査役等の連絡、ⅵグルー
プ全体に適用される内部通報制度の設置などが考えられる。

3　取締役会決議における項目のまとめ方

　内部統制システムの基本方針の内容を成す各項目は、施行規則が掲げ
る項目ごとに、個別に内容の決定を行うことが必須というわけではない。
各項目に対応する内容が不足なく盛り込まれていれば、適宜、項目をま
とめて記載することや、法令とは異なる整理により記載することも制限
されない[12]。

　したがって、内部統制システムの基本方針に関しては、できるだけ法
及び施行規則に掲げられた項目に従って区分して決議を行う方向性と、
例えば、自社単体の体制と子会社を対象とする体制の双方の決定が求め
られる体制（コンプライアンス体制、リスク管理体制、効率的職務執行体制）
については、施策が共通する場合も多いため連結ベースでまとめて記載
するなど、内容に応じて整理して決議する方向性があり得る。

　この点の整理の方法は多様な考え方があり得るため、あくまで一例で
はあるが、内部統制システムの基本方針の決議の例は次のとおりである。

12）平成27年省令パブコメ結果23頁・26頁、太子堂＝河島・前掲注7）40頁、森・濱田松
　　本法律事務所編・浜口厚子＝鈴木克昌＝児島幸良著『内部統制──会社法と金融商品取
　　引法』（中央経済社、2009）27頁。

記載例：内部統制システムの基本方針の決議のイメージ

Ⅰ　当社及び当社子会社の取締役及び使用人の職務の執行が法令及び定款に適合することを確保するための体制^(注1)

1. 当社は、コンプライアンスを経営上の最重要課題と位置付け、当社グループの取締役及び使用人が法令及び定款を遵守し、健全な社会規範の下にその職務を遂行するための行動規範として、○○グループ行動憲章及びコンプライアンス・マニュアルその他の規程を制定する。
2. 当社の内部監査部門は、コンプライアンス担当部署と連携の上、当社及び当社子会社に対する内部監査を実施する。
3. 当社は、当社グループの取締役及び使用人が、当社法務部又は外部の弁護士に対して直接通報を行うことができる内部通報制度を設置する。

Ⅱ　当社の取締役の職務の執行に係る情報の保存及び管理に関する体制

当社は、取締役会等の重要な会議の議事録のほか、各取締役が職務権限規程に基づいて決裁した文書等、取締役の職務の執行に係る情報は、文書管理規程に基づき、文書又は電磁的媒体に記録し、保存する。当社の取締役及び監査等委員は、文書管理規程に従い、常時、これらの文書等を閲覧できるものとする。

Ⅲ　当社及び当社子会社の損失の危険の管理に関する規程その他の体制^(注2)

1. 当社は、当社グループのリスク管理について定めるリスク管理規程において、リスクカテゴリーごとの責任部署を定め、当社グループ全体のリスクを網羅的・統括的に管理する。
2. 当社は、不測の事態や危機の発生時に当社グループの事業の継続を図るため、グループのコンティンジェンシー・プランである「業務継続計画（BCP）」を策定し、当社及び当社子会社の役員及び使用人に周知する。

Ⅳ　当社及び当社子会社の取締役の職務の執行が効率的に行われることを確保するための体制^(注3)

1. 当社は、三事業年度を期間とするグループ中期経営計画を策定し、当該中期経営計画を具体化するため、毎事業年度ごとの当社グループ全体の重点経営目標及び予算配分等を定める。
2. 当社は、取締役の職務権限と担当業務を明確にするために、取締役会規程のほか、組織規程、職務分掌規程、職務権限規程、稟議規程を制定する。当社子会社においても、その規模等に応じ、当社の規程等に準じた組織規程・職務分掌規程等の整備を行わせるものとする。

**Ⅴ　当社及び当社子会社から成る企業集団における業務の適正を確保する
ための体制**^(注4)

1. 当社は、当社グループ全体の内部統制を担当する部署をグループ統括部
とし、グループ各社における内部統制の実効性を高める施策を実施すると
共に、必要なグループ各社への指導・支援を実施する。
2. 当社は、グループ管理規程において、当社子会社に対し、営業成績、財
務状況その他の一定の経営上の重要事項について、定期的に当社に報告す
ることを義務付けることとし、一定の基準を満たすものは当社の取締役会
決議事項とする。

**Ⅵ　当社の監査等委員会の職務を補助すべき取締役及び使用人に関する事
項**

　当社は、監査等委員会の職務を補助するため、3名程度の専属の使用人
によって構成される監査等委員会室を設置し、監査等委員会の職務を補助
すべき取締役は置かない。

**Ⅶ　当社の監査等委員会の職務を補助すべき使用人の取締役（監査等委員
である取締役を除く。）からの独立性及び当該使用人に対する指示の実効
性の確保に関する事項**^(注5)

　監査等委員会室に所属する使用人の人事異動・人事評価等については、
あらかじめ監査等委員会の同意を要することとする。

Ⅷ　当社の監査等委員会への報告に関する体制^(注6)

1. 当社グループの取締役及び使用人は、法令等の違反行為等、当社に著し
い損害を及ぼす恐れのある事実については、発見次第、直ちに当社の監査
等委員会に対して報告を行うこととする。
2. 当社又は当社子会社の内部通報制度の担当部署は、当社グループの役員
及び使用人からの内部通報の状況について、定期的に監査等委員会に対し
て報告を行う。

**Ⅸ　当社の監査等委員会に報告した者が当該報告したことを理由として不
利な取扱いを受けないことを確保するための体制**

　当社は、監査等委員会へ報告を行った当社グループの取締役及び使用人
に対し、当該報告をしたことを理由として不利な取扱いを行うことを禁止
し、その旨を当社グループの取締役及び使用人に周知徹底する。

**Ⅹ　当社の監査等委員の職務の執行について生ずる費用の前払又は償還の
手続その他の当該職務の執行について生ずる費用又は債務の処理に係る
方針に関する事項**

　監査等委員がその職務の執行について当社に対して会社法第399条の2第4項に基づく費用の前払い等の請求をしたときは、担当部署において審議の上、当該請求に係る費用又は債務が当該監査等委員の職務の執行に必要でないと認められた場合を除き、速やかにこれに応じるものとする。

XI　その他当社の監査等委員会の監査が実効的に行われることを確保するための体制

1. 代表取締役は、監査等委員会と定期的に会合を持ち、会社が対処すべき課題、監査等委員会の環境整備の状況、監査等委員会の監査上の重要課題等について意見交換を行う。
2. 当社は、監査等委員会が、独自に弁護士との顧問契約を締結し、又は、必要に応じて専門の弁護士、公認会計士の助言を受ける機会を保障する。

(注1)自社及び子会社を対象とするコンプライアンス（法令等遵守）体制をまとめて規定している。
(注2)自社及び子会社を対象とするリスク管理体制をまとめて規定している。
(注3)自社及び子会社を対象とする効率的職務執行体制をまとめて規定している。
(注4)グループ内内部統制に関する事項であるが、親会社が存在しないことを前提に、表題を「当社並びに当社子会社から成る企業集団における業務の適正を確保するための体制」としている。その内容としては、子会社から親会社への報告体制（施行規則110条の4第2項5号イ）、及び、子会社を対象とする事項のうちコンプライアンス（法令等遵守）体制、リスク管理体制、効率的職務執行体制の各項目に振り分けられない内容を規定している。
(注5)「取締役（当該取締役及び監査等委員である取締役を除く。）からの独立性に関する事項」と「指示の実効性の確保に関する事項」は重なる部分が多いため、1つの項目にまとめて共通の体制として決定する例である。
(注6)自社及び子会社の役職員からの監査等委員会への報告体制についてまとめて規定している。

Q34 取締役会の業務執行の決定権限の委譲

Q 監査等委員会設置会社において、重要な業務執行の決定権限の委譲はどのような場合に可能ですか。

A 監査等委員会設置会社の取締役会は、①取締役の過半数が社外取締役である場合、又は、②定款の定めがある場合には、法定のものを除く重要な業務執行の決定の全部又は一部を取締役に委任することができます。

●解説

1 重要な業務執行の決定の委任が可能な要件

監査等委員会設置会社においては、取締役会は、原則として、監査役設置会社の場合と同様に、次の①から⑥の事項その他の「重要な業務執行の決定」を取締役に委任することができない（法399条の13第4項）。

法399条の13第4項に掲げられている重要な業務執行

① 重要な財産の処分及び譲受け
② 多額の借財
③ 支配人その他の重要な使用人の選任及び解任
④ 支店その他の重要な組織の設置、変更及び廃止
⑤ 法676条1項に掲げる事項その他の社債を引き受ける者の募集に関する重要な事項として法務省令で定める事項
⑥ 法426条1項の規定による定款の定めに基づく法413条1項の責任の免除

しかしながら、監査等委員会設置会社においては、例外的に、以下のいずれかの事由を満たす場合、指名委員会等設置会社の場合と同様に、取締役会の決議によって、法定のものを除く重要な業務執行の決定の全部又は一部を取締役に委任することができる。

1　取締役の過半数が社外取締役

1つ目の事由は、取締役の過半数が社外取締役であることである（法399条の13第5項）。

事後的に社外取締役過半数の要件が欠けた場合、重要な業務執行の決定に関する取締役への委任は、将来に向かって効力を失う[1]。したがって、不測の事態により社外取締役が過半数割れを防ぐため、補欠の社外取締役の選任（法329条3項）など、欠員を生じない措置を講じておくことが考えられる。

2　定款の定め

2つ目の事由は、取締役会の決議によって重要な業務執行（法399条の13第5項各号に掲げる事項を除く。）の決定の全部又は一部を取締役に委任することができる旨を定款で定める場合である（同条6項）。かかる定款の定めがある場合は、その旨が登記される（法911条3項22号ハ）。

定款の定めとしては、取締役会の決議によって委任できる事項を個別に定めることもできるが、法令上定款による委任が可能な事由を包括的に委任できる旨を定めること（その上で、取締役会の決議により、その全部又は一部を取締役に委任すること）も可能である。

記載例：委任可能な事由を包括的に委任する定款規定例

> 当会社は、会社法第399条の13第6項の規定により、取締役会の決議によって、重要な業務執行（同条第5項各号に掲げる事項を除く。）の決定の全部又は一部を取締役に委任することができる。

2　委任先

重要な業務執行の決定の委任先は、「取締役」である。1名の取締役に委任するほか、複数名の取締役の共同での決定に委任したり、取締役のみによって構成される会議体の決定に委任することも可能である。

なお、指名委員会等設置会社における執行役への委任に関しては、執

---

1) 江頭612頁、尾崎悠一「〈特集・会社法改正のポイント〉Ⅰ機関」法学教室402号（2014）8頁。なお、監査等委員会が法定（法331条6項）又は定款所定の員数を欠くに至った場合も、同様に委任は将来に向かって効力を失うとの見解もある（江頭憲治郎＝中村直人『論点体系 会社法＜補巻＞』（第一法規、2015）349頁〔土田亮〕）。

212 212 第4章　監査等委員会設置会社の取締役会の職務・権限と運用

行役が 2 人以上ある場合の執行役の職務の分掌、指揮命令の関係その他
の執行役相互の関係に関する事項の決定が取締役会の職務であることが
法文上明記されているが（法 416 条 1 項 1 号ハ）、監査等委員会設置会社
についてはかかる定めはない。もっとも、監査等委員会設置会社におい
ても、取締役会が重要な業務執行の決定を取締役に委任する際には、当
然に職務の分掌・指揮命令関係等も決定すべきことになり、実質的に変
わりはないと考えられる[2]。

　重要な業務執行の決定の委任を受けた取締役は、取締役会決議により
禁じられていない限り、他の取締役・執行役員その他の使用人に対し、
重要な業務執行の決定の再委任をすることが可能である[3]。従って、重
要な業務執行の決定の委任先を、非取締役の使用人や取締役でない者が
含まれる会議体とする場合は、一旦取締役に委任した上での再委任の構
成を取る必要がある[4]。

　なお、取締役会決議により取締役に委任した場合でも、当該委任事項
について取締役会において決定することは可能である[5]（従って、委任先
の取締役が決定した事項について、これが実行される前に取締役会が撤回な
いし変更することも可能である。）。

3　取締役に委任できない事項

1　法律上委任が認められない事項

　重要な業務執行のうち法 399 条の 13 第 5 項各号に列挙される事項は、
取締役会の専決事項であり、取締役への委任は認められない。

　取締役への委任が認められない事項として法 399 条の 13 第 5 項各号
に列挙される事項は、次のとおりである。

---

2) 江頭 588 頁。
3) 塚本英巨「監査等委員会設置会社における重要な業務執行の決定の委任先等」商事法務
　2108 号（2016）113 頁。なお、指名委員会等設置会社において、執行役が業務執行の決
　定権限をさらに他の執行役や使用人に再委任できることについてはコンメ (9) 195 頁〔落
　合誠一〕参照。
4) 塚本・前掲注 3) 114 頁、太子堂厚子「監査等委員会設置会社への移行後の実務課題−指
　名・報酬に関する規律と重要な業務執行の決定権限の委譲−」商事法務 2111 号（2016）
　25 頁参照。
5) 指名委員会等設置会社の執行役への委任事項に関する解釈として、始関正光編著『Ｑ＆
　Ａ平成 14 年改正商法』（商事法務、2003）84 頁、コンメ(9) 184 頁〔落合誠一〕参照。

法399条の13第5項各号所定の事項（取締役会の専決事項）

※令和元年改正会社法による追加部分に<u>下線</u>を引いている。

1	譲渡制限株式の譲渡の承認及び指定買取人の指定（法136条、137条1項、140条4項）
2	定款の定めに基づく市場取引等による自己株式取得に関する事項の決定（法165条3項、156条1項）
3	譲渡制限新株予約権の譲渡の承認（法262条、263条1項、265条1項）
4	株主総会の招集に関する事項の決定（法298条1項・4項）
5	株主総会に提出する議案（会計監査人の選解任・不再任に関するものを除く。）の内容の決定
6	<u>業務を執行することを社外取締役に委託することの決定（法348条の2第1項）</u>
7	<u>取締役の個人別の報酬等の内容についての決定に関する方針として法務省令で定める事項の決定（法361条7項）</u>
8	競業取引及び利益相反取引の承認（法365条1項、356条1項）
9	取締役会を招集する取締役の決定（法366条1項ただし書）
10	監査等委員と会社との間の訴訟において会社を代表する者の決定（法399の7第1項1号）
11	定款の定めに基づく役員等の責任免除（法426条1項）
12	<u>補償契約の内容の決定（法430条の2第1項）</u>
13	<u>役員等賠償責任保険契約の内容の決定（法430条の3第1項）</u>
14	計算書類・事業報告・附属明細書、臨時計算書類及び連結計算書類の承認（法436条3項、441条3項、444条5項）
15	中間配当に関する事項の決定（法454条5項・1項）
16	事業譲渡等に係る契約（株主総会決議による承認を要しないものを除く。）の内容の決定（法467条1項）
17	合併契約（株主総会決議による承認を要しないものを除く。）の内容の決定
18	吸収分割契約（株主総会決議による承認を要しないものを除く。）の内容の決定
19	新設分割計画（株主総会決議による承認を要しないものを除く。）の内容の決定
20	株式交換契約（株主総会決議による承認を要しないものを除く。）の内容の決定
21	株式移転計画の内容の決定
22	<u>株式交付計画（株主総会決議による承認を要しないものを除く。）の内容の決定</u>

　以上のほか、監査等委員会設置会社の取締役会の職務（Q32参照）で

あるとされている、①経営の基本方針（法 399 条の 13 第 1 項 1 号イ）、②内部統制システムに関する事項（同号ロ・ハ）、③代表取締役の選定・解職（同項 3 号）についても、取締役会の専決事項であり、取締役にその決定の委任をすることはできない（同条 2 項・3 項参照）。取締役の職務の執行の監督（同条 1 項 2 号）についても同様である [6]。

2　性質上委任が認められない事項

さらに、性質上委任が許されない事項もあると考えられる [7]。

例えば、業務担当取締役の選定（法 363 条 1 項 2 号）は、代表取締役以外で一定の事項についての業務執行権限を有する取締役を決定するものであり、取締役間の役割分担の決定であるという性質から、代表取締役の選定・解職（法 399 条の 13 第 1 項 3 号）と同様に、解釈上、取締役会の専決事項と解すべきと思われる（仮にそのように解釈されなくとも、取締役会の権限として留保するのが適切であると思われる。後記 **5** 参照）。

また、法 399 条の 13 第 5 項又は 6 項に基づく取締役に決定を委任する事項の決定も、解釈上当然に、取締役会の専決事項であって取締役に委任することはできないと解すべきである。

このほか、法 459 条に基づく、剰余金の配当等を取締役会が決定する旨の定款の定めがある場合の剰余金の配当等の決定（法 459 条 1 項 1 号〜4 号）についても、市場取引等による自己株式の取得や中間配当の決定について取締役への委任が認められないこととの均衡からも、解釈上、取締役会の再委任を予定しておらず取締役会の専決事項であると解すべきと考えられる [8]。

また、特別支配株主の株式等売渡請求の承認（法 179 条の 3 第 3 項）・株式等売渡請求の撤回の承認（法 179 条の 6 第 2 項）についても、少数株主の利益への配慮の観点から設けられた手続的な制約であるとの制度趣旨から、取締役会の専決事項と解釈すべきと考えられる [9]。

---

6) 一問一答（平成 26 年改正）68 頁。
7) コンメ(9) 183 頁〔落合誠一〕においても、指名委員会等設置会社について、「それ（注：法 416 条 1 項各号に定める事項及び同条 4 項ただし書に該当する各号の事項）以外の事項は、性質上許されないものを除き、執行役に委任できる」として、性質上委任できない事項があることを前提とした記載がある。
8) 森本滋『取締役会の法と実務』（商事法務、2015）72 頁、塚本英巨「剰余金配当等の決定の執行役への委任の可否」商事法務 2168 号（2018）42 頁、コンメ補巻 510 頁〔田中亘〕。

3　定款上、委任を排除している事項

定款上、取締役会から取締役への委任が禁じられている事項について
は、取締役会の意思決定がこれに拘束されるため、取締役への権限委譲
は認められない。したがって、定款規定を根拠とする権限委譲の場合に
限らず、取締役の過半数が社外取締役である場合においても、業務執行
の決定を委任できる範囲は、定款で認められた事項に限られると解され
る[10]。

重要な業務執行の決定の委任を認める定款規定を設ける場合、実務上、
法令上定款による委任が可能な事由を包括的に委任できる旨を定めるの
が一般的である（前記**1**2参照）。もっとも、例えば、別途、「株主名簿
管理人及びその事務取扱場所は、取締役会の決議によって定め（以下
略）」、「当会社の株式に関する取扱い及び手数料は（中略）取締役会に
おいて定める株式取扱規程による」など、本来、取締役に委任可能な事
項[11] について、定款上あえて取締役会において定めることを明記して
いる場合、取締役会決議以外での決定を排除していると解されるため、
権限委譲は認められないことになる[12]。

4　委任できる重要な業務執行の決定事項の範囲

以上の結果、監査等委員会設置会社の取締役会が取締役に委任するこ
とが可能な重要な業務執行の決定事項は、前記に記載の取締役に委任で
きない事項以外の事項ということになり、具体的には後記表に記載のと

---

9) 岩原紳作ほか「〈座談会〉改正会社法の意義と今後の課題〔下〕」商事法務 2042 号（2014）
14 頁〔坂本三郎発言〕、伊藤靖史「平成 26 年会社法改正──親子会社関係(1)」日本取引
所金融商品取引法研究 4 号（2015）74 頁〔伊藤靖史発言〕、森本・前掲注 8）72 頁、太
子堂・前掲注 4）24 頁。ただし、これを委任可能とする見解もある（江頭 281 頁・注 2）。

10) 太子堂・前掲注 4）23 頁、松元暢子「監査等に関する規律の見直し」商事法務 2062 号（2015）
19 頁。

11) 株主名簿管理人（会社法 123 条）の決定は「重要な組織の設置、変更及び廃止」（同法
399 条の 13 第 4 項 4 号）、株式取扱規程の決定はその他の重要な業務執行の決定（同項
柱書）として、それぞれ取締役に委任可能な重要な業務執行の決定に該当すると考えら
れる。

12) 監査等委員会設置会社への移行前にかかる定款規定がある場合、取締役への権限委譲を
可能とするためには、決定機関を「取締役会又は取締役会の決議によって委任を受けた
取締役」等の定めに変更するほか、決定機関の定めを削除する等の変更が必要である（**Q43**
参照）。

おりである。その範囲は、指名委員会等設置会社において執行役への委任が可能な範囲と実質的に同一である[13]。

　会社法上の取締役会決議によるべきことが明示されている個別具体的な事項のほか、「その他の重要な業務執行の決定」（法399条の13第4項柱書。以下の表の24参照）も取締役への委任可能な事項となる。したがって、その重要性から取締役会決議事項と取り扱うべき幅広い業務執行の決定が、取締役への委任の対象となる。

過半数社外取締役又は定款の定めにより取締役に委任可能な事項

1　種類株式の内容に関する一定の事項について取締役会決議により決定する旨の定款の定めを置いた場合の当該事項の決定（法108条3項）
2　定款に別段の定めがある場合の指定買取人の指定（法140条5項）
3　株主総会決議による授権（法156条1項）に基づく自己株式取得における取得価格等（法157条2項）
※定款の定めに基づく市場取引等による自己株式取得に関する事項の決定（法165条3項、156条1項）の場合は除く。
4　子会社からの自己株式取得（法163条）
5　取得条項付株式の取得日・取得する株式の決定（法168条1項、169条2項）
6　自己株式消却における消却株数等の決定（法178条2項）
7　株式の分割（法183条2項）
8　株式無償割当て（法186条3項）
9　単元株式数の減少・廃止の定款変更（法195条1項）
10　所在不明株式の買取りの決定（法197条4項）
11　募集株式に関する次の決定 ・株主総会決議に基づき委任された募集事項の決定（法200条1項） ・公開会社における募集事項の決定（法201条1項） ・非公開会社における定款の定めに基づく株主割当てに係る募集事項等の決定（法202条3項2号）
12　譲渡制限株式の割当てに関する事項の決定等（法204条2項、205条2項）

13）監査等委員会設置会社において取締役に委任できない事項の範囲と指名委員会等設置会社において執行役に委任できない事項の範囲を比較すると、前者には監査等委員会設置会社には存在しない指名委員会の権限事項、指名委員会等の委員の選定等、執行役・代表執行役の選定等が掲げられていない点のみが異なる（江頭612頁、一問一答（平成26年改正）67頁）。

13　1株に満たない端数の買取りに関する決定（法234条5項）

14　募集新株予約権に関する次の決定
・株主総会決議に基づき委任された募集事項の決定（法239条1項）
・公開会社における募集事項の決定（法240条1項）
・定款の定めに基づく株主割当てに係る募集事項等の決定（法241条3項2号）

15　譲渡制限新株予約権等の割当てに関する事項の決定等（法243条2項、244条3項）

16　取得条項付新株予約権の取得日・取得する新株予約権の決定（法273条1項、274条2項）

17　自己新株予約権消却における消却新株予約権数等の決定（法276条2項）

18　新株予約権無償割当て（法278条3項）

19　重要な財産の処分及び譲受け（法399条の13第4項1号）

20　多額の借財（法399条の13第4項2号）

21　支配人その他の重要な使用人の選任及び解任（法399条の13第4項3号）

22　支店その他の重要な組織の設置、変更及び廃止（法399条の13第4項4号）

23　社債を引き受ける者の募集に関する重要な事項として法務省令で定める事項（法399条の13第4項5号）

24　その他の重要な業務執行の決定（法399条の13第4項柱書）

25　株式の発行と同時でなされ、減少後の額が減少前の額を下回らない資本金・準備金の額の減少（法447条3項、448条3項）

26　株主総会決議による承認を要しない事業譲渡等に係る契約の内容の決定

27　株主総会決議による承認を要しない合併契約の内容の決定

28　株主総会決議による承認を要しない吸収分割契約の内容の決定

29　株主総会決議による承認を要しない新設分割計画の内容の決定

30　株主総会決議による承認を要しない株式交換契約の内容の決定

31　株式等を振替制度の取扱いとするための同意[14]（社債、株式等の振替に関する法律128条2項等）

14）相澤哲＝葉玉匡美＝郡谷大輔編著『論点解説　新・会社法——千問の道標』（商事法務、2006）430頁参照。

5 取締役会による委任事項の範囲の決定

　取締役への重要な業務執行の決定の委任は、現実に取締役会決議によって行われる必要があり、定款の定めがあったとしても、取締役会決議による委任なくして、取締役の権限となることはない。

　委任可能な重要な業務執行のうち、実際にどの範囲を取締役に委任するかは、取締役会決議事項をどこまでスリム化したいか（逆に、どこまでの事項を取締役会決議の審議の対象としたいか）等の自社の要請を踏まえた取締役会の判断に委ねられる[15]。

　例えば、監査役会設置会社の場合、必要的な取締役会決議事項である「重要な財産の処分及び譲受け」（法362条4項1号）や「多額の借財」（同項2号）の量的基準について総資産の1％が実務上の目安として意識されることが多いが[16]、かかる量的基準にとらわれずに決議事項の金額基準を大幅に引き上げたり、金額基準なくして無制限に権限委譲を行うことが可能となる。

　一方、法的には権限委譲が可能であるものの、取締役会に決定権限を留保することが考えられる事項としては、例えば、取締役会や社外取締役は、会社と経営者又は経営者以外の利害関係者との間の利益相反を適切に管理することが期待されることから（ＣＧコード原則4-3、4-7参照）、

15）別冊商事法務編集部が2015年10月から2016年4月まで実施したアンケート調査によれば、監査等委員会設置会社において業務執行の決定のうち取締役に委任している事項について、重要な財産の処分・譲受けが17.1％、多額の借財が17.1％、重要な使用人の選定・解任が17.1％、支店その他の重要な組織の設置・変更・廃止が20.0％、募集株式・新株予約権の募集事項の決定が11.4％等となっており、全般的な状況としては、取締役への権限の委譲には慎重な実務動向がうかがえる（別冊商事法務編集部編「改正会社法下における取締役会の運営実態〔平成26年改正を受けて〕」別冊商事法務415号（2016）65頁）。一方、重要な業務執行の決定権限の大幅な権限委譲が可能であることを、監査等委員会設置会社への移行の主たる理由とする企業もあり（**Q3・Q5**参照）、かかる企業の実例については、たとえば、三菱重工業株式会社に関する井須英次「攻めのコーポレートガバナンスに向けた企業の取組みについて－監査等委員会設置会社への移行を中心に－」旬刊商事法務2102号（2016）35頁やサントリー食品インターナショナル株式会社に関する明司雅宏「監査等委員会設置会社への移行に当たって－法務担当者の移行へのかかわり方」NBL1050号（2015）33頁等参照。

16）東京弁護士会会社法部編『取締役会ガイドライン〔改訂版〕』（商事法務、1993）155頁。ただし、連結経営が進んでいる現在、連結総資産の1％で考える事例もある（大杉謙一＝田原泰雅＝武井奈津子＝江良明嗣＝澤口実【座談会】コーポレート・ガバナンスの潮流と上場企業の課題〔下〕旬刊商事法務2101号（2016）25頁〔澤口発言〕・26頁〔大杉発言〕）。

親会社や支配株主との取引等の決定、買収防衛策の決定・更新・変更に関する決定など、類型的に利益相反が発生し得る事項について、社外取締役が存する取締役会の審議対象とすることが考えられる[17]。また、取締役会は、会社の目指すところ（経営理念等）を確立し、戦略的な方向づけを行うことを主要な役割・責務の一つと捉え、具体的な経営戦略や経営計画等について建設的な議論を行うべきであると考えられており（ＣＧコード原則 4-1)、取締役会の専決事項である経営の基本方針（会社法 399 条の 13 第 1 項 1 号イ）に該当しないと整理し得る経営理念の策定や単年度の事業計画・年度予算の策定なども、取締役会決議事項として留保することが考えられる。このほか、株主にとって重要性・関心の高い、株主還元に関する事項である自己株式の取得、決算短信・有価証券報告書の承認などや、取締役間の役割分担の性質を有する役付取締役の選定・解職、取締役の職務分掌、株主総会・取締役会議長等の代行順位の決定、取締役会の運営に関する取締役会規程の策定などについても、取締役会決議事項として留保することが考えられる[18]。

　取締役に業務執行の決定を委任する事項の範囲の決定方法としては、取締役会に「取締役に業務執行の決定を委任する事項の決定の件」といった独立の議案を上程するほか、取締役会規程の別表等である取締役会付議基準や職務分掌規程の改訂として取締役会に上程する方法が考えられる（**Q44** 参照)。

---

17) 澤口実＝太子堂厚子「取締役会規則における付議基準の見直し──社外取締役の選任、会社法改正その他近時のコーポレート・ガバナンスの動向を踏まえて」資料版商事法務 362 号（2014) 15 頁。
18) 太子堂・前掲注 4) 24 頁～ 25 頁参照。

Q35 業務執行の決定権限の委譲と特別取締役制度

Q 監査等委員会設置会社において、特別取締役制度は利用できますか。

A 原則として利用できますが、①取締役の過半数が社外取締役である場合、又は、②取締役会の決議によって重要な業務執行の決定の全部又は一部を取締役に委任することができる旨の定款の定めがある場合には、特別取締役制度の利用は認められません。

●解説

1 特別取締役制度とは

会社法では、多数の取締役がいる会社において、重要な財産の処分・譲受け、多額の借財の決定を迅速に行うことを可能とするため、特別取締役制度が導入されている。

すなわち、①取締役の数が6人以上であり、②取締役のうち1人以上が社外取締役であるという要件を満たす場合、取締役会は、重要な財産の処分・譲受け、多額の借財を決定する取締役会の決議は、あらかじめ選定した3名以上の取締役（特別取締役）の過半数が出席し、その過半数をもって行うことができる旨を定めることができる（法373条1項）。ただし、指名委員会等設置会社については、執行役への業務執行の決定の委任が大幅に認められることから、特別取締役制度の必要性が乏しいため、同制度の利用は認められない。

2 監査等委員会設置会社と特別取締役制度

監査等委員会設置会社については、原則として、特別取締役の制度の利用が認められる。

しかしながら、①取締役の過半数が社外取締役である場合、又は、②取締役会の決議によって重要な業務執行の決定の全部又は一部を取締役に委任することができる旨の定款の定めがある場合には、取締役会は、取締役への業務執行の決定の委任が大幅に認められることから（**Q34**参

照）、これらの場合は、指名委員会等設置会社と同様に、特別取締役制度の利用は認められないこととされている（法373条1項）[1]。

---

1) 一問一答（平成26年改正）60頁、コンメ補巻511頁〔田中亘〕。

Q36 監査等委員会設置会社における分配特則規定の適用

Q 監査等委員会設置会社について、剰余金の配当等を取締役会が決定する旨の定款の定めを置くことは可能ですか。

A 可能です。

●解説

　平成 26 年改正会社法による改正前の会社法において、以下の要件を満たす株式会社は、株主総会決議事項である剰余金の配当を含む一定の事項を、取締役会が定めることができる旨を定款で定めることができるとされていた（平成 26 年改正会社法による改正前の法 459 条 1 項）。

---

① 会計監査人設置会社であること
② 取締役の任期が 1 年であること
③ 監査役設置会社の場合、監査役会設置会社であること

　監査等委員会設置会社の場合、監査等委員である取締役の任期が 2 年であることから（法 332 条 1 項・3 項）、前記②の要件との関係で前記の分配特則規定（法 459 条 1 項）の利用が可能であるかが問題となり得たが、平成 26 年改正会社法においては、監査等委員会設置会社にかかる同項の適用があることを明確にするため、同項を改正し、前記②の要件を、監査等委員会設置会社にあっては、監査等委員以外の取締役の任期が 1 年であることが要件となるものとしている（法 459 条 1 項かっこ書）。

　したがって、監査等委員会設置会社についても、同項に基づき、剰余金の配当等を取締役会が決定する旨定款で定めることができることが明確にされている。

　我が国の上場会社の多くが準拠している全国株懇連合会の定款モデルにおける剰余金の配当等を取締役会が決定する旨の定款の定めは、以下の通りである[1]。

> （剰余金の配当等の決定機関）
>
> 第○条　当会社は、剰余金の配当等会社法第 459 条第 1 項各号に定める事項については、法令に別段の定めのある場合を除き、株主総会の決議によらず[2] 取締役会の決議によって定める。

　なお、当該定款規定がある場合、剰余金の配当など会社法第 459 条第 1 項各号に定める事項については、取締役会が自ら決定しなければならず、その決定を代表取締役その他の取締役に再委任することはできないと解される（**Q34** 参照）。

1）　全国株懇連合会編『全株懇モデル〔新訂 3 版〕』（商事法務、2011）69 頁）。

2）　当該定款規定における「株主総会の決議によらず」との記載は、同規定の対象事項を株主総会決議事項の対象外とする法 460 条 1 項の定款の定めに該当する（全国株懇連合会・前掲注 1）69 頁）。従って、本文記載の定款規定による場合、対象事項は取締役会のみによって決議することができることとなり、これを株主総会で決議する（株主提案権の行使によって剰余金の配当等の対象事項を取締役会に提案する）ためには、定款変更が必要となる。これに対し、「株主総会の決議によらず」の記載を削除し、文末を「……取締役会の決議によって定めることができる。」とした場合、取締役会決議のみならず株主総会決議によっても決議可能な規定となる（**Q34** 参照）。

Q37 監査等委員会設置会社の取締役会の運営方法

Q　監査等委員会設置会社の取締役会の運営方法はどのようなものですか。

A　監査等委員会設置会社の取締役会の運営方法は、監査役会設置会社又は指名委員会等設置会社の取締役会の運営方法とは大きく異なる点はありません。ただし、招集権者の定めがある場合であっても、監査等委員会が選定する監査等委員は取締役会を招集することができる（法399条の14）点において、監査役会設置会社の規律との相違があります。

●解説

　監査等委員会設置会社の取締役会の運営方法は、監査役会設置会社又は指名委員会等設置会社の取締役会の運営方法と大きく異なるものではない。

　以下、監査等委員会設置会社の取締役会の基本的事項について述べる。

1　取締役会の招集権者

　監査等委員会設置会社の取締役会は、原則として、各取締役が招集するが、定款又は取締役会の決議により、特定の取締役を招集権者と定めることができる（法366条1項）。なお、招集権者として定められた取締役以外の取締役も、会議の目的事項を示して、招集権者に対して取締役会の招集を請求することができ（同条2項）、請求後5日以内に、請求の日から2週間以内の日を会日とする取締役会招集通知が発せられない場合は、その請求をした取締役は、自ら取締役会を招集することができる（同条3項）。

　もっとも、監査等委員会設置会社は、このような招集権者の定めがある場合であっても、監査等委員会が選定する監査等委員は、招集権者への招集請求なくして直ちに、取締役会を招集することができる（法399条の14）。これは、指名委員会等設置会社において、指名委員会等がそ

の委員の中から選定する委員は、招集権者の定めがあっても取締役会を招集することができること（法417条1項）と同様の規律である。

　これに対し、監査役は、取締役が不正の行為をし、もしくはその行為をするおそれがあると認めるとき、又は法令もしくは定款に違反する事実もしくは著しく不当な事実があると認めるときに、招集権者である取締役に対して取締役会の招集を請求することができ（法383条2項）、請求後5日以内に、請求の日から2週間以内の日を会日とする取締役会招集通知が発せられない場合、その請求をした監査役は、自ら取締役会を招集することができる（同条3項）。監査役・監査役会が無条件に取締役会を招集できるわけではない点において、監査等委員会・指名委員会等の規律と異なっている。

2　招集手続

　取締役会を招集するには、会日から1週間前に各取締役に対し招集通知を発しなければならない（法368条1項）。この期間は、定款の定めにより短縮することができ（同項かっこ書）、実務上、定款において3日に短縮する例が多い。

　招集通知は書面又は電磁的方法による必要はなく（口頭・電話等でもよい。）、会議の目的事項の特定も不要である。また、招集通知に記載されていない議題について審議することも可能である。もっとも、実務上、書面又は電磁的方法により、緊急時を除いて会議の目的事項を記載して通知するのが通常である（監査等委員会設置会社は、少なくとも2名以上の社外取締役が存在する機関設計であり、審議に必要な説明資料その他の情報も事前に送付されるのが望ましい。）。

　取締役会は、出席権者である取締役全員の同意があるときは、招集手続を経ずに開催することができる（法368条2項）。

3　決議要件

　取締役会の決議は、議決に加わることができる取締役の過半数が出席し、出席取締役の過半数の賛成により成立する（法369条1項）。定款の定めにより、定足数及び決議の成立に必要な賛成数を加重することができるが、これを軽減することはできない。

　また、決議につき特別の利害関係を有する取締役は、議決に加わることはできない（法369条2項。かかる特別利害関係取締役は、定足数算定の基礎にも算入されない。同条1項）。

4　決議の省略

　取締役が取締役会の決議事項につき提案をした場合において、取締役（当該事項につき議決に加わることができるものに限る。）の全員が書面（電磁的記録）により同意の意思表示をしたときは、当該議案を可決する旨の取締役会決議があったものとみなす旨を定款で定めることができる（法370条）。定款の定めを設けることにより、いわゆる書面決議が認められているものである。

　各取締役が同意の意思表示をした書面（電磁的記録）は、当該決議があったとみなされた日から10年間、本店に備え置かなければならない（法371条）。

5　報告の省略

　取締役、会計参与又は会計監査人が取締役の全員に対して取締役会に報告すべき事項を通知したときは、当該事項を取締役会に報告することを要しない（法372条1項）。

　ただし、業務執行取締役による3か月に1回以上の取締役会に対する職務執行状況の報告（法363条2項）は、報告の省略は認められない。したがって、3か月に最低1回[1]は取締役会を招集する必要がある。

6　監査等委員会の職務執行の状況の報告義務の不存在

　指名委員会等設置会社においては、指名委員会等がその委員の中から選定する者は、遅滞なく、当該指名委員会等の職務の執行の状況を取締役会に報告しなければならないとされている（法417条3項）。

1）ここにいう「3か月に1回以上」の意義に関しては、旧商法263条4項の解釈として、少なくとも3か月ごとにという意味であり、前回の取締役会から3か月以内に、次回の取締役会が開催される必要があると解されていたことには留意が必要である。例えば、2月、6月、9月、12月の年4回取締役会を開催したのでは、2月と6月の間に3か月以上の期間があるため法363条2項に反することになる（稲葉威雄ほか『〔新訂版〕　実務相談株式会社3』（商事法務研究会、1992）766頁参照）。

　これに対し、監査等委員会については、監査等委員以外の取締役からの独立性を確保するため、監査等委員会が選定する監査等委員が遅滞なく職務の執行の状況を取締役会に報告しなければならないとの義務は規定されていない。この点は、監査役会について同様の取締役会への報告義務は存在しないことと同じである[2]（**Q29** 参照）。

7　取締役会議事録

　取締役会の議事については、法務省令（施行規則 101 条）で定めるところにより、議事録を作成し、出席取締役が署名・記名捺印しなければならない（法 369 条 3 項）。議事録は 10 年間本店に備え置かれる（法 371 条 1 項）。

　取締役会議事録の記載事項及び記載例は、**Q39** を参照されたい。

2）一問一答（平成 26 年改正）49 頁。

Q38 取締役会規程サンプル

Q 監査等委員会設置会社の取締役会規程の記載例があれば、教えてください。

A 取締役会規程の一例を示します。なお、取締役会規程については、実務上、上場会社の多くが用いるモデル・ひな型はありません。

●解説

　取締役会の組織や運営に関する基本的事項は、取締役会規程に定めるのが通常である。監査等委員会設置会社における取締役会規程の一例は、以下に記載のとおりである。

記載例：取締役会規程

※監査役設置会社から監査等委員会設置会社への移行に伴い変更が考えられる規定部分には下線を引いている。

取締役会規程

（目　的）
第1条　本規程は、当会社の取締役会の運営及び付議事項について定める。
2　当会社の取締役会に関する事項は、法令又は定款に定めるもののほか、本規程の定めるところによる。

（構　成）
第2条　取締役会は、取締役全員をもって構成する。【注：監査役設置会社の場合、合わせて「監査役は、取締役会に出席し、必要なときは意見を述べなければならない。」といった定めが入っていることも多いが、これを削除する。】

（関係者の出席）
第3条　取締役会は、必要に応じて、取締役以外の者を出席させ、その意見又は説明を求めることができる。【注：監査役設置会社の場合、下線部分は「取締役及び監査役以外の者」となっていることが多い。】

（開　催）
第4条　取締役会は、定例取締役会と臨時取締役会とする。
2　定例取締役会は、原則として毎月1回開催する。
3　臨時取締役会は、必要に応じて開催する。

（招集権者）
第5条　取締役会は、取締役社長が招集する。取締役社長に事故があるときは、取締役会の決議をもってあらかじめ定めた順序により、他の取締役が招集する。
2　前項にかかわらず、監査等委員会が選定した監査等委員は、取締役会を招集することができる。【注：監査等委員会設置会社においては、定款又は取締役会決議により招集権者の定めがある場合も、監査等委員会が選定する監査等委員は、取締役会を招集することができるため（法399の14）、このことを規定している。】

（招集請求）
第6条　招集権者でない取締役は、招集権者である取締役に対し、会議の目的事項を示して、取締役会の招集を請求することができる。【注：監査役設置会社の場合、合わせて、監査役の招集請求に関する「監査役は、会社法382条に規定する場合において必要があるときは、招集権者である取締役に対し、取締役会の招集を請求することができる。」といった定めが入っていることも多いが、これを削除する。】

（招集手続）
第7条　取締役会の招集通知は、各取締役に対し、会日の3日前までに発する。ただし、緊急の場合には、この期間を短縮することができる。【注：監査役設置会社の場合、下線部分は「各取締役及び各監査役」となっている。】
2　取締役の全員の同意があるときは、前項の招集手続を省略することができる。【注：監査役設置会社の場合、下線部分は「取締役及び監査役の全員の同意」となっている。】

（議　長）
第8条　取締役会の議長は、取締役社長がこれにあたる。取締役社長に事故があるときは、取締役会の決議をもってあらかじめ定めた順序により、他の取締役がこれにあたる。

（決議の方法）

第9条　取締役会の決議は、議決に加わることができる取締役の過半数が出席し、その過半数をもって行う。

2　取締役会の決議につき、特別の利害関係を有する取締役は、議決に加わることはできない。この場合、その取締役の数は、出席した取締役の数に算入しない。

（決議の省略）

第10条　前条にかかわらず、取締役が、取締役会の決議の目的事項について提案をした場合において、当該提案につき取締役の全員（当該事項について議決に加わることができるものに限る。）が書面又は電磁的記録により同意の意思表示をしたときは、当該提案を可決する旨の取締役会決議があったものとみなす。【注：監査役設置会社の場合、「ただし、監査役が当該提案について異議を述べたときは、この限りでない。」との文言が入っている場合が多いが、これを削除する必要がある。】

（決議事項）

第11条　取締役会は、別表に掲げる事項につき、決議する。【注：重要な業務執行の決定権限の取締役への委譲（法399条の13）を行う場合、当該別表を見直すこととなる。】

2　取締役（監査等委員である取締役を除く。以下本項において同じ。）が利益相反取引をしようとする場合、当該取締役は、あらかじめ、取締役会決議のほか、監査等委員会の承認を受けるものとする。【注：利益相反取引についての任務懈怠の推定規定の適用除外を受けるため、取締役会決議のみならず、監査等委員会の事前承認を受けるべきことを規定しておくことが考えられる。】

（報告事項）

第12条　代表取締役及び業務担当取締役は、自己の職務の執行の状況及び重要と認められる事項並びに法令に定められた事項について、取締役会に報告しなければならない。

2　競業取引又は利益相反取引を行った取締役は、取引後遅滞なく、その取引についての重要な事実を、取締役会に報告しなければならない。

3　取締役の全員に対して、取締役会において報告すべき事項を通知したときは、当該事項を取締役会への報告することを要しない。ただし、会社法第363条第2項の規定による自己の職務の執行の状況の報告はこの限りではない。【注：監査役設置会社の場合、下線部分は「取締役及び監査役の全員」となっている。】

（議事録等）

第13条　取締役会の議事については、法令に定める事項を議事録に記載又は記録し、<u>出席取締役</u>がこれに記名捺印又は電子署名を行う。【注：監査役設置会社の場合、下線部分は「出席取締役及び出席監査役」となっている。】

2　前項の議事録及び第10条の取締役の同意の意思表示を記載又は記録した書面又は電磁的記録は、取締役会の日から10年間本店に備え置く。

（欠席者への通知）

第14条　取締役会の議事の経過の要領及び結果は、欠席した<u>取締役</u>に、遅滞なく通知しなければならない。【注：監査役設置会社の場合、下線部分は「取締役及び監査役」となっていることが多い。】

（緊急処理）

第17条　緊急その他やむを得ない事由により取締役会に付議することができないときは、取締役社長は、取締役会決議事項を決定し、執行することができる。ただし、この場合、事後最初の取締役会で追認を受けなければならない。

（改　廃）

第18条　本規程の改廃は、取締役会の決議による。

（附　則）

本規程は、○○年○月○日から施行する。

Q39 監査等委員会設置会社の取締役会議事録

Q 監査等委員会設置会社の取締役会議事録の記載について、教えてください。

A 監査等委員会設置会社の取締役会議事録の記載事項は、監査役会の議事録の記載事項と基本的に同一です。

●解説

1 議事録の記載事項等

取締役会の議事については、法務省令（施行規則101条）で定めるところにより、議事録を作成しなければならない（法369条3項）。

取締役会の議事録については、通常開催の取締役会の場合と、決議の省略（法370条）、報告の省略（法372条）の場合に分けて、記載事項が定められている。

その記載事項は、監査役設置会社・監査等委員会設置会社・指名委員会等設置会社の3つの機関設計について共通の定め（施行規則101条）となっており、その内容は、基本的に同一である。

1 通常開催の監査等委員会の場合

通常開催の監査等委員会の議事録の記載事項は、以下のとおりである（施行規則101条3項）。

この場合、取締役会議事録が書面をもって作成されているときには、出席した取締役の署名又は記名押印が必要である（法369条3項。議事録が電磁的記録をもって作成されているときは、出席取締役は電子署名をしなければならない。同条4項、施行規則225条1項6号）。取締役会の決議に参加した取締役は、議事録に異議をとどめない以上、決議に賛成したものと推定されるため（法369条5項）、留意が必要である。

通常開催の取締役会の場合の記載事項（施行規則 101 条 3 項）

※監査等委員会設置会社に特有の記載事項に<u>下線</u>を引くとともに、監査等委員会
設置会社では記載が求められない項目にはグレーの網掛けをしている。

①	取締役会が開催された日時及び場所（当該場所に存しない取締役（<u>監査等委員会設置会社にあっては、監査等委員である取締役又はそれ以外の取締役</u>）、執行役、会計参与、監査役、会計監査人又は株主が取締役会に出席をした場合における当該出席の方法を含む。）	
②	取締役会が、特別取締役による取締役会（法 373 条 2 項）であるときは、その旨	
③	取締役会が次に掲げるいずれかのものに該当するときは、その旨	
	イ	招集権者以外の取締役の請求（法 366 条 2 項）を受けて招集されたもの
	ロ	招集権者以外の取締役の招集請求があったが取締役会の招集通知が発せられない場合において、当該取締役が招集（法 366 条 3 項）したもの
	ハ	監査役設置会社・監査等委員会設置会社・指名委員会等設置会社以外の取締役会設置会社において、株主からの招集請求（法 367 条 1 項）を受けて招集されたもの
	ニ	監査役設置会社・監査等委員会設置会社・指名委員会等設置会社以外の取締役会設置会社において、株主からの招集請求があったが取締役会の招集通知が発せられない場合において、当該株主が招集（法 367 条 3 項において準用する法 366 条 3 項）したもの
	ホ	監査役の請求（法 383 条 2 項）を受けて招集されたもの
	ヘ	監査役の招集請求があったが取締役会の招集通知が発せられない場合において、当該監査役が招集（法 383 条 3 項）したもの
	ト	<u>監査等委員会が選定した監査等委員が招集（法 399 条の 14）したもの</u>
	チ	指名委員会等設置会社において指名委員会等の委員の中から選定された者が招集（法 417 条 1 項）したもの
	リ	指名委員会等設置会社において執行役からの請求（法 417 条 2 項前段）を受けて招集されたもの
	ヌ	指名委員会等設置会社において執行役からの請求があったが取締役会の招集通知が発せられない場合において、当該執行役が招集（法 417 条 2 項後段）したもの

④	取締役会の議事の経過の要領及びその結果
⑤	決議を要する事項について特別の利害関係を有する取締役があるときは、当該取締役の氏名
⑥	次に掲げる規定により取締役会において述べられた意見又は発言があるときは、その意見又は発言の内容の概要

	イ	法365条2項（法419条2項において準用する場合を含む。） ＝競業取引・利益相反取引をした取締役・執行役の当該取引についての重要な事実の報告
	ロ	法367条4項 ＝監査役設置会社・監査等委員会設置会社・指名委員会等設置会社以外の取締役会設置会社において、株主が取締役会の招集を請求した場合における、当該株主による意見
	ハ	法376条1項 ＝計算関係書類を承認する取締役会に出席した会計参与の意見
	ニ	法382条 ＝取締役が不正の行為をし若しくは当該行為をするおそれがあると認めるとき又は法令・定款に違反する事実若しくは著しく不当な事実があると認めるときにおける、監査役の報告
	ホ	法383条1項 ＝監査役が必要があると認めるときに述べた、監査役の意見 ※法383条1項＝監査役は、取締役会に出席し、必要があると認めるときは、意見を述べなければならない。
	ヘ	<u>法399条の4</u> <u>＝取締役が不正の行為をし若しくは当該行為をするおそれがあると認めるとき又は法令・定款に違反する事実若しくは著しく不当な事実があると認めるときにおける、監査等委員の報告</u>
	ト	法406条 ＝執行役又は取締役が不正の行為をし若しくは当該行為をするおそれがあると認めるとき又は法令・定款に違反する事実若しくは著しく不当な事実があると認めるときにおける、監査委員の報告
	チ	法430条の2第4項 ＝補償契約に基づく補償をした取締役及び当該補償を受けた取締役が遅滞なく行う、当該補償についての重要な事実の取締役会への報告

	※当該事由は、令和元年改正会社法による改正に伴い追加されたものである。
⑦	取締役会に出席した執行役、会計参与、会計監査人又は株主の氏名又は名称
⑧	取締役会の議長が存するときは、議長の氏名

記載例：通常の取締役会の場合の取締役会議事録

取締役会議事録

開催日時　　○○年○月○日（木）午後1時
開催場所　　当社本社会議室
出席者　　　取締役7名中7名
　　　　　　A、B、C、D、E、F、G

　取締役Aは選ばれて議長となり、開会を宣し議事に入った。

議題
決議事項
1　代表取締役選定の件
　　議長より、代表取締役を選定したい旨を述べ、議場に諮ったところ、取締役A氏を代表取締役に選定することを全員一致をもって承認可決し、被選定者はその場で就任を承諾した。

2　役付取締役選定の件
　　議長より、取締役社長、専務取締役及び常務取締役を選定したい旨を述べ、議場に諮ったところ、取締役社長にA氏、専務取締役にB氏、常務取締役にC氏を選定することを全員一致をもって承認可決し、被選定者はそれぞれその場で就任を承諾した。

3　株主総会の招集権者及び議長の順序決定の件
　　議長は、取締役社長に事故があるときの株主総会の招集権者及び議長となる他の取締役の順序を、第1順位を専務取締役B氏、第2順位を常務取締役C氏としたい旨を説明し、賛否を諮ったところ、全員異議なくこれを承認可決した。

4　取締役会の招集権者及び議長の順序決定の件

議長は、取締役社長に事故があるときの取締役会の招集権者及び議長となる他の取締役の順序を、第1順位を専務取締役B氏、第2順位を常務取締役C氏としたい旨を説明し、賛否を諮ったところ、全員異議なくこれを承認可決した。

5　取締役（監査等委員であるものを除く。）の報酬の額決定の件
　　議長は、取締役（監査等委員であるものを除く。）の報酬等の総額の範囲内において、○年○月以降の各取締役の月額報酬の金額（ただし、使用人兼務取締役の使用人分の給与を含まない。）の決定については、代表取締役社長に一任することとしたい旨を説明し、賛否を諮ったところ、全員異議なくこれを承認可決した。

6　取締役の職務分掌及び取締役に重要な業務執行の決定を委任する件
　　議長は、取締役の職務分掌を、別紙のとおりとしたい旨、及び、別紙のとおり重要な業務執行の決定を取締役に委任したい旨を提案し、賛否を諮ったところ、全員異議なくこれを承認可決した。

<中略>

議長は、以上をもって全議題を終了した旨を述べ、午後1時45分閉会を宣した。

以上、議事の経過及び結果を明確にするため本議事録を作成し、出席取締役は次に記名押印する。

　　　○○年○月○日

　　　　　　　　株式会社○○○○　取締役会
　　　　　　　　　議　長　代表取締役社長　　　　A　　㊞
　　　　　　　　　　　　　専務取締役　　　　　　B　　㊞
　　　　　　　　　　　　　常務取締役　　　　　　C　　㊞
　　　　　　　　　　　　　取締役　　　　　　　　D　　㊞
　　　　　　　　　　　　　取締役（監査等委員）　E　　㊞
　　　　　　　　　　　　　取締役（監査等委員）　F　　㊞
　　　　　　　　　　　　　取締役（監査等委員）　G　　㊞

2　決議の省略の場合

決議の省略（法370条。Q37参照）の場合の議事録の記載事項は、以下のとおりである（施行規則101条5項1号）。

取締役会の決議の省略（法 370 条）の場合の記載事項（施行規則 101 条 5 項 1 号）

①	取締役会の決議があったものとみなされた事項の内容
②	取締役会の決議があったものとみなされた事項の提案をした取締役の氏名
③	取締役会の決議があったものとみなされた日
④	議事録の作成に係る職務を行った取締役の氏名

記載例：決議の省略の場合の取締役会議事録

取締役会議事録

取締役会の決議があったものとみなされた日　　　　　　　　○年○月○日
取締役会の決議があったものとみなされた事項の提案をした取締役
　　　　　　　　　　　　　　　　　　　　　　　　　　　取締役○○○○
議事録の作成に係る職務を行った取締役　　　　　　　　　取締役○○○○

取締役会の決議があったものとみなされた事項
　議　案　第○期株主総会の議案内容の一部修正の件
　第○期株主総会に上程する議案の内容及び株主総会参考書類の記載事項を、別紙のとおり一部修正する。

　○年○月○日、取締役○○○○が取締役の全員に対して上記取締役会の決議の目的である事項について提案を発し、当該提案につき、同日、議決に加わることができる取締役の全員から書面により同意の意思表示を得たので、会社法第 370 条に基づき、当該提案を可決する旨の取締役会の決議があったものとみなされた。

　上記のとおり、取締役会の決議の省略を行ったので、取締役会の決議があったものとみなされた事項を明確にするため、会社法第 370 条及び会社法施行規則第 101 条第 4 項第 1 号に基づき本議事録を作成する。

　　○年○月○日
　　　　　　　　株式会社○○○○　取締役会
　　　　　　　　取締役　　　　○○○○　　　㊞

3　報告の省略の場合

　報告の省略（法 372 条。Q37 参照）の場合の議事録の記載事項は、以

下のとおりである（施行規則 101 条 3 項 2 号）。

取締役会の報告の省略（法 372 条）の場合の記載事項（施行規則 101 条 3 項 2 号）

①	取締役会への報告を要しないものとされた事項の内容
②	取締役会への報告を要しないものとされた日
③	議事録の作成に係る職務を行った取締役の氏名

記載例：報告の省略の場合の取締役会議事録

取締役会議事録

取締役会への報告を要しないものとされた日　　　　　　○年○月○日
議事録の作成に係る職務を行った取締役　　　　　　取締役○○○○

取締役会への報告を要しないものとされた事項の内容
　議　題　業務委託契約の件
　○○年○月○日開催の当社取締役会において承認された、当社と取締役
社長 A 氏が代表取締役を務める株式会社○○○○との業務委託契約が、承
認された業務委託契約書のとおり締結されたこと。

　○年○月○日、取締役○○○○により取締役の全員に対して上記取締役
会に報告すべき事項が通知されたことから、会社法第 372 条に基づき、当
該事項について取締役会への報告を要しないものとされた。

　上記のとおり、取締役会の報告の省略を行ったので、取締役会への報告
を要しないものとされた事項を明確にするため、会社法第 372 条及び会社
法施行規則第 101 条第 4 項第 2 号に基づき本議事録を作成する。

　　○年○月○日

　　　　　　株式会社○○○○　取締役会
　　　　　　取締役　　　　○○○○　

第 5 章

監査等委員会設置会社の株主総会

Q40 監査等委員会設置会社の株主総会の運営

Q 監査等委員会設置会社の株主総会の運営における特徴は何ですか。**監査役会設置会社との違いはありますか。**

A 株主総会の運営・手続については、基本的に機関設計による相違はなく、監査等委員会設置会社の株主総会は、監査役会設置会社の株主総会と大きな違いはありません。もっとも、監査等委員会設置会社の株主総会は、監査役会設置会社との比較では、①連結計算書類の監査結果の報告主体を監査等委員である取締役とすることができる、②監査等委員会の指名・報酬に関する株主総会における意見陳述権の行使が可能である等の相違があります。

●解説

監査等委員会設置会社の株主総会の手続は、それ以外の機関設計の株式総会の手続と基本的に同じである。

ただし、監査役会設置会社との比較では、以下の相違がある。

1 連結計算書類の監査結果の報告主体

株主総会のシナリオに一部変更の可能性があるのが、連結計算書類の監査結果の報告主体である。

定時株主総会の報告事項として、会計監査人及び監査役会等の連結計算書類の監査結果があるが、当該報告の報告主体は「取締役」とされている（法444条7項）。

もっとも、監査役会設置会社においては、実務上、会計監査人及び監査役会の連結計算書類の監査結果を、監査役の監査報告において、監査役が口頭で報告した上、会社法上の報告主体が「取締役」であることによる要請を満たすため、合わせて、議長である代表取締役等の取締役から、「連結計算書類に関する会計監査人及び監査役会の監査結果は、先ほどの監査役の監査報告のとおりです」といった言及をする取扱いが一

般的である。

　監査等委員会設置会社の株主総会においても、監査等委員である取締役による監査等委員会の監査報告が行われるのが一般的であるが、監査等委員である取締役は「取締役」（法444条7項）であることから、監査役会設置会社の場合のような代表取締役等の取締役の一言をシナリオに加える必要はなく、端的に、監査等委員である取締役が、会計監査人及び監査等委員会の連結計算書類の監査結果を報告すれば足りることになる。

2　監査等委員以外の取締役の指名・報酬についての意見陳述権

　監査等委員会に特有の権限として、監査等委員会には監査等委員以外の取締役の選任等・報酬等についての株主総会における意見陳述権が認められている（Q25参照）。

　従って、監査等委員会が監査等委員以外の取締役の選任等・報酬等について、株主総会において陳述する意見を決定した場合、監査等委員会が選定する監査等委員は、株主総会において、監査等委員会が決定した意見を陳述することになる（法342条の2第4項、361条6項）。

　実務上、かかる監査等委員会が選定する監査等委員の意見陳述は、監査等委員会の監査報告の場面で行われる場合が多い（その場合のシナリオ例はQ26参照）。

　また、監査等委員会が選定する監査等委員が意見陳述を行ったか否かにかかわらず、株主総会の場で、株主から、取締役の選任等又は報酬等に関する監査等委員会の意見について説明を求められれば、監査等委員が必要な説明をする必要があるため[1]（Q26参照）、かかる観点での想定問答の準備も必要である。

3　監査等委員である取締役の説明義務

　監査役は、自らが受任した監査業務の監査結果について説明義務（法314条）を負うとともに[2]、その他の権限（例えば、監査役選任議案への同

1）江頭618頁。
2）コンメ(7)256頁〔松井秀征〕。

意権、会計監査人選任議案への同意権、会計監査人の報酬等への同意権等）の行使状況等について説明義務を負う。

監査等委員会の権限は、基本的に監査役（会）と共通のものが多いことから（**Q18**参照）、監査等委員である取締役であることによる説明義務の内容は、監査役と大きく変わるものではない。ただし、前記のとおり、監査等委員会に特有の権限である監査等委員以外の取締役の選任等・報酬等についての意見陳述権に関する説明義務（前記**2**参照）は、監査役にはないものである。

また、監査等委員である取締役は、監査役と異なり、取締役として、議題ないし議案の提案者であることによる説明義務をも負うから[3]、その意味においても、監査等委員である取締役の説明義務の範囲は、監査役が負う説明義務とは範囲が異なる[4]。もっとも、監査等委員会の権限に関わらない限り、議題ないし議案に関する質問について、非業務執行取締役である監査等委員に積極的に回答させる議事進行とはならない場合が多いと考えられるため、かかる理論上の差異が、実際の質疑応答の対応に与える差異は大きくないと思われる。

なお、いずれにしても、監査等委員会の権限に関する質問については、監査等委員である取締役において回答するべきこととなる。そして、監査役については、各人が独立の機関である（独任制）ことから、特定の（社外）監査役が指名されて質問がなされた場合、当該監査役自身に説明義務があるか否かが問題となりえ、結論としては、監査の方法や結果について各監査役の意見が同一であり、かつ、監査役会において株主総会での説明担当を定めた場合には、その監査役が説明すれば足りるとの見解が実務では採用されていた[5]。もっとも、監査等委員である取締役には独任制は認められないため（**Q20**参照）、監査役の場合における上記のような理論的な整理を要さず、議長としては、答弁に適任と考える監査

---

3) コンメ(7) 255 頁〔松井秀征〕。

4) 監査役は、株主総会の議題ないし議案の提案者ではなく、取締役が株主総会に提出しようとする議案を調査し、法令もしくは定款に違反し、又は著しく不当な事項があると認めるときに限り、その調査の結果を株主総会に報告する義務を負っているのみである（法384条参照）。

5) 松井秀樹「株主総会の議事運営（株主総会の実務対策(6)）」商事法務 1830 号（2008）15頁参照。

等委員である取締役を指名すれば良いことになる（実務上は、原則的な答弁担当である監査等委員を議長と事前に摺り合わせておくことになると思われるため、かかる理論的な相違も、実際の実務対応に差異をもたらすものではないと思われる。）。

Q41 監査等委員会設置会社の株主総会議事録

Q 監査等委員会設置会社の株主総会議事録の記載について、教えてください。

A 監査等委員会設置会社の株主総会議事録の記載事項は、その他の機関設計の株主総会の議事録の記載事項と基本的に同一です。

●解説

1 議事録の記載事項等

株主総会の議事については、法務省令（施行規則72条）で定めるところにより、議事録を作成なければならない（法318条1項）。

株主総会の議事録については、通常開催の取締役会の場合と、決議の省略（法319条）、報告の省略（法320条）の場合に分けて、記載事項が定められている。

その記載事項は、監査役設置会社・監査等委員会設置会社・指名委員会等設置会社の3つの機関設計について共通の定め（施行規則72条）となっており、その内容は、基本的に同一である。

1 通常開催の株主総会の場合

通常開催の監査等委員会の議事録の記載事項は、以下のとおりである（施行規則72条3項）。

株主総会議事録には、出席した取締役の署名又は記名押印は求められず、同様に、議事録の作成に係る職務を行った取締役の署名又は記名押印も求められない（法318条1項参照）[1]。もっとも、実務上、議事録原本であるか否か等を明らかにしておくため、議事録の作成に係る職務を行った取締役の記名捺印がされている場合が多い。

---

1) 松井信憲『商業登記ハンドブック〔第4版〕』（商事法務、2021）151頁。

通常開催の株主総会の場合の記載事項（施行規則 72 条 3 項）

※監査等委員会設置会社に特有の記載事項に下線を引くとともに、監査等委員会
設置会社では記載が求められない項目にはグレーの網掛けをしている。

①	株主総会が開催された日時及び場所（当該場所に存しない取締役（監査等委員会設置会社にあっては、監査等委員である取締役又はそれ以外の取締役）、執行役、会計参与、監査役、会計監査人又は株主が株主総会に出席をした場合における当該出席の方法を含む。）	
②	株主総会の議事の経過の要領及びその結果	
③	次に掲げる規定により株主総会において述べられた意見又は発言があるときは、その意見又は発言の内容の概要	
	イ	法 342 条の 2 第 1 項 ＝監査等委員である取締役による、監査等委員である取締役の選任・解任・辞任についての意見
	ロ	法 342 条の 2 第 2 項 ＝辞任した監査等委員である取締役による、辞任後最初に招集される株主総会における、辞任した旨及びその理由の陳述
	ハ	法 342 条の 2 第 4 項 ＝監査等委員会が選定する監査等委員が述べた、監査等委員以外の取締役の選任・解任・辞任についての監査等委員会の意見
	ニ	法 345 条 1 項（同条 4 項及び 5 項において準用する場合を含む。） ＝会計参与・監査役・会計監査人による、これらの者の選任・解任・辞任等についての意見
	ホ	法 345 条 2 項（同条 4 項及び 5 項において準用する場合を含む。） ＝辞任した会計参与・監査役・会計監査人による、辞任後最初に招集される株主総会における、辞任した旨及びその理由の陳述
	ヘ	法 361 条 5 項 ＝監査等委員である取締役による、監査等委員である取締役の報酬等についての意見
	ト	法 361 条 6 項 ＝監査等委員会が選定する監査等委員が述べた、監査等委員以外の取締役の報酬等についての監査等委員会の意見
	チ	法 377 条 1 項 ＝計算書類の作成に関する事項について会計参与と取締役・執行役の意見が異なる場合における会計参与の意見

	リ	法 379 条 3 項 ＝会計参与の報酬等についての会計参与の意見
	ヌ	法 384 条 ＝取締役が株主総会に提出しようとする議案・書類等につき、監査役が法令・定款違反又は著しく不当な事項があると認める場合における調査結果の報告
	ル	法 387 条 3 項 ＝監査役の報酬等についての監査役の意見
	ヲ	法 389 条 3 項 ＝会計監査権限のみを有する監査役による、取締役が株主総会に提出する会計に関する議案・書類等の調査結果の報告
	ワ	法 398 条 1 項 ＝計算書類等が法令・定款に適合するかについて会計監査人と監査役（会）・監査等委員（会）・監査委員（会）との意見が異なる場合における、会計監査人の意見
	カ	法 398 条 2 項 ＝定時株主総会において会計監査人の出席を求める決議があった場合における、会計監査人の意見
	ヨ	法 399 条の 5 ＝取締役が株主総会に提出しようとする議案・書類等につき、監査等委員が法令・定款違反又は著しく不当な事項があると認める場合における、その旨の報告
④		株主総会に出席した取締役（監査等委員会設置会社にあっては、監査等委員である取締役又はそれ以外の取締役）、執行役、会計参与、監査役又は会計監査人の氏名又は名称
⑤		株主総会の議長が存するときは、議長の氏名
⑥		議事録の作成に係る職務を行った取締役の氏名

記載例：通常の株主総会の場合の株主総会議事録

第○○期定時株主総会議事録

1．日時　○○年○月○日（木）午前 10 時
2．場所　東京都千代田区○○○１丁目１番１号　○○ホテル○階「○○の間」

３．出席取締役[2]
　(1)　取締役（監査等委員である取締役を除く。）　　5名中5名出席
　　　（出席者）A、B、C、D、E
　(2)　監査等委員である取締役　　3名中2名出席（Hは欠席）
　　　（出席者）F、G
４．株主総会の議長
　　代表取締役社長　A
５．出席株主及び議決権の状況
　　議決権を行使することができる株主数　　○，○○○名
　　議決権を行使することができる株主の議決権の総数　　○○○，○○○
　　個
　　本日の出席株主数（書面投票・電子投票による議決権行使分を含む）
　　○○○名
　　その有する議決権の数　　○○○，○○○個

６．議事の経過の要領及びその結果
　(1)　定刻、取締役社長Aは定款第○条の定めにより本総会の議長となり、
　　　開会を宣　した。
　　　　議長は、本総会の目的事項として別添の第○○期定時株主総会招集
　　　ご通知に記載の報告事項及び決議事項を上程し、議事の進め方につい
　　　ては、議事進行の秩序を保つため、株主の発言は報告事項の報告及び
　　　決議事項である議案の説明の後に受けたい旨を述べた。
　　　　続いて、事務局から、本日の出席株主数及びその議決権の数を報告し、
　　　議長は、本総会の定足数の定めのある各議案を審議するのに必要な定
　　　足数を充足している旨を報告した。
　(2)　次に、議長より、報告事項及び決議事項の審議に先立ち、連結計算
　　　書類に係る会計監査人の監査結果報告も含め監査等委員会の監査報告
　　　を求めたところ、監査等委員である取締役を代表して常勤監査等委員
　　　Gは、当社第○○期事業年度における監査等委員会の監査の結果は、
　　　招集通知に添付されている「監査等委員会の監査報告書」に記載のと
　　　おりであること、会計監査人による計算書類及び連結計算書類の監査
　　　の結果は、招集通知に添付されている会計監査人の「監査報告書」に
　　　記載のとおりであり、監査等委員会としては会計監査人監査法人○○

---

2)　監査等委員会設置会社の株主総会議事録における出席取締役の記載については、監査等
　委員である取締役とそれ以外の取締役とを区別して記載することが求められるが（施行
　規則72条3項4号・1号かっこ書き参照）、実務上、監査等委員以外の取締役を単に「取
　締役」とし、監査等委員である取締役を「監査等委員である取締役」「取締役（監査等委
　員）」等と区別して記載する例もある（両者が区別できれば、いずれでも問題ないと考え
　られる。）。

○の監査の方法及び結果は相当であると認めること、本総会に提出される議案及び書類についても、いずれも法令及び定款に適合しており、指摘すべき事項はないことを報告した。また、本株主総会に上程されている監査等委員である取締役以外の取締役の選任議案及び当事業年度における監査等委員である取締役以外の取締役の報酬については、いずれも相当であり、当監査等委員会としては指摘するべき事項はない旨の意見を陳述した。

⑶　続いて、議長より、第○○期（○○年4月1日から○○年3月31日まで）の事業報告、連結計算書類及び計算書類の内容については、別添の第○○期定時株主総会招集ご通知の添付書類に記載のとおりである旨を報告した。

⑷　次いで、議長より、以下のとおり、第1号議案から第4号議案までの各決議事項の内容を説明した。

第1号議案　剰余金の配当の件
　　議長より、配当については、内部留保を確保しつつ株主に対して継続的かつ安定的な配当を行う方針の下、当期の期末配当金を1株につき○○円、配当総額は○○○，○○○，○○○円とし、剰余金の配当の効力発生日を○○年○月○○日としたい旨を述べた。

第2号議案　取締役（監査等委員である取締役を除く。）5名選任の件
　　議長より、本総会終結の時をもって取締役（監査等委員である取締役を除く。以下、本議案において同じ。）全員が任期満了により退任することから、取締役として、A、B、C、E、Iの5氏の選任をお願いする旨を述べた。

第3号議案　監査等委員である取締役3名選任の件
　　議長より、本総会終結の時をもって監査等委員である取締役全員が任期満了により退任することから、監査等委員である取締役として、F、G、Hの3氏の選任をお願いする旨を述べた。

第4号議案　取締役（監査等委員である取締役を除く。）に対するストック・オプション報酬額および内容決定の件
　　議長より、○年○月○日開催の第○回定時株主総会でご承認いただいた取締役（監査等委員である取締役を除く。以下、本議案において同じ。）の報酬枠年額○万円以内（ただし、使用人兼務取締役の使用人分の給与を含まない。）とは別枠として、当社取締役に対して、ストック・オプションとして割り当てる新株予約権のための報酬の枠として、年額○万円以

内を上限として設けたい旨、新株予約権の主な内容等は別添の第〇〇期定時株主総会招集ご通知の株主総会参考書類に記載のとおりである旨、当該報酬額については、新株予約権の公正価額に割り当てる新株予約権の総数を乗じた額を勘案し定めたものである旨、及び、当該報酬額及びストックオプションの付与が相当である理由等を説明した。また、現在の取締役は5名であるが、第2号議案が原案どおり承認可決された場合も、取締役は5名となる旨を述べた。

(5)　続いて、議長より、報告事項及び決議事項に関して、質問、意見及び動議を含めた審議に関する一切の発言を受けた後、各決議事項について採決のみをとりたい旨を議場に諮ったところ、出席株主の議決権の過半数の賛成により承認された。

　　そこで、議長が発言を受け付けたところ、出席株主3名から取締役に対し、①業績連動型の報酬体系とするべきではないか、②社外取締役の独立性についてどのように考えているのか、③中期経営計画を策定しているのか、についての質問があった。これに対し、議長より、①については、ストック・オプション制度は中長期的なインセンティブとして合理性がある旨、②については、社外取締役の独立性については、東京証券取引所の独立役員制度における独立性基準のほか、当社所定の独立性判断基準に照らして判断している旨、③については、中期経営計画は策定しており、〇〇年度に連結売上高〇〇〇億円、連結営業利益〇〇億円を目標としている旨を、それぞれ回答した。

　　また、出席株主より、第1号議案について、剰余金の配当の額を1株につき〇〇円に増額すべきとの修正動議が提出された。これに対し、議長より、修正動議については後程原案と合わせて取り扱いたい旨を述べ、議場に諮ったところ、出席株主の議決権の過半数の賛成により承認された。

　　また、出席株主より、第2号議案について、各候補者ごとに個別に採決してほしい旨の動議の提出があり、議長は各候補者ごとの個別採決は不要と考える旨を議場に説明し、各候補者ごとの個別採決の賛否につき議場に諮ったところ、出席株主の議決権の過半数の反対をもって、本動議は否決された。

(6)　以上の質疑応答の後、議長は、その他の質問を受ける旨を述べたところ、議場より質問がないため、報告事項及びすべての決議事項に関する質疑・審議を終了し、決議事項の採決に入りたい旨を議場に諮ったところ、出席株主の議決権の過半数の賛成を得た。また、議長は、第1号議案について提出された修正動議については原案を先に採決し

たい旨を議場に諮ったところ、出席株主の議決権の過半数の賛成を得たので、決議事項の採決に入った。

第1号議案　剰余金の配当の件
　　議長より、賛否を議場に諮ったところ、書面投票及び電子投票による議決権行使を含め出席株主の議決権の過半数の賛成をもって原案どおり承認可決された。
　　なお、議長は、第1号議案について提出された修正動議は、原案可決により否決されたものとして取り扱う旨を述べた。

第2号議案　取締役（監査等委員である取締役を除く。）5名選任の件
　　議長より、賛否を議場に諮ったところ、書面投票及び電子投票による議決権行使を含め出席株主の議決権の過半数の賛成をもって原案どおり承認可決された。
　　なお、被選任者はいずれも本総会に出席しており、直ちにその就任を承諾した。

第3号議案　監査等委員である取締役3名選任の件
　　議長より、賛否を議場に諮ったところ、書面投票及び電子投票による議決権行使を含め出席株主の議決権の過半数の賛成をもって原案どおり承認可決された。
　　なお、被選任者はいずれも本総会に出席しており、直ちにその就任を承諾した。

第4号議案　取締役（監査等委員である取締役を除く。）に対するストック・オプション報酬額及び内容決定の件
　　議長より、賛否を議場に諮ったところ、書面投票及び電子投票による議決権行使を含め出席株主の議決権の過半数の賛成をもって原案どおり承認可決された。

　　以上をもって本総会の議事をすべて終了し、議長は午前○○時○○分閉会を宣した。

　　以上、議事の経過の要領及びその結果を明確にするため、本議事録を作成した。

　　　　　　○○年○月○日

> 本議事録の作成に係る職務を行った取締役
> 　　　　　　　　　代表取締役社長　　　　A　　　㊞
>
> 添付資料：「第○○期定時株主総会招集ご通知」

2　決議の省略の場合

　決議の省略[3]（法319条）の場合の議事録の記載事項は、以下のとおりである（施行規則72条4項1号）。

株主総会の決議の省略（法319条）の場合の記載事項（施行規則72条4項1号）

①	株主総会の決議があったものとみなされた事項の内容
②	株主総会の決議があったものとみなされた事項の提案をした者の氏名又は名称
③	株主総会の決議があったものとみなされた日
④	議事録の作成に係る職務を行った取締役の氏名

記載例：決議の省略の場合の株主総会議事録

> 　　　　　　　　　　［臨時］株主総会議事録
>
> 株主総会の決議があったものとみなされた日　　　○年○月○日（○曜日）
> 株主総会の決議があったものとみなされた事項の提案者
> 　　　　　　　　　　　　［代表］取締役［社長］○○○○
> 議事録の作成に係る職務を行った取締役
> 　　　　　　　　　　　　［代表］取締役［社長］○○○○
> 議決権を行使することができる株主の総数　　　　　○名
> 議決権を行使することができる株主の議決権の数　　○個
> 株主総会の決議があったものとみなされた事項
> 　議案　　定款一部変更の件
> 　当社定款第○条（本店の所在地）に「当会社は、本店を○○○に置く。」とあるのを「当会社は、本店を△△△に置く。」と変更する。

---

3) 取締役又は株主が、株主総会の目的である事項について提案をした場合において、当該提案につき株主（当該事項について議決権を行使することができるものに限る。）の全員が書面又は電磁的記録により同意の意思表示をしたときは、当該提案を可決する旨の株主総会の決議があったものとみなすとされている（法319条）。

　○○年○月○日、代表取締役社長○○○が株主の全員に対して上記株主総会の目的である事項について提案書を発し、当該提案につき、○○年○月○日までに、当該提案について株主の全員から書面により同意の意思表示を得たので、当該日時をもって、会社法第319条第1項に基づき、当該提案を可決する旨の株主総会の決議があったものとみなされた。

　上記のとおり、株主総会の決議の省略を行ったので、会社法第319条第1項に基づき株主総会の決議があったとみなされた事項を明確にするため、本議事録を作成し、取締役が記名押印する。

○年○月○日（○曜日）

[住所]
○○○○株式会社
[臨時] 株主総会

代表取締役社長　　○○○○　　㊞

3　報告の省略の場合

　報告の省略[4]（法320条）の場合の議事録の記載事項は、以下のとおりである（施行規則101条3項2号）。

取締役会の報告の省略（法320条）の場合の記載事項（施行規則72条4項2号）

①	株主総会への報告があったものとみなされた事項の内容
②	株主総会への報告があったものとみなされた日
③	議事録の作成に係る職務を行った取締役の氏名

---

[4] 取締役が、株主の全員に対して株主総会に報告すべき事項を通知した場合において、当該事項を株主総会に報告することを要しないことにつき株主の全員が書面又は電磁的記録により同意の意思表示をしたときは、当該事項の株主総会への報告があったものとみなすとされている（法320条）。

記載例：報告の省略の場合の株主総会議事録

株主総会議事録

株主総会への報告があったものとみなされた日　　　　　○年○月○日
議事録の作成に係る職務を行った取締役

　　　　　　　　　　　　　　　[代表] 取締役 [社長]　○○○○

株主総会への報告があったものとみなされた事項
　報告事項　　当社第○期（○○年4月1日から○○年3月31日まで）事
　　　業報告及び計算書類報告の件
　　　事業報告及び計算書類の内容は別紙のとおり

　○○年○月○日、代表取締役社長○○○が株主の全員に対して上記株主
総会の報告事項について通知を発し、当該通知につき、○○年○月○日ま
でに、当該事項を株主総会に報告することを要しないことにつき株主の全
員から書面により同意の意思表示を得たので、当該日時をもって、会社法
第320条に基づき、当該事項の株主総会への報告があったものとみなされた。

　上記のとおり、株主総会への報告があったものとみなされたので、会社
法第320条に基づき株主総会への報告があったものとみなされた事項を明
確にするため、本議事録を作成し、取締役が記名押印する。

○年○月○日（○曜日）

　　　　　　　　　　　　　　　　　　　[住所]
　　　　　　　　　　　　　　　　　　　○○○○株式会社
　　　　　　　　　　　　　　　　　　　[臨時] 株主総会

　　　　　　　代表取締役社長　○○○○　　　　㊞

第 **6** 章

監査等委員会設置会社への
移行手続

Q42 監査等委員会設置会社への移行手続の全体像

Q 監査等委員会設置会社への移行のために必要な法的手続と開示の全体像を教えてください。

A 監査等委員会設置会社への移行のためには、定款変更議案その他の議案を承認する株主総会決議が必要です。さらに、監査等委員会設置会社に移行した直後の取締役会の決議、監査等委員会の決議のほか、適時開示その他の一定の開示と登記手続も必要となります。

●解説

　監査等委員会設置会社に移行する会社は、現時点で上場会社の多くを占める監査役会設置会社が多いと思われる。監査役会設置会社が監査等委員会設置会社に移行するために必要な一般的な準備作業・法的手続と開示は、概ね以下のとおりである。

　また、円滑な移行のためには、移行の決定を行う株主総会等に間に合うよう、あらかじめスケジュールの作成を行っておく必要がある。

1 事前準備

　監査等委員会設置会社への移行を決定した場合、法律の要件を踏まえて、移行後にどのような制度設計にするか、具体的に検討することとなる。例えば、通常、以下のような事項について検討を要する。

制度設計の検討

① 取締役会・監査等委員会の構成 ・取締役会全体の構成 　取締役の員数、社外取締役の員数、取締役の人選、代表取締役の人選等 ・監査等委員会の構成 　監査等委員の員数（3名以上）、社外取締役の員数（過半数）、常勤者の有無（**Q16**参照）、監査等委員の人選（監査役から横滑りにするか等） ※移行を機に退任頂く方への説明や監査等委員になる方への職務内容の

　　　説明等を要する場合、ある程度、早期に方針を決定する必要がある。

・監査等委員以外の取締役・監査等委員である取締役の報酬等の内容と額[1]

②　監査等委員会の監査体制の決定

　　監査等委員（会）への情報収集体制、内部統制部門との連携のあり方
　　等

　※移行を機に、内部監査部門を監査等委員会の指揮命令下に置いたり、
　　連携を強化するなど、監査等委員会と内部監査部門との関係強化の観
　　点での見直しをする会社は少なくない（Q22 参照）。

③　取締役会から取締役への重要な業務執行の決定権限の委譲

　　権限委譲の有無、委譲する重要な業務執行の範囲、取締役の職務分掌・
　　指揮命令関係

　※権限委譲の範囲は、移行と同時に決定することは必須ではないが（Q34
　　参照）、権限委譲を行うことを主たる移行理由とする会社では、この点
　　の検討に時間を要するケースも多い。

④　移行後のコーポレート・ガバナンスのあり方

　　任意の指名・報酬委員会の設置の有無・委員の構成など（Q8 参照）

　　監査等委員会設置会社への移行は、定款の一部変更により行うため、
定款変更案の作成は必須である。また、監査役（会）が廃止され監査等
委員会が新設されること、重要な業務執行の決定権限の委譲などの制度
設計の変更に伴い、各種規程や基本方針の見直しが必要となり、これら
の改定案の作成準備が必要となる。

　　通常見直しが行われる規程等は、以下のとおりである。

社内規程等の見直し

①　定款の変更

②　取締役会規程（付議基準）・決裁権限規程・権限分配規程等の変更

③　監査等委員会規程・監査等委員会監査等基準・内部統制システムに係
　る監査等委員会監査の実施基準の新設（監査役会規程・監査役監査基準・
　監査役会の内部統制システムに係る監査の実施基準の廃止）

---

1)　監査等委員の人選に当たっては、報酬額についても目途をつけておく必要がある。監査
　役からの横滑り人事の場合、監査役の報酬と同額とするのか上乗せするのか等も検討事
　項となる場合も多い。一般的には、監査等委員は、監査役と同等の権限を有する上に、
　取締役としての権限も加わることから、監査役報酬を基準に一定の上乗せを検討する企
　業が多いと思われるが、移行前の取締役・監査役の報酬水準にもよるため、最終的には、
　監査等の業務の量や一般的な報酬水準との比較等も踏まえた個社の事情を考慮して決定
　することになる。

④ その他の規定の見直し（監査役→監査等委員の変更など）
⑤ 内部統制システムの基本方針

　さらに、以下に述べる適時開示、株主総会決議、取締役会決議、監査等委員会の決議、有価証券報告書・コーポレートガバナンス報告書での開示、変更登記を要することから、それぞれの議案・開示書類・株主総会のシナリオや想定問答の作成等の対応が必要となる。

2　適時開示

　監査等委員会設置会社への移行に際しては、一般的に、①監査等委員会設置会社への移行の決定、②それに伴う定款の一部変更、③代表取締役の異動／役員人事について適時開示を行うことが多い[2]（**Q46** 参照）。
　これらの決定をいつの取締役会で行い、適時開示をするのか、その際の開示内容をどうするのかは、検討する必要がある（上記①②③を株主総会の議案決定のタイミングで同時に行うのか、まず取締役会で監査等委員会設置会社への移行を決定して①の開示を行い、議案決定のタイミングで②③を開示するかなど、対応は分かれる。）。

3　移行決定の株主総会決議

　監査等委員会設置会社への移行に際しては、株主総会において、定款変更、取締役の選任（監査等委員である取締役・その他の取締役）、取締役（監査等委員である取締役・その他の取締役）の報酬等などを決議する必要がある（**Q43** 参照）。

付議することが考えられる議案（☆印は法的に必須である。）

① 定款変更議案　☆
② 取締役選任議案（監査等委員以外の取締役・監査等委員である取締役）
　☆
③ 補欠の監査等委員である取締役の選任議案

---

2) 監査等委員会設置会社への移行については、①監査等委員会設置会社への移行の決定、②それに伴う定款の一部変更、③（代表取締役の異動がある場合は）代表取締役の異動が適時開示事由に該当すると考えられるが、これら以外は任意開示という位置付けになる。

④　取締役の報酬等の議案（監査等委員以外の取締役・監査等委員である
　取締役）☆
⑤　退任取締役・監査役に対する退職慰労金贈呈議案
⑥　ストック・オプションその他の報酬議案
⑦　会計監査人選任議案

４　株主総会後の取締役会決議

　監査等委員会設置会社への移行の効力が発生した直後の取締役会にお
いて、代表取締役の選定など取締役の改選に伴う決議を要するほか、必
要に応じて、経営の基本方針・内部統制システムの基本方針等の決定、
業務執行の決定権限の委譲の決定などを決議することになる（**Q44** 参照）。

付議することが考えられる議案

①　代表取締役の選定・役付取締役の選定
②　株主総会・取締役会の招集権者及び議長の順序の決定
③　退任取締役に対する退職慰労金支給の件
④　責任限定契約の締結
⑤　監査等委員以外の取締役の報酬等の額の決定
⑥　経営の基本方針
⑦　内部統制システムの基本方針
⑧　取締役の個人別の報酬等の内容についての決定に関する方針
⑨　取締役会規程その他の社内規程の改定
⑩　重要な業務執行の決定の委任
⑪　その他（任意の委員会の設置など）

５　株主総会後の監査等委員会の開催

　監査等委員会設置会社への移行の効力が発生すると、新たな機関とし
て監査等委員会が置かれるため、監査等委員会を開催し、委員長の決定、
報酬決定、監査等委員会規程、監査等委員会監査等基準の決定、監査方
針・監査計画等の決定を行うこととなる（**Q45** 参照）。

付議することが考えられる議案

①　委員長・議長の選定
②　常勤の監査等委員の選定（常勤者を置く場合）
③　監査等委員である取締役の報酬等の額の決定（361条3項。監査等委員である取締役の協議＝全員一致）
④　監査等委員会の監査に関する規程等の決定
　・監査等委員会規程の制定
　・監査等委員会監査等基準の制定
　・内部統制システムに係る監査等委員会監査の実施基準の制定
⑤　監査方針・監査計画・年間の活動計画（委員会の開催日時・回数等）の決定
⑥　業務調査権・子会社調査権（法399条の3第1項・2項）、会社と取締役間の訴訟における会社の代表（法399条の7第1項2号・3項・4項）など監査等委員会が選定する監査等委員に権限が与えられる事項についての、当該権限を行使する「選定監査等委員」の選定
⑦　事業報告・計算関係書類の受領等を行う「特定監査等委員」の選定

6　有価証券報告書・コーポレート・ガバナンス報告書における開示

　監査等委員会設置会社への移行後、有価証券報告書の「コーポレート・ガバナンスの状況」等の記載やコーポレート・ガバナンス報告書の内容を、監査等委員会設置会社の下での記載に改定するなど、一定の開示対応の必要がある（Q46参照）。

7　変更登記（2週間以内）

　監査等委員会設置会社へ移行した場合、一定の変更登記を行う必要がある（Q47参照）。

Q43 監査等委員会設置会社への移行のための株主総会

Q 　監査等委員会設置会社への移行のための株主総会の決議内容と留意点を教えてください。

A 　監査等委員会設置会社への移行のための株主総会においては、定款変更議案のほか、関連する複数の議案の決議が必要となります。少なくとも、定款変更、取締役の選任（監査等委員以外の取締役・監査等委員である取締役）、取締役の報酬等（監査等委員以外の取締役・監査等委員である取締役）の議案の上程は必須となります。

●解説

　監査等委員会設置会社への移行を決議する株主総会においては、定款変更議案のほか、関連する複数の議案の決議が必要となる。

　当該株主総会において付議される議案としては、以下が考えられる。

付議することが考えられる議案（☆印は法的に必須である。）

①　定款変更議案☆
②　取締役選任議案（監査等委員以外の取締役・監査等委員である取締役)☆
③　補欠の監査等委員である取締役の選任議案
④　取締役の報酬等の議案（監査等委員以外の取締役・監査等委員である取締役)☆
⑤　退任取締役・監査役に対する退職慰労金贈呈議案
⑥　ストック・オプションその他の報酬議案
⑦　会計監査人選任議案

　以下、監査役会設置会社が監査等委員会設置会社に移行することを前提に、各議案について解説する（また、本 Q43 の末尾に監査等委員会設置会社への移行の株主総会における株主総会参考書類の記載例を掲載している。)。

1　定款変更議案

　監査等委員会設置会社に移行するためには、株主総会において、監査等委員会設置会社を置く旨の定款変更をする必要がある。

　監査等委員会を置く旨の定款変更については、株主総会において、定款変更の株主総会決議後直ちに定款変更の効力を発生させず、一定の期限を付すことも可能である[1]。

　監査等委員会設置会社に移行することについて、法的に、監査役（会）の同意は不要である。もっとも、監査等委員以外の取締役の取締役会決議による責任減免の規定の新設又は責任限定契約の規定の新設・変更の議案の提出には、各監査役の同意が必要であり（法426条2項、427条3項、425条3項）、その限りにおいて、定款変更議案について各監査役の同意を得る必要がある。

　なお、定款変更案の例は、以下に記載のとおりである。

記載例：定款変更案
※監査等委員会設置会社への移行に伴い変更が考えられる規定部分には下線を引いている。

定款の規定例	ポイント解説
第1章 総則 （商号） 第1条　当会社は、○○○○株式会社と称し、英文では、○○○○と表示する。 （目的） 第2条　当会社は、次の事業を営むことを目的とする。 　(1)・・・・・・	

1）　この場合、株主総会においては、監査等委員会設置会社への移行後の監査等委員である取締役及びそれ以外の取締役の選任もあらかじめ行うことになると考えられる。もっとも、移行後の取締役に変動が生じることから、監査等委員会設置会社への移行に先立ち、代表取締役の予選をすることは認められない（松井信憲『商業登記ハンドブック〔第4版〕』（商事法務、2021）393頁）。したがって、定款変更の効力発生日に、取締役会を開催して代表取締役の選定等を行う必要があるため、このことを踏まえて効力発生日を決定する必要がある。

　　(2)・・・・・・
　　(3)・・・・・・
　　(4)　前各号に付帯関連する一切の
　　　　事業

(本店の所在地)
第3条　当会社は、本店を東京都○
　　　○区に置く。

(機関)
第4条　当会社は、株主総会および
　　　取締役のほか、次の機関を置く。
　　(1)　取締役会
　　(2)　監査等委員会
　　(3)　会計監査人

監査等委員会設置会社においては、
株主総会及び取締役のほか、定款の
定めにより、取締役会、監査等委員
会、会計監査人の設置が必須である。
このほか、任意に会計参与を置くこ
とができる。

(公告方法)
第5条　当会社の公告方法は、電子
　　　公告とする。ただし、事故その他
　　　やむを得ない事由によって電子公
　　　告による公告をすることができな
　　　い場合は、○○新聞に掲載して行
　　　う。

第2章　株式
第6条〜第9条　(略)

(株主名簿管理人)
第10条　当会社は、株主名簿管理
　　　人を置く。
　2　株主名簿管理人およびその事務
　　　取扱場所は、取締役会の決議に
　　　よって定め、これを公告する。
　3　当会社の株主名簿および新株予
　　　約権原簿の作成ならびに備置きそ
　　　の他の株主名簿および新株予約権
　　　原簿に関する事務は、これを株主
　　　名簿管理人に委託し、当会社にお

株主名簿管理人(法123条)を置く
旨の定款規定に基づき、具体的に誰
を株主名簿管理人にするかは、「重
要な組織の設置、変更及び廃止」と
して取締役会決議事項となるが(法
362条4項5号)、監査等委員会設置
会社においては、①取締役の過半数
が社外取締役である場合、又は、②

いては取り扱わない。

定款の定めにより、その決定を取締役に委任することが可能である（法399条の13第5項・6項）。当該事項の決定について取締役への権限委譲があり得る場合、左記規定例10条2項において「取締役会の決議によって定め」としていると、定款25条による取締役への権限委譲の対象から除外する趣旨と解される可能性があるため、「株主名簿管理人およびその事務取扱場所は、<u>取締役会または取締役会の決議によって委任を受けた取締役が定め</u>、これを公告する。」とすることが考えられる。

（株式取扱規程）
第11条　当会社の株主権行使の手続きその他株式に関する取扱いおよび手数料は、法令または本定款のほか、取締役会において定める株式取扱規程による。

株式取扱規程の決定は、重要な業務執行の決定として取締役会決議事項となるとも考えられるが（法362条4項5号）、前記10条2項と同様、当該事項の決定について取締役への権限委譲があり得る場合、「……<u>取締役会または取締役会の決議によって委任を受けた取締役の定める株式取扱規程による。</u>」とすることが考えられる。ただし、株式取扱規程においては「株主権行使の手続き」として株主権の制約となり得る事項をも決定することから、当該事柄の性質上、取締役会の権限として留保するとの判断も考えられる。

第3章　株主総会
第12条～第17条　（略）

第4章　取締役および取締役会
（員数）
第18条　当会社の取締役は、○○名以内とする。

取締役の員数の定めについては、①左記規定例のように、取締役の上限

2　前項の取締役のうち、監査等委員である取締役は、○○名以内とする。

を規定し、そのうち監査等委員である取締役の員数を定める方法のほか、②監査等委員以外の取締役と監査等委員である取締役のそれぞれの員数の上限を規定する方法（例：「当会社の取締役（監査等委員であるものを除く。）は○○名以内とし、監査等委員である取締役は○○名以内とする。」）が考えられる。

（選任方法）
第19条　取締役は、株主総会において、監査等委員である取締役とそれ以外の取締役とを区別して選任する。
2　取締役の選任決議は、議決権を行使することができる株主の議決権の3分の1以上を有する株主が出席し、その議決権の過半数をもって行う。
3　取締役の選任決議は、累積投票によらないものとする。
[4　補欠の監査等委員である取締役の予選の効力は、選任後2年以内に終了する事業年度のうち最終のものに関する定時株主総会の開始の時までとする。]

株主総会決議において、監査等委員である取締役とそれ以外の取締役とが区別して選任されること（法329条1項・2項）を規定する。

補欠取締役の予選を行う場合、選任決議の有効期間は原則1年（決議後最初の定時株主総会の開始時まで）であるが、定款により選任決議の有効期間を定めることができる（施行規則96条3項）。監査役会設置会社において、補欠監査役の予選の効力に関する規定を設ける場合、選任決議の有効期間は、監査役の任期と合わせて4年とする例が多かった。監査等委員会設置会社において、補欠の監査等委員である取締役の予選の効力に関する規定を置く場合、選任決議の有効期間は、監査等委員である取締役の任期（法332条1項）と同一の2年とすることになると考えられる（予選された補欠の監査等委

員である取締役が正規に就任した場合の任期は、予選時を起算点として、選任後2年以内に終了する事業年度のうち最終のものに関する定時株主総会の終結の時までとなるため[2]、予選の効力を2年以上とする意味はない。)。

（任期）
第20条　取締役（監査等委員であるものを除く。）の任期は、選任後1年以内に終了する事業年度のうち最終のものに関する定時株主総会の終結の時までとする。
2　監査等委員である取締役の任期は、選任後2年以内に終了する事業年度のうち最終のものに関する定時株主総会の終結の時までとする。

監査等委員以外の取締役の任期が1年（法332条1項・3項）、監査等委員である取締役の任期が選任後2年（同条1項）であることを規定することが考えられる。

3　任期の満了前に退任した監査等委員である取締役の補欠として選任された監査等委員である取締役の任期は、退任した監査等委員である取締役の任期の満了する時までとする。

任期満了前に退任した監査等委員である取締役の補欠として選任された監査等委員である取締役の任期を、退任した監査等委員である取締役の任期満了までとする場合には、その旨を規定する（法332条5項）。

（代表取締役および役付取締役）
第21条　取締役会は、その決議によって取締役（監査等委員であるものを除く。）の中から代表取締役を選定する。
2　取締役会は、その決議によって取締役（監査等委員であるものを除く。）の中から取締役会長、取

監査等委員である取締役は、自社の業務執行取締役（法2条15号イ参照）を兼ねることができないため（法331条3項）、代表取締役は監査等委員以外の取締役から選定する必要があり、このことを定款上明示している（左記規定例1項）。また、会長、

2）コンメ(7)420頁〔近藤光男〕。なお、任期満了前に退任した監査等委員である取締役の補欠として選任された監査等委員である取締役の任期を、退任した監査等委員である取締役の任期満了までとする定款規定（上記定款変更案20条3項）がある場合、退任した前任者の任期によっては、さらに短縮され得る。

締役社長各1名、取締役副社長、専務取締役、常務取締役各若干名を定めることができる。

社長、副社長、専務、常務などのいわゆる役付取締役は、これが業務執行者の肩書きであれば監査等委員である取締役を定めることはできないし、そうでなくとも、監査等委員以外の取締役から定めるのが通常と思われ、このことを定款上明示することも考えられる（左記規定例1項）。

（取締役会の招集権者および議長）
第22条　取締役会は、法令に別段の定めある場合を除き、取締役会長がこれを招集し、議長となる。
2　取締役会長に欠員または事故があるときは、取締役社長が、取締役社長に事故があるときは、取締役会においてあらかじめ定めた順序に従い、他の取締役が取締役会を招集し、議長となる。

監査等委員会設置会社においては、取締役会の招集権者の定めがある場合であっても、監査等委員会が選定する監査等委員は取締役会を招集することができるが（法399条の14）、左記規定例においてはこの点は明記せず、「法令に別段の定めある場合を除き」に読み込むこととなる。

（取締役会の招集通知）
第23条　取締役会の招集通知は、会日の3日前までに各取締役に対して発する。ただし、緊急の必要があるときは、この期間を短縮することができる。
2　取締役の全員の同意があるときは、招集の手続きを経ないで取締役会を開催することができる。

監査役設置会社の場合、取締役会の招集通知の送付先は「各取締役および各監査役」と記載されるが、監査等委員会設置会社においては監査役は存在しないため、監査役の部分は削除を要する。また、取締役会の招集手続の省略についても、同意の主体は「取締役および監査役の全員」から「取締役の全員」とする必要がある（法368条2項）。

（取締役会の決議の省略）
第24条　当会社は、会社法第370条の要件を充たしたときは、取締役会の決議があったものとみなす。

（重要な業務執行の決定の委任）
第25条　当会社は、会社法第399

監査等委員会設置会社においては、

条の13第6項の規定により、取締役会の決議によって、重要な業務執行（同条第5項各号に掲げる事項を除く。）の決定の全部または一部を取締役に委任することができる。

①取締役の過半数が社外取締役である場合、又は、②定款の定めにより、取締役会は重要な業務執行に関する決定を取締役に委任することが可能である（法399条の13第5項・6項）。左記規定例は②の定款の定め（委任可能な重要な業務執行を包括的に委任可能とする定め）の例である。

（取締役会規程）

第26条　取締役会に関する事項は、法令または本定款のほか、取締役会において定める取締役会規程による。

（報酬等）

第27条　取締役の報酬、賞与その他の職務執行の対価として当会社から受ける財産上の利益は、株主総会の決議によって、監査等委員である取締役とそれ以外の取締役とを区別して定める。

株主総会決議において、監査等委員である取締役の報酬等とそれ以外の取締役の報酬等とが区別して定められること（法361条2項）を規定する。

（取締役の責任免除）

第28条　当会社は、会社法第426条第1項の規定により、任務を怠ったことによる取締役（取締役であった者を含む。）の損害賠償責任を、法令の限度において、取締役会の決議によって免除することができる。

2　当会社は、会社法第427条第1項の規定により、取締役（業務執行取締役等であるものを除く。）との間に、任務を怠ったことによる損害賠償責任を限定する契約を締結することができる。ただし、当該契約に基づく責任の限度額は、

平成26年改正会社法により、責任限定契約制度を締結できる取締役の範囲が、社外取締役から非業務執行取締役へと拡大したため、これを採用する場合、対象者を「社外取締役」から「取締役（業務執行取締役等であるものを除く。）」へと変更する定

○○万円以上であらかじめ定めた金額または法令が規定する額のいずれか高い額とする。

款変更を行う必要がある（法427条1項）。この際、監査等委員以外の取締役についての責任減免の規定の新設・責任限定契約の規定の新設・変更には、各監査役の同意が必要である（法426条2項、427条3項、425条3項）。

第5章　監査等委員会

（監査等委員会の招集通知）
第29条　監査等委員会の招集通知は、会日の3日前までに各監査等委員に対して発する。ただし、緊急の必要があるときは、この期間を短縮することができる。
2　監査等委員の全員の同意があるときは、招集の手続きを経ないで監査等委員会を開催することができる。

監査等委員会設置会社に移行する場合、監査役（会）は廃止されるため、監査役（会）に関する規定は削除し、代わりに監査等委員会に関する規定を新設する。
監査等委員会の招集通知の発送時期は、会社法上、監査等委員会の日の1週間前までであるが、これを下回る期間を定款で定めることができる（法399条の9第1項）。左記記載例は、これを「3日前まで」と定める例である。

（監査等委員会規程）
第30条　監査等委員会に関する事項は、法令または本定款のほか、監査等委員会において定める監査等委員会規程による。

監査等委員会に関する事項について、監査等委員会が定める監査等委員会規程に委ねる場合には、その旨規定する。

第6章　計算
（事業年度）
第31条　当会社の事業年度は、毎年4月1日から翌年3月31日までの1年とする。

（剰余金の配当等の決定機関）
第32条　当会社は、剰余金の配当等会社法第459条第1項各号に定める事項については、法令に別段の定めのある場合を除き、株主総会の決議によらず取締役会の決議

法459条1項に基づく剰余金の配当等を取締役会で決定する旨の定款の定めである。ただし、議決権行使助言会社であるISSの議決権行使助言基準は、当該剰余金配当の取締役

によって定める。

会授権の定款変更に関し、「指名委員会等設置会社もしくは監査等委員会設置会社（それら形態への移行が提案される場合も含む）で、かつ配当の株主提案権が排除されない場合」を除き、原則として反対を推奨するとしている[3]（監査役設置会社については一律に反対推奨することを意味する。）。左記規定における「株主総会の決議によらず」との記載は、法460条1項の定款の定めとして剰余金の配当の株主提案権を制限するものと解されており（全国株懇連合会編『全株懇モデル〔新訂3版〕』（商事法務、2011）69頁）、ISSのポリシー等を踏まえ、当該文言を削除し、文末を「定めることができる。」とすることも考えられる。

（剰余金の配当の基準日）

第33条　当会社の期末配当の基準日は、毎年3月31日とする。

2　当会社の中間配当の基準日は、毎年9月30日とする。

3　前2項のほか、基準日を定めて剰余金の配当をすることができる。

（配当金の除斥期間）

第34条　配当財産が金銭である場合は、その支払開始の日から満3年を経過してもなお受領されないときは、当会社はその支払義務を免れる。

（監査役の責任免除に関する経過措置）

附則　当会社は、会社法第426条第

監査等委員会設置会社への移行前の

---

3)　ISS「2021年版日本向け議決権行使助言基準」（2021年2月1日施行）参照。

| 1項の規定により、第○回定時株主総会において決議された定款一部変更の効力が生ずる前の任務を怠ったことによる監査役（監査役であった者を含む。）の損害賠償責任を、法令の限度において、取締役会の決議によって免除することができる。 | 定款において、法426条1項に基づき監査役の責任免除の規定を定めていた場合、責任免除を行う時点において、その旨の定款の規定が必要との考え方もあり得ることから（江頭憲治郎ほか編著『改正会社法セミナー（企業統治編）』（有斐閣、2006）76頁〔江頭憲治郎発言〕等）、同規定の削除後も、削除前の監査役の行為について責任免除が可能であることを明確にするため、監査役の責任免除に関する経過措置を附則として規定することが考えられる。 |

2　取締役の選任議案

　監査等委員会を置く旨の定款変更をした場合、監査役の任期が当該定款の変更の効力が生じた時に満了するのみならず[4]（法336条4項2号）、取締役の任期も定款の変更の効力が生じた時に満了する（法332条7項1号）。したがって、監査等委員会を置く旨の定款変更を行う株主総会においては、当該定款変更の承認可決による効力発生を条件として、監査等委員である取締役に限らず、すべての取締役を新たに選任する必要がある。

　その際、監査等委員である取締役とそれ以外の取締役とは、区別して選任しなければならない（法329条2項）。

1　監査等委員以外の取締役の選任議案

　前記のとおり、監査等委員会を置く旨の定款変更をした場合、取締役の任期は定款の変更の効力が生じた時に満了する（法332条7項1号）。したがって、監査等委員以外の取締役についても、監査等委員会設置会社への移行の定款変更議案が承認可決され効力が発生することを条件として、新たにその選任が必要となる[5]。

---

[4]　かかる任期満了による監査役の退任について、退任監査役の意見陳述権（法345条）は認められない（森本滋ほか「〈座談会〉平成14年商法改正と経営機構改革〔下〕」商事法務1653号（2003）33頁〔岩原紳作・始関正光発言〕。

2　監査等委員である取締役の選任議案

　監査等委員会設置会社への移行の定款変更議案が承認可決され効力が発生することを条件として、監査等委員である取締役の選任が必要となる。監査等委員である取締役は3名以上であり、社外取締役が監査等委員である取締役の過半数となる必要がある（法331条6項）。

　なお、監査等委員会設置会社への移行の株主総会においては、当該議案の提出等の時点では監査等委員会は存在しないことから、以下の対応を検討する必要がある。

①　監査役会設置会社においては、監査役選任議案の提出には監査役会の同意が必要であり（法343条1項・3項）、監査等委員会設置会社においても、同様に、監査等委員である取締役の選任議案を提出するためには、監査等委員会の同意が必要である（法344条の2）。

　そこで、監査等委員会設置会社に移行する旨を決議する株主総会においては、議案の提出時点で監査等委員である取締役は存在しないため、任意の対応ではあるが、監査等委員会の同意の代替として、監査役会の同意を得ておくことが考えられる[6]（監査役選任議案についての監査役会の同意は、実務上、株主総会参考書類に記載するのが一般的であり、監査等委員である取締役選任議案について監査役会の同意を取得した場合は、株主総会参考書類に記載することが考えられる。）。

②　監査役会設置会社においては、監査役の選任について各監査役は株主総会において意見を述べることができ（法345条1項・2項・4項。当該意見の内容の概要は株主総会参考書類の記載事項である。施行規則76条1

5）監査等委員会設置会社においては、監査等委員会が選定する監査等委員は、株主総会において、監査等委員以外の取締役の選任について監査等委員会の意見を述べることができる（**Q21**参照）。監査等委員会設置会社への定款変更案を決議する株主総会の時点においては、未だ監査等委員会は設置されていないため、任意の対応として、監査等委員会が選定する監査等委員の意見の代替として監査役（会）の意見を聴取し、その意見の概要を株主総会参考書類に記載すること（施行規則74条1項3号参照）の要否が問題となり得るが、監査役には同等の権限はなく、その必要性は低いと考えられる。

6）内田修平「実務問答会社法　第1回　機関設計の移行における各機関の同意等の手続」商事法務2105号（2016）14頁参照。なお、2015年7月～8月に日本監査役協会が実施したアンケート調査によれば、監査等委員である取締役選任議案について監査役会の同意を取得した会社は、上場会社については91.2％に上っている（日本監査役協会「役員等の構成の変化などに関する第16回インターネット・アンケート集計結果（監査等委員会設置会社版）」（2015年11月5日）27頁参照）。

項5号）、監査等委員会設置会社においても、同様に、監査等委員である取締役の選任について各監査等委員である取締役は株主総会において意見を述べることができる（法342条の2第1項・2項。当該意見の内容の概要も株主総会参考書類の記載事項である。施行規則74条の3第1項5号）。

　そこで、監査等委員会設置会社に移行する旨を決議する株主総会においては、任意の対応ではあるが、各監査等委員である取締役の意見の代替として、監査役の意見があれば株主総会において当該意見を述べることができることとし、当該意見を株主総会参考書類に記載することが考えられる。

3　補欠の監査等委員である取締役の選任議案

　法定の監査等委員又は社外取締役の員数を欠いた場合、監査等委員会の監査報告が手続的な瑕疵を帯びるほか、過料の制裁が問題となるため（Q17参照）、不測の事態による監査等委員である取締役の定員割れを防ぐため、あらかじめ補欠の監査等委員である取締役を予選しておくことが考えられる（法329条3項、施行規則96条）。

　なお、取締役会の外部で人材が得られない場合には、監査等委員以外の取締役を、補欠の監査等委員として予選しておくことも考えられる[7]。

■3　取締役の報酬等（報酬上限額）の議案

　取締役の報酬等は、株主総会において承認された報酬の上限金額の範囲内で、具体的配分を定めるのが通常である。そして、監査等委員会設置会社においては、株主総会において、監査等委員である取締役の報酬等とそれ以外の取締役の報酬等は区別して定められなければならない（法361条2項。Q11参照）。

　したがって、監査等委員会設置会社への移行の株主総会においては、新たに選任される監査等委員である取締役の報酬等の決議が必要である。

---

7) この場合、監査等委員である取締役が定員割れとなれば、補欠の監査等委員は、監査等委員である取締役に就任し、これにより監査等委員以外の取締役を辞任したものと取り扱われると思われる（最判平成元・9・19判時1354号149頁、Q12参照）。なお、社外取締役である監査等委員の補欠として監査等委員以外の取締役を選任する場合、就任までの間に業務執行を行うこと等により社外要件を失わないよう留意が必要である（石井裕介＝若林功晃「コーポレート・ガバナンスに関する規律の見直し」商事法務2056号（2015）34頁）。

　また、従前の取締役の報酬決議は、監査等委員である取締役とそれ以外の取締役とを区別せず決議されたものであり、監査等委員会設置会社への移行後において、これをそのまま監査等委員以外の取締役の報酬等に関する株主総会決議とみなすことができるかなど、その効力をどのように解するべきかは明らかではない。したがって、監査等委員である取締役の報酬等だけでなく、監査等委員以外の取締役の報酬等についても、改めて決議しておくべきと考えられる[8]。

　なお、監査等委員である取締役の報酬等とそれ以外の取締役の報酬等は、別議案とするほか、同一議案の中で区別することも考えられるが、別議案とするのが通常である。

1　監査等委員以外の取締役の報酬等の決定

　前記のとおり、監査等委員会設置会社への移行に際しては、監査等委員以外の取締役の報酬等についても、改めて決議しておくべきと考えられる。したがって、監査等委員会設置会社への移行の定款変更議案が承認可決され効力が発生することを条件として、監査等委員以外の取締役の報酬等の総額を決議することになる[9]。

2　監査等委員である取締役の報酬等の決定

　監査等委員である取締役の報酬等についても、監査等委員会設置会社への移行の定款変更議案が承認可決され効力が発生することを条件として、監査等委員である取締役の報酬等の総額を決議することになる。

　なお、監査等委員会設置会社への移行の株主総会においては、当該議案の提出等の時点では監査等委員は存在しないことから、以下の対応を検討する必要がある。

　すなわち、監査役会設置会社においては、監査役の報酬について各監査役は株主総会において意見を述べることができ（法387条3項。当該

---

8) 石井＝若林・前掲注7) 34頁。
9) 監査等委員会設置会社においては、監査等委員会が選定する監査等委員は、株主総会において、監査等委員以外の取締役の報酬等について監査等委員会の意見を述べることができる（**Q25**参照）。監査等委員会設置会社に移行する旨を決議する株主総会の時点においては、未だ監査等委員会は設置されていないため、任意の対応として、監査等委員会が選定する監査等委員の意見の代替として監査等委員会が選定する監査等委員の意見の代替である監査役（会）の意見を株主総会参考書類に記載すること（施行規則82条1項5号）の要否が問題となり得るが、監査役には同等の権限はなく、その必要性は低いと考えられる。

意見の内容の概要は株主総会参考書類の記載事項である。施行規則84条1項5号）、監査等委員会設置会社においても、同様に、監査等委員である取締役の報酬について各監査等委員である取締役は株主総会において意見を述べることができる（法361条5項。当該意見の内容の概要も株主総会参考書類の記載事項である。施行規則82条の2第1項5号）。そこで、監査等委員会設置会社に移行する旨を決議する株主総会においても、任意の対応ではあるが、各監査等委員である取締役の意見の代替として、監査役の意見があれば株主総会において当該意見を述べることができることとし、当該意見を株主総会参考書類に記載することが考えられる。

4　退任取締役・監査役の退職慰労金支給議案

　役員退職慰労金制度が存在する会社においては、監査等委員会設置会社への移行に伴い退任する取締役・監査役について退職慰労金の支給を決議することが考えられる。

　退職慰労金の具体的金額については、株主総会において確定額を決議せず、退職慰労金支給規程に定める基準に基づいて、取締役については取締役会決議、監査役については監査役の協議（法387条2項の適用又は類推適用）に一任するのが通常である[10]。もっとも、監査等委員会設置会社への移行のタイミングにおいては、株主総会終了後は監査役は存在しないため、監査役の退職慰労金の具体的金額の一任先は、監査等委員である取締役の協議（法361条3項参照）とすることが考えられる[11]。

　なお、監査役の退任後、直ちに監査等委員である取締役に就任する取締役について、①監査等委員会設置会社への移行に伴う監査役退任時の

10）江頭471頁・566頁、コンメ(8)437頁〔田中亘〕。

11）石井＝若林・前掲注7）37頁、木村敢二＝矢田一穂＝寺岡隆樹「監査等委員会設置会社の実務対応〔下〕」商事法務2060号（2015年）46頁は、監査等委員の協議のほか監査等委員会の決議に一任することも可能とする。なお、指名委員会等設置会社制度の導入時においても同様の問題が生じたところ、監査役の退職慰労金を具体的に決定する権限を報酬委員会又は監査委員会に一任することが可能であるとの見解が示されており（森本滋＝岩原紳作＝始関正光＝武井一浩「〈座談会〉平成一四年商法改正と経営機構改革〔下〕―委員会等設置会社に関する論点・実務対応―」商事法務1653号（2003）32頁〔森本発言〕、中村直人ほか「〈座談会〉委員会等設置会社・定款変更への対応」商事法務1654号（2003）6頁〔中村発言〕、武井一浩「委員会等設置会社の実務対応」商事法務1659号（2003）68頁）、実務上は、報酬委員会に一任する例が多かったようである（橋本英男＝木村敢二「委員会等設置会社の実務〔上〕」商事法務1682号（2003）52頁。）。

株主総会決議に基づき、監査役退任時に退職慰労金を支払うか、②監査役退任時には支払わず、監査等委員である取締役退任の段階での株主総会決議に基づき、監査等委員である取締役退任時に通算して支払うかは、法的には、いずれも可能である[12]。

5　ストック・オプションその他の報酬議案

　従来、通常の報酬枠とは別枠で、取締役又は監査役に対するストック・オプションとしての新株予約権等、譲渡制限付株式や株式交付信託などの報酬枠を設定している場合、改めて、監査等委員以外の取締役又は監査等委員である取締役の報酬枠として株主総会決議を得る必要がある（前記のとおり、移行前の取締役の報酬決議は、当然には、監査等委員以外の取締役の報酬等の決議とみなすことができないため、監査等委員以外の取締役の報酬枠についても改めて決議する必要がある。）。

　その際には、例えば、既に発行した既存のストック・オプションについて、株主総会で決議した権利行使条件等に「監査役」の記載があり修正を要するなど、株主総会決議で変更すべき点がないかについても検討する必要がある。

6　会計監査人選任議案

　監査等委員会設置会社には、大会社であるか否かにかかわらず、会計監査人を必ず置かなければならない（法327条5項）。したがって、監査等委員会設置会社に移行しようとする会社が会計監査人設置会社でない場合は、定款変更案の内容として会計監査人を置く旨を規定するとともに、会計監査人の選任を行う必要がある。

記載例：株主総会参考書類（監査等委員会設置会社への移行時）

議案及び参考事項 第1号議案　定款一部変更の件 1.　提案の理由

---

12)　小林公明『会社法による役員報酬・賞与・慰労金の実務Q&A』（税務研究会出版局、2013）565頁・777頁参照。なお、指名委員会等設置会社導入時の議論としては、橋本英男＝木村敢二「委員会等設置会社の実務〔上〕」商事法務1682号（2003）52頁参照。

(1)　当社は、複数の社外取締役を含む監査等委員である取締役を置くことで、取締役会の監督機能を強化し、コーポレート・ガバナンスの一層の充実を図るため、監査役会設置会社から監査等委員会設置会社へ移行いたしたいと存じます。これに伴い、監査等委員会設置会社への移行に必要な監査等委員及び監査等委員会に関する規定の新設並びに監査役及び監査役会に関する規定の削除等の変更を行うものであります。

(2)　取締役として適切な人材を確保し、期待される役割を十分に発揮することができるよう、取締役会の決議によって法令の定める範囲内で取締役の責任を免除することができる旨の規定を新設するものであります。なお、本定款変更については、各監査役の同意を得ております。[注1]

(3)　上記各変更に伴い、条数等の変更を行うものであります。

　本議案における定款変更については、本総会の終結の時をもって効力が発生するものとします[注2]。

2.　変更の内容

　変更の内容は次のとおりであります[注3]。

（下線を付した部分は変更箇所を示します。）

現行定款	変更案
＜省略＞	＜省略＞

第2号議案　取締役（監査等委員である取締役を除く。）○名選任の件

　当社は、第1号議案の定款一部変更の件が承認可決された場合、監査等委員会設置会社へ移行いたします。これに伴い、取締役全員（○名）は本総会の終結の時をもって任期満了となりますので、取締役（監査等委員である取締役を除く。以下、本議案において同じ。）○名の選任をお願いいたしたいと存じます。

　本議案は、第1号議案「定款一部変更の件」における定款変更の効力の発生を条件として、効力が発生するものとします[注4]。

　取締役候補者は、次のとおりであります。

候補者番号	氏　名 （生年月日）	略歴、地位及び担当並びに重要な兼職の状況	所有する当社の株式数
1			
		＜中略＞	
5			

（注）1. 各候補者と当社との間には特別の利害関係はありません。
2. ○○○○氏は、社外取締役候補者であります。
3. ○○○○氏は、グローバルに事業を展開する製薬会社の代表取締役社長としての豊富な経験を有していることから、かかる経験に基づく当社経営に対する適切な監査・監督を期待して^(注5)、社外取締役候補者とするものであります。
4. 当社は、○○○○氏が取締役に選任された場合、当社は同氏との間で、会社法第427条第1項の規定に基づき、同法第425条第1項に定める最低責任限度額を限度として同法第423条第1項の損害賠償責任を限定する契約を締結する予定であります。
5. 当社は、会社法第430条の3第1項に規定する役員等賠償責任保険契約を保険会社との間で締結しております。当該保険契約では、被保険者が会社の役員等の地位に基づき行った行為（不作為を含みます。）に起因して損害賠償請求がなされたことにより、被保険者が被る損害賠償金や訴訟費用等が填補されることとなり、被保険者の全ての保険料を当社が全額負担しております。各候補者（新任候補者を除きます。）は、当社の取締役として当該保険契約の被保険者に含まれており、本議案が原案どおり承認可決され、各候補者が当社の取締役に就任した場合、全ての候補者が当該保険契約の被保険者に含められることとなります。なお、当社は、当該保険契約を任期途中に同様の内容で更新することを予定しております^(注6)。
6. 当社は、本総会において○○○○氏の選任が承認され社外取締役として就任した場合、同氏を東京証券取引所の定めに基づく独立役員として指定する予定であります。

第3号議案　監査等委員である取締役○名選任の件

　当社は、第1号議案の定款一部変更の件が承認可決された場合、監査等委員会設置会社へ移行いたします。つきましては、監査等委員である取締役○名の選任をお願いいたしたいと存じます。

　［なお、本議案につきましては、監査役会の同意を得ております。］^(注7)

　本議案は、第1号議案「定款一部変更の件」における定款変更の効力の発生を条件として、効力が発生するものとします^(注4)。

　監査等委員である取締役の候補者は、次のとおりであります。

候補者番号	氏　名 （生年月日）	略歴、地位及び担当並びに重要な兼職の状況^(注8)	所有する当社の株式数
1			
		＜中略＞	
3			

（注）1. 各候補者と当社との間には特別の利害関係はありません。
2. △△△△及び□□□□の両氏は、社外取締役候補者であります。
3. △△△△氏は、長年大手都市銀行の経営に関与し、金融実務に関する豊富な経験を有していることから、かかる経験に基づく当社経営に対する適切な監査・監督を期待して^(注5)、社外取締役候補者とするものであります。なお、△△△△氏は、現在、当社の社外取締役でありますが、社外取締役

としての在任期間は、本総会終結の時をもって〇年であります。
4.　□□□□氏につきましては、長年にわたり、公認会計士としての豊富な経験を有していることから、かかる経験に基づく適切な監査・監督を期待して^(注5)、社外取締役候補者とするものであります。同氏は、過去に社外取締役又は社外監査役となること以外の方法で会社経営に関与した経験はありませんが、上記の理由により、社外取締役としての職務を適切に遂行して頂けるものと判断しております。なお、□□□□氏は、現在、当社の社外監査役でありますが、社外監査役としての在任期間^(注9)は、本株主総会の終結の時をもって1年となります。
5.　当社は、〇〇〇〇、△△△△及び□□□□の各氏との間で、会社法第427条第1項の規定に基づき、同法第425条第1項に定める最低責任限度額を限度として同法第423条第1項の損害賠償責任を限定する契約を締結しており、各氏が監査等委員である取締役に選任された場合、当社は△△△△氏との間で、上記責任限定契約を継続し、〇〇〇〇及び□□□□の各氏との間で、上記責任限定契約と同内容の契約を締結する予定であります。
6.　当社は、会社法第430条の3第1項に規定する役員等賠償責任保険契約を保険会社との間で締結しております。当該保険契約では、被保険者が会社の役員等の地位に基づき行った行為（不作為を含みます。）に起因して損害賠償請求がなされたことにより、被保険者が被る損害賠償金や訴訟費用等が塡補されることとなり、被保険者の全ての保険料を当社が全額負担しております。各候補者は当社の取締役又は監査役として被保険者に含まれており、本議案が原案どおり承認可決され、各候補者が当社の取締役に就任した場合、各候補者はいずれも当該保険契約の被保険者に含められることとなります。なお、当社は、当該保険契約を任期途中に同様の内容で更新することを予定しております^(注6)。
7.　当社は、△△△△及び□□□□の両氏を、東京証券取引所の定めに基づく独立役員として指定し、同取引所に届け出ておりますが、本総会において両氏の選任が承認され社外取締役として就任した場合、引き続き、両氏を独立役員として指定する予定であります。

第4号議案　補欠の監査等委員である取締役1名選任の件
　当社は、第1号議案の定款一部変更の件が承認可決された場合、監査等委員会設置会社へ移行いたします。つきましては、監査等委員である取締役が法令に定める員数を欠くことになる場合に備え、あらかじめ補欠の監査等委員である取締役1名の選任をお願いするものであります。
　［なお、本議案につきましては、監査役会の同意を得ております。］^(注7)
　本議案は、第1号議案「定款一部変更の件」における定款変更の効力の発生を条件として、効力が発生するものとします^(注4)。
　補欠の監査等委員である取締役の候補者は、次のとおりであります。

氏　名 （生年月日）	略歴、地位及び担当並びに 重要な兼職の状況	所有する当社の株式数

(注)　1.　候補者と当社との間には特別の利害関係はありません。
　　　2.　▽▽▽▽氏は、補欠の社外取締役候補者であります。

3.　▽▽▽▽氏は、長年大手都市銀行の経営に関与し、金融実務に関する豊富な経験を有していることから、かかる経験に基づく当社経営に対する適切な監査・監督を期待して、補欠の社外取締役候補者とするものであります。
4.　当社は、▽▽▽▽氏が監査等委員である取締役に就任した場合には、同氏との間で、会社法第427条第1項の規定に基づき、同法第425条第1項に定める最低責任限度額を限度として同法第423条第1項の損害賠償責任を限定する契約を締結する予定であります。
5.　当社は、会社法第430条の3第1項に規定する役員等賠償責任保険契約を保険会社との間で締結しております。当該保険契約では、被保険者が会社の役員等の地位に基づき行った行為（不作為を含みます。）に起因して損害賠償請求がなされたことにより、被保険者が被る損害賠償金や訴訟費用等が塡補されることとなり、被保険者の全ての保険料を当社が全額負担しております。本議案が原案どおり承認可決され、▽▽▽▽氏が当社の取締役に就任した場合、同氏は当該保険契約の被保険者に含められることとなります^{（注6）}。
6.　当社は、▽▽▽▽氏が監査等委員である取締役に就任した場合、同氏を、東京証券取引所の定めに基づく独立役員として指定し、同取引所に届け出る予定であります。

第5号議案　取締役（監査等委員である取締役を除く。）の報酬等の額決定の件^{（注10）}

　当社の取締役の報酬等の額は、○年○月○日開催の第○回（期）定時株主総会において年額○○○円以内（うち社外取締役○○○円以内）とご承認いただき今日に至っておりますが、当社は、第1号議案の定款一部変更の件が承認可決された場合、監査等委員会設置会社へ移行いたします。つきましては、会社法第361条第1項及び第2項の定めに従い、現在の取締役の報酬枠を廃止し、経済情勢等諸般の事情を勘案して、取締役（監査等委員である取締役を除く。）の報酬等の額を「年額○○○円以内（うち社外取締役○○○円以内）」と定めることとさせていただきたいと存じます。

　なお、取締役（監査等委員である取締役を除く。）の報酬額には、使用人兼務取締役の使用人分給与は含まないものといたしたいと存じます。

　現在の取締役は○名（うち社外取締役○名）でありますが、第1号議案及び第2号議案が原案どおり承認可決されますと、取締役（監査等委員である取締役を除く。）は○名（うち社外取締役○名）となります。^{（注11）}

　本議案は、第1号議案「定款一部変更の件」における定款変更の効力の発生を条件として、効力が発生するものとします^{（注4）}。

第6号議案　監査等委員である取締役の報酬等の額決定の件^{（注10）}

　当社は、第1号議案の定款一部変更の件が承認可決された場合、監査等委員会設置会社へ移行いたします。つきましては、会社法第361条第1項及び第2項の定めに従い、経済情勢等諸般の事情を勘案して、監査等委員である取締役の報酬等の額を「年額○○○円以内」と定めることとさせて

いただきたいと存じます。

　第1号議案及び第3号議案が原案どおり承認可決されますと、監査等委員である取締役は○名となります。^(注11)

　本議案は、第1号議案「定款一部変更の件」における定款変更の効力の発生を条件として、効力が発生するものとします^(注4)。

第7号議案　退任取締役及び退任監査役に対し退職慰労金贈呈の件

　取締役○○○○氏及び監査役○○○○氏は、第1号議案の定款一部変更の件が承認可決された場合、本総会の終結の時をもって任期満了により退任されますので、在任中の労に報いるため、当社所定の基準に従い、相当額の範囲内において退職慰労金を贈呈いたしたいと存じます。具体的金額、贈呈の時期、方法等は退任取締役については取締役会に、退任監査役については監査等委員である取締役の協議にそれぞれご一任いただきたいと存じます。^(注12)

　本議案は、第1号議案「定款一部変更の件」における定款変更の効力の発生を条件として、効力が発生するものとします^(注4)。

　退任取締役及び退任取締役の略歴は、次のとおりであります。

＜以下略＞

(注1)　監査等委員会設置会社に移行することについて監査役（会）の同意は不要であるが、監査等委員以外の取締役の取締役会決議による責任減免の規定の新設又は責任限定契約の規定の新設・変更の議案の株主総会への提出には、各監査役の同意が必要である（法426条2項、427条3項、425条3項）。本記載例においては、監査等委員会設置会社への移行の定款変更に合わせて、取締役の取締役会決議による責任減免の規定の新設を行うことを前提に、当該定款変更については各監査役の同意を得ていることを記載する例である。

(注2)　監査等委員会を置く旨の定款変更をした場合、取締役及び監査役の任期は当該定款の変更の効力が生じた時に満了する（法332条7項1号、336条4項2号）。上記記載例では、総会終結時をもって取締役及び監査役が退任することとするよう、定款変更議案の効力発生時期を総会終結時としている。

(注3)　定款変更案の内容は、本 **Q43** の前記記載例を参照されたい。

(注4)　定款変更議案の効力発生時期（＝監査等委員会設置会社への移行時期）は総会終結時であり（注2参照）、この時点で、関連議案の効力も同時に生じることを明確にするため、議案の効力発生時期は総会終結時であることを記載している。

(注5)　令和元年改正会社法の下で、監査等委員以外の取締役と監査等委員である取締役のいずれについても、社外取締役の選任議案に関する株主総会参考書類の記載事項として、社外取締役候補者が「選任された場合に果たすことが期待される役割の概要」が新設された（施行規則74条4項3号、74条の3第4項3号）。なお、監査役は独任制の機関であり、担当という概念になじまないため、社外監査役候補者の選任議案についても、株主総会参考書類において「期待される役割」の記載は求められない。

(注6)　令和元年改正会社法の下で、監査等委員以外の取締役と監査等委員である取締役のいずれについても、候補者を被保険者として役員等賠償責任保険契約（D&O保険）を締結しているとき又は締結する予定があるときは、

　　　その役員等賠償責任保険契約の内容の概要を記載することが求められる
　　　（施行規則 74 条 1 項 6 号、74 条の 3 第 1 項 8 号）。

(注 7)　法的に必須ではなく任意の対応であるが、監査等委員会設置会社に移行す
　　　る旨を決議する株主総会において、監査等委員である取締役の選任議案の
　　　提出について、監査等委員会の同意の代替として、監査役会の同意を得た
　　　場合、監査役会の同意について株主総会参考書類に記載することが考えら
　　　れる。補欠の監査等委員である取締役の選任議案についても同様である。

(注 8)　監査等委員会は、独任制の機関である監査役と異なり、会議体として組織
　　　的な監査を行うため、その構成員である監査等委員には「担当」があり得
　　　ることから、監査役の場合と異なり、当該株式会社における「担当」が監
　　　査等委員である取締役の選任議案に関する株主総会参考書類の記載事項と
　　　されている（施行規則 74 条の 3 第 2 項 3 号、平成 27 年省令パブコメ結果
　　　17 頁）。

(注 9)　監査等委員である取締役選任議案の株主総会参考書類について定める施行
　　　規則 74 条の 3 第 4 項 7 号は、当該候補者が現任の社外取締役又は監査等委
　　　員である取締役であるときに、その在任期間の記載を求めているが、移行
　　　時においては、これに準じて、監査役としての在任期間を記載することが
　　　望ましいと思われる。

(注 10)　株主総会において、監査等委員である取締役の報酬等とそれ以外の取締役
　　　の報酬等とを区別して定める必要があり（法 361 条 2 項）、実務上これらを
　　　それぞれ別議案とする場合が多い。

(注 11)　監査等委員以外の取締役の報酬等に関する議案の株主総会参考書類の記載
　　　事項としては、社外取締役に関するものは社外取締役以外の取締役と区別
　　　して記載しなければならないとされているが（施行規則 82 条 3 項）、監査
　　　等委員である取締役の報酬等に関する議案の株主総会参考書類の記載事項
　　　としては、かかる区別は求められていない（施行規則 82 条の 2 参照）。

(注 12)　監査等委員会設置会社に移行する旨を決議する株主総会において、退任監
　　　査役の退職慰労金贈呈議案を上程する場合、株主総会終了後は監査役は存
　　　在しないため、具体的金額の一任先は、監査等委員である取締役の協議（法
　　　361 条 3 項参照）とすることが考えられる。

Q44 監査等委員会設置会社への移行直後の取締役会

Q 監査等委員会設置会社への移行直後の取締役会においては、どのような事項を決議する必要がありますか。

A 監査等委員会設置会社への移行の定款変更の効力が生じた後、取締役会において、代表取締役の選定その他の取締役の改選時に必要な決議を行うとともに、内部統制システムの基本方針の変更など、監査等委員会設置会社に移行したことに伴う一定の決議事項の決議が必要となります。

●解説

　監査等委員会設置会社への移行の定款変更の効力が生じた直後の取締役会においては、従前の取締役が全員任期満了により退任し（法 332 条 7 項 1 号）、改めて取締役が選任されたことに伴う代表取締役の選定その他の各種議案の決議が必要となる（下記①〜④参照）。また、これに加えて、監査等委員会設置会社に移行したことに伴う、一定の決議事項の決定が必要となる（下記⑤〜⑩参照）。

　　付議することが考えられる議案

①　代表取締役の選定・役付取締役の選定
②　株主総会・取締役会の招集権者及び議長の順序の決定
③　退任取締役に対する退職慰労金支給の件
④　責任限定契約の締結
⑤　監査等委員以外の取締役の報酬等の額の決定
⑥　経営の基本方針
⑦　内部統制システムの基本方針
⑧　取締役の個人別の報酬等の内容についての決定に関する方針
⑨　取締役会規程その他の社内規程の改定
⑩　重要な業務執行の決定の委任
⑪　その他（任意の委員会の設置など）

1　監査等委員以外の取締役の報酬等の額の決定

監査等委員以外の取締役の報酬等の具体的配分は、株主総会で決議した報酬総額の上限額の範囲内で、取締役会の決定に委ねられる。なお、当該取締役会において代表取締役に具体的配分を一任することも可能である（**Q11** 参照）。

2　経営の基本方針の決定

監査等委員会設置会社においては、取締役会において、経営の基本方針の決定をしなければならない（法 399 条の 13 第 1 項 1 号イ・2 項）。経営の基本方針とは、中期経営計画等がこれに該当する（**Q32** 参照）。

この点、指名委員会等設置会社においては、同様に取締役会の専決事項として「経営の基本方針」（法 416 条 1 項 1 号イ参照）が挙げられているが、監査役設置会社については明文の規定はない。もっとも、これは監査役設置会社において取締役会の決議が不要であるという趣旨ではなく、その重要性からは取締役会決議が求められるべきものと考えられる[1]。実際、実務上も、多くの監査役設置会社において、中期経営計画等は取締役会の決議事項にされている[2]。

そして、監査等委員会設置会社への移行後の取締役会においては、移行前の取締役会において経営の基本方針を取締役会で決議済みであり、その内容について特段変更を要しない場合は、改めてこれを決議し直す必要はない[3]。取締役会において経営の基本方針の決議が行われていないか、監査等委員会設置会社への移行に伴いその変更を行う場合に、移行後の取締役会において経営の基本方針を決議することになる。

3　内部統制システムの基本方針の改定

監査等委員会設置会社においては、大会社であるか否かにかかわらず、

1) 川濱昇「取締役会の監督機能」森本滋＝川濱昇＝前田雅弘編『企業の健全性確保と取締役の責任』（有斐閣、1997）45 頁。
2) 澤口実＝太子堂厚子「取締役会規則における付議基準の見直し──社外取締役の選任、会社法改正その他近時のコーポレート・ガバナンスの動向を踏まえて」資料版商事法務 362 号（2014）12 頁。
3) 塚本英巨「監査等委員会設置会社における重要な業務執行の決定の委任先等」商事法務 2108 号（2016）114 頁。

取締役会において、内部統制システムの基本方針の決定をしなければならない（法399条の13第1項1号ロ・ハ）。

　監査等委員会設置会社への移行後の取締役会においては、監査役会設置会社として決議した内部統制システムの基本方針を、監査等委員会設置会社における内部統制システムの基本方針の内容（施行規則110条の4第1項・2項）に即して、改定することになる（Q33参照）。

4　取締役会規程の改定

　監査等委員会設置会社への移行に伴い、取締役会規程に以下のような改定を行うことが考えられるため、監査等委員会設置会社への移行後の取締役会において、取締役会規程の改定を決議することが考えられる。

　監査等委員会設置会社への移行に伴い、変更が考えられる定めは、以下のとおりである。なお、監査等委員会設置会社における取締役会規程のサンプルはQ38を参照されたい。

1　監査役に関する規定の削除等

　取締役会規程において監査役に関する規定がある場合は削除し、監査等委員に置き換えるのが適切な規定があれば、置き換えることが必要である。

2　取締役会の招集権者

　監査役は、法382条に規定する場合（取締役が不正の行為をし、もしくはその行為をするおそれがあると認めるとき、又は法令もしくは定款に違反する事実もしくは著しく不当な事実があると認めるとき）において、必要があると認めるときは、取締役（取締役会の招集権者の定めがある場合は、当該取締役）に対し、取締役会の招集を請求することができ、当該請求があってから一定期間内に取締役会の招集通知が発せられない場合に限り、自ら取締役会を招集することができる（法383条2項・3項）。

　これに対し、監査等委員会設置会社においては、監査等委員会が選定する監査等委員は、取締役会の招集権者の定めがある場合であっても、いつでも取締役会を自ら招集することができる（法399条の14）。したがって、取締役会規程において、監査等委員会が選定する監査等委員に、取締役会の直接招集の権利があることを明記することが考えられる。

記載例：取締役会の招集権者に関する規定の改定例

旧	新
（招集権者） 第○条　取締役会は、取締役社長が招集する。取締役社長に事故あるときは、取締役会の決議をもってあらかじめ定めた順序により、他の取締役が招集する。 （新設）	（招集権者） 第○条　取締役会は、取締役社長が招集する。取締役社長に事故あるときは、取締役会の決議をもってあらかじめ定めた順序により、他の取締役が招集する。 ②　<u>前項にかかわらず、監査等委員会が選定した監査等委員は、取締役会を招集することができる。</u>
（招集請求） 第○条　招集権者でない取締役は、招集権者である取締役に対し、会議の目的事項を示して、取締役会の招集を請求することができる。 ②　<u>監査役は、会社法382条に規定する場合において必要があるときは、招集権者である取締役に対し、取締役会の招集を請求することができる。</u>	（招集請求） 第○条　招集権者でない取締役は、招集権者である取締役に対し、会議の目的事項を示して、取締役会の招集を請求することができる。 （削除）

3　決議事項の範囲（重要な業務執行の決定の委任）

　監査等委員会設置会社においては、取締役の過半数が社外取締役である場合又は定款の定めがある場合、重要な業務執行の決定を取締役に委任することができる（Q34）。

　したがって、かかる委任を行う場合、取締役会規程の別表等とされている取締役会付議基準等の改定により、委任の範囲を決議することが考えられる（Q34参照）。また、あわせて、決裁権限規程・権限分配規程等において、重要な業務執行の具体的な委任先（特定の取締役や、取締役によって構成される経営会議など）を決定することが考えられる。

　なお、取締役会における、重要な業務執行の決定の委任の決議の方法としては、取締役会決議事項について定めた取締役会規程の別表等である取締役会付議基準や職務分掌規程の改訂として上程する場合と、「取締役に業務執行の決定を委任する事項の決定の件」といった議題名で上程する場合の、いずれも存在する。

4　利益相反取引の監査等委員会による事前承認

　監査等委員会設置会社においては、監査等委員以外の取締役との利益相反取引（法356条1項2号・3号の取引）について、監査等委員会の事前の承認があったときは、取締役の任務懈怠の推定（法423条3項）が生じないとされている（Q27）。そこで、利益相反取引については、事前に監査等委員会に重要事項を開示してその承認を経る旨の規定を新設することが考えられる。

記載例：利益相反取引の監査等委員会による事前承認に関する規定例

旧	新
（決議事項） 第○条　取締役会は、別表に掲げる事項につき、決議する。 （新設）	（決議事項） 第○条　取締役会は、別表に掲げる事項につき、決議する。 ② <u>取締役（監査等委員である取締役を除く。以下本項において同じ。）が利益相反取引をしようとする場合、当該取締役は、あらかじめ、取締役会決議のほか、監査等委員会の承認を受けるものとする。</u>

5　その他社内規程の改正

　このほか、社内規程全般について、監査役（会）の記載を監査等委員（会）に変更する等の改定を要するため、全規程を見直す必要がある。

6　責任限定契約の締結

　株式会社は、取締役（業務執行取締役等であるものを除く。）[4]の責任に関して、定款の定めに基づき、会社と非業務執行取締役とが契約を締結することにより、その責任限度額をあらかじめ定めることができる（法427条1項）。

---

4)　平成26年改正会社法による改正前の会社法においては、社外性の有無を基準として、社外取締役・社外監査役のみが責任限定契約を締結することができたが、平成26年改正会社法においては、業務執行をしているか否かを基準として、非業務執行取締役・すべての監査役が責任限定契約を締結することができることとされている。

　かかる定款規定を設けている会社においては、対象となる非業務執行取締役との間で責任限定契約を締結することが考えられる。なお、責任限定契約の締結手続については、利益相反取引（直接取引）に該当するものとして、取締役会決議により承認するのが通常である[5]。

　非業務執行取締役との責任限定契約の記載例は、以下のとおりである。

記載例：非業務執行取締役との責任限定契約

責任限定契約書

　株式会社○○○○（以下、「甲」という）と甲の取締役である○○○○（以下、「乙」という）は、会社法第 427 条第 1 項に基づき、乙の甲に対する損害賠償責任の限定について、次のとおり契約（以下、「本契約」という）を締結する。

第 1 条（責任の限定）

　乙は、本契約締結後、乙が甲の取締役としての任務を怠り甲に損害を加えた場合において、乙がその職務を行うにつき善意でかつ重大な過失がなかったときは、金○円または会社法第 425 条第 1 項に定める最低責任限度額のいずれか高い額を限度として、甲に対し損害賠償責任を負担するものとし、その金額を超える部分については、甲は乙を当然に免責するものとする。

第 2 条（本契約の有効期間）

1. 乙が甲の取締役（業務執行取締役等であるものを除き、以下「非業務執行取締役」という）に該当しなくなったときは、本契約はその時から将来に向かって効力を失うものとする。

2. 前項にかかわらず、乙が甲の非業務執行取締役を退任し、退任と同時に甲の非業務執行取締役に再任された場合は、再任後についても本契約はその効力を有するものとし、その後も同様とする。ただし、再任後新たに甲と乙との間で乙の責任を限定する旨の契約を締結する場合は、この限りではない。

第 3 条（失効後の効力）

　前条により、本契約が失効した場合であっても、失効前に行われた乙が甲の非業務執行取締役在任中の行為については、本契約は効力を有する。

5）澤口実『Ｑ＆Ａ取締役会運営の実務』商事法務（商事法務、2010）79 頁

第4条（新株予約権の取扱い）

　乙は、本契約により第1条に定める限度額を超える部分について損害賠償責任を負わないとされた場合において、その後、甲の新株予約権（特に有利な条件又は特に有利な払込金額で引き受けたものに限る）を行使し又は譲渡しようとするときは、事前に甲に通知して必要な会社法上の手続を経るものとし、乙が当該新株予約権を表示する新株予約権証券を所持するときは、遅滞なくこれを甲に預託するものとする。

第5条（開示）

　甲は、法令の規定により必要があるときは、本契約の存在及び内容を第三者に開示することができる。

第6条（法改正）

　本契約締結後、本契約の内容に関係する一切の法令又は規則等に改正等があった場合は、本契約の規定は、その改正法等が許す限り、改正後の法令又は規則等に従って読み替え、これを適用する。

第7条（準拠法）

　本契約は、日本法に準拠し、それに従い解釈される。

第8条（裁判管轄）

　本契約に関して紛争が生じたときは、○○地方裁判所をもって第一審の専属的合意管轄裁判所とする。

7　任意の委員会の設置

　任意の委員会（指名委員会、報酬委員会、経営諮問委員会など）の設置は、コーポレート・ガバナンスに関する基本方針に関わるものとして、取締役会で決定することになると考えられる[6]。監査等委員会設置会社への移行に伴い監査等委員会以外の任意の委員会を設置する場合（Q8参照）、かかる委員会を設置する旨、委員の選定、委員会に関する内部規程（目的、組織、運営等を含む。）等の承認を行うことが考えられる。

6）澤口＝太子堂・前掲注2）11頁。

Q45 監査等委員会設置会社への移行直後の監査等委員会

Q 監査等委員会設置会社への移行直後の監査等委員会においては、どのような事項を決議する必要がありますか。

A 監査等委員会設置会社への移行の定款変更の効力が生じると、新たな機関として監査等委員会が置かれるため、監査等委員会を開催し、委員長の決定、報酬決定、監査等委員会規程・監査等委員会監査等基準の決定、監査方針・監査計画等の決定を行うこととなります。

●解説

　監査等委員（会）としての職務は、株主総会において選任されてから直ちに発生する。したがって、監査等委員会設置会社への移行を決定した株主総会後に最初に開催される監査等委員会においては、今後の活動のための各種決議を行うこととなる。

付議することが考えられる議案

① 委員長・議長の選定
② 常勤の監査等委員の選定（常勤者を置く場合）
③ 監査等委員である取締役の報酬等の額の決定（361条3項。監査等委員である取締役の協議＝全員一致）
④ 監査等委員会の監査に関する規程等の決定
　・監査等委員会規程の制定
　・監査等委員会監査等基準の制定
　・内部統制システムに係る監査等委員会監査の実施基準の制定
⑤ 監査方針・監査計画・年間の活動計画（委員会の開催日時・回数等）の決定
⑥ 業務調査権・子会社調査権（法399条の3第1項・2項）、会社と取締役間の訴訟における会社の代表（法399条の7第1項2号・3項・4項）など監査等委員会が選定する監査等委員に権限が与えられる事項についての、当該権限を行使する「選定監査等委員」の選定
⑦ 事業報告・計算関係書類の受領等を行う「特定監査等委員」の選定

　具体的には、委員長・議長となる監査等委員を選定した上、監査等委員である取締役の報酬等の額、監査等委員会規程その他の規程等の制定、及び、年間を通じた監査方針・計画等を決定するのが通常である。

　このうち、上記③の監査等委員である取締役の報酬については、株主総会で決議された報酬総額の上限額の範囲内での具体的配分の決定は、監査等委員である取締役の協議（全員一致の決定を意味する。）によるため（Q11 参照）、当該報酬の決定も行うことになる。なお、監査等委員の全員一致により特定の監査等委員にその決定を一任することは可能である。

　なお、監査等委員会への移行に伴い退任した監査役の退職慰労金について、その金額の決定が、監査等委員である取締役の協議又は監査等委員会の決議に一任されている場合（Q43 4 参照）、監査等委員会においてかかる決定を行うことになる。

　また、上記⑥の監査等委員会が選定する監査等委員に権限が与えられる事項について当該権限を行使する監査等委員（選定監査等委員）の選定については、権限行使のつど選定することもできるが、権限を特定の監査等委員に継続的に付与することもできるため（監査等委員の全員を選定することも可能である。Q20 参照）、継続的な行使が予定される権限については、最初の監査等委員会において選定しておくことが考えられる。

　監査等委員会規程の記載例は、Q30 を参照されたい。

Q46 監査等委員会設置会社への移行と開示対応

Q　監査等委員会設置会社への移行に際しての開示対応について教えてください。

A　監査等委員会設置会社への移行のための株主総会に先立ち、一般的に、①監査等委員会設置会社への移行の決定、②それに伴う定款の一部変更、③代表取締役の異動／役員人事について適時開示を行うことが多いです。また、移行後には、有価証券報告書やコーポレート・ガバナンス報告書において、監査等委員会設置会社を前提とした開示を行うことになります。

●解説

1　適時開示

　監査等委員会設置会社への移行に関して、①監査等委員会設置会社への移行の決定は「その他上場会社の運営、業務若しくは財産又は当該上場株券等に関する重要な事項」に当たり得るもの（あるいは任意の開示）として、②それに伴う定款の一部変更は「定款の変更」として、③代表取締役の異動を伴う場合には「代表者の異動」として、それぞれ東京証券取引所が定める適時開示事由に該当すると考えられる。したがって、会社がこれらの事項を決定した場合、直ちにその内容を開示する必要がある。

　なお、代表取締役の異動に限らず、任意に役員人事の適時開示を行っている上場会社は多いが、このような会社では、④役員人事の開示として、移行後の役員構成（監査等委員以外の取締役・監査等委員である取締役）について開示することになると考えられる。

　適時開示のタイミングについては、上記①②③を株主総会の議案決定のタイミングで同時に行う場合と、まず取締役会で監査等委員会設置会社への移行を決定して①の開示を行い、後日、議案決定のタイミングで

②③を開示する場合などがある。

　いずれにしても、監査等委員会設置会社への移行に当たっては、あらかじめ、「監査等委員会設置会社への移行及び役員人事に関するお知らせ」や「定款の一部変更に関するお知らせ」等の適時開示の内容についても、準備をしておく必要がある。

2　有価証券報告書、コーポレート・ガバナンス報告書への記載

　有価証券報告書においては、「コーポレート・ガバナンスの状況」として「提出会社の企業統治の体制（企業統治に関して提出会社が任意に設置する委員会その他これに類するものを含む。）の概要及び当該企業統治の体制を採用する理由」等の開示が求められる。したがって、定時株主総会において監査等委員会設置会社への移行を決定した場合、総会後に提出する有価証券報告書においては、監査等委員会設置会社としての企業統治の体制について記載することとなる。

　また、東京証券取引所のコーポレート・ガバナンス報告書においては、「現状のコーポレート・ガバナンス体制の概要」、「現状のコーポレート・ガバナンス体制を選択している理由」等の開示が求められる。当該内容について変更があればそのつど修正することとされており、株主総会において監査等委員会設置会社への移行を決定した場合、コーポレート・ガバナンス報告書の記載も変更する必要がある。

Q47 監査等委員会設置会社への移行と登記手続

Q 監査等委員会設置会社への移行に際しての登記手続について教えてください。

....

A 　監査等委員会設置会社に移行した場合、2週間以内に、監査等委員会設置会社である旨など監査等委員会設置会社に求められる登記事項のほか、機関設計の変更に伴う一定の変更登記の手続が必要となります。

●解説

　監査等委員会を置く旨の定款の変更の効力が生じた場合には、2週間以内に、本店の所在地において、監査等委員会設置会社に求められる登記事項（**Q50**参照）に関する変更の登記をしなければならない（法911条3項22号、915条1項）。

監査等委員会設置会社についての登記事項

① 監査等委員会設置会社である旨
② 監査等委員である取締役及びそれ以外の取締役の氏名
③ 取締役のうち社外取締役であるものについて、社外取締役である旨
④ 法399条の13第6項の定款の定め（取締役会の決議によって重要な業務執行の決定の全部又は一部を取締役に委任することができる旨の定款の定め）があるときは、その旨

　さらに、監査役の退任登記、取締役の退任・就任（重任）登記[1]、代表取締役の退任・就任（重任）登記が必要となるほか、変更前の機関設計など会社の状況に応じて、監査役（会）設置会社の定めの廃止の登記、取締役会設置会社の定め・会計監査人設置会社の定めの設定の登記、会計監査人の就任登記、取締役等の責任免除の定めや非業務執行取締役等の責任限定契約の定めの設定・変更の登記等を行う必要がある[2]。

1）監査等委員会設置会社への移行前の取締役が、退任と同時に監査等委員以外の取締役に就任した場合の登記原因は「重任」となる。一方、移行前の取締役が、退任と同時に監査等委員である取締役に就任した場合の登記原因は、「退任及び就任」となる（「会社法の一部を改正する法律等の施行に伴う商業・法人登記事務の取扱いについて（通達）」（平成27・2・6民商13号通達）参照）。なお、移行前の取締役が、退任と同時に監査等委員である取締役に就任した場合において商業登記規則61条5項の規定に基づく本人確認証明書の添付が必要であるかについては、同項にいう「再任」に該当するものとして、本人確認証明書の添付は不要とされている（登記研究808号（2015）148頁）。

2）商事法務・改正会社法の解説〔Ⅱ〕29頁。

Q48 指名委員会等設置会社から監査等委員会設置会社への移行手続

Q 指名委員会等設置会社から監査等委員会設置会社への移行手続について
教えてください。

A 指名委員会等設置会社から監査等委員会設置会社への移行手続は、
監査役会設置会社から監査等委員会設置会社への移行の場合と基本
的に同一ですが、移行前の株主総会の議案の決定手続等において、
指名委員会等設置会社であることによる一定の相違があります。

●解説

　指名委員会等設置会社から監査等委員会設置会社への移行手続につい
て、株主総会において決議するべき事項は、監査役会設置会社から監査
等委員会設置会社への移行の場合（Q43 参照）と同一である。
　また、監査等委員会設置会社への移行後の手続（Q44 ～ Q47 参照）は、
監査役会設置会社からの移行の場合と全く同一である。
　もっとも、移行前において指名委員会等設置会社であることから、以
下のとおり、株主総会の議案の決定手続等において、監査役会設置会社
からの移行の場合と一定の相違がある。

1　定款変更議案の決定

　監査等委員会設置会社への移行の定款変更議案の決定は取締役会で行
われるが、当該定款変更議案において、監査等委員以外の取締役の取締
役会決議による責任減免の規定の新設又は責任限定契約の規定の新設・
変更を行う場合、各監査委員の同意が必要である（法 426 条 2 項、427 条
3 項、425 条 3 項）。

2　取締役選任議案（監査等委員以外の取締役・監査等委員である取締役）の決定

　指名委員会等設置会社において、株主総会に提出する取締役選任議案

の議案の内容については、指名委員会が決定権限を有する（法 404 条 1 項）。

　従って、監査等委員会設置会社へ移行後の取締役選任議案（監査等委員以外の取締役・監査等委員である取締役）の決定は、取締役会決議ではなく、指名委員会が決定することとなる。監査等委員である取締役の選任議案についても、監査等委員である取締役も「取締役」である以上、その選任議案は指名委員会が決定することとなる。

　なお、監査等委員会設置会社においては、監査等委員である取締役の選任議案を提出するためには監査等委員会の同意が必要とされており（法 344 条の 2）、監査役会設置会社からの移行の場合、法的には任意であるが、実務上、監査等委員会の同意の代替として、監査役会の同意を得ている場合が多い（ Q43 参照）。もっとも、指名委員会等設置会社からの移行に際して、監査等委員である取締役の選任議案について、同様に監査委員会の同意を得るべきかについては、前記のとおり、当該議案を指名委員会が決定するのであれば、過半数が社外取締役である指名委員会（法 404 条 3 項参照）の関与を通じて、監査等委員である取締役の独立性は確保され得るため、重ねて監査委員会の同意を得る必要性は低いと考えられる[1][2]。

3　取締役の報酬等の議案（監査等委員以外の取締役・監査等委員である取締役）の決定

　指名委員会等設置会社においては、株主総会決議なくして、報酬委員会が取締役の個人別の報酬等を定めることとされている（法 404 条 3 項）。

　これに対し、監査等委員会設置会社においては、取締役の報酬等は、

1）　内田修平「実務問答会社法　第 1 回　機関設計の移行における各機関の同意等の手続」商事法務 2105 号（2016）16 頁。
2）　監査等委員会設置会社においては、監査等委員会に監査等委員以外の取締役の選任等についての株主総会における意見陳述権があるほか（法 342 条の 2 第 4 項。 Q25 参照）、監査等委員である各取締役に監査等委員である取締役の選任等についての株主総会における意見陳述権がある（法 342 条の 2 第 1 項。 Q9 参照）。そこで、監査等委員会設置会社への移行に際し、任意の対応として、これらの意見陳述権に係る監査等委員会が選定する監査等委員の意見又は各監査等委員の意見の代替として、監査委員会が選定する監査委員や各監査委員の意見陳述を認めることは可能であるが、指名委員会等設置会社においては、そもそも取締役の選任に関する株主総会における意見陳述の仕組みが存在せず、監査委員（会）には同等の権限はないことから、その必要性は低いと思われる（内田・前掲注 1）16 頁参照）。

監査等委員である取締役とそれ以外の取締役とを区別して、定款に定めない以上、株主総会の決議により定めなければならない（法361条1項・2項。Q11参照）。そこで、指名委員会等設置会社が監査等委員会設置会社に移行する際には、新たに、監査等委員である取締役とそれ以外の取締役の報酬上限額を定める株主総会決議が必要となる（Q43参照）。

　この際、監査等委員である取締役とそれ以外の取締役の報酬等の株主総会議案を、いかなる手続で決定するべきかが問題となる。この点については会社法上の明文規定はないところ、報酬委員会が決定権を有すると考える余地もないわけではない。もっとも、指名委員会等設置会社の報酬委員会の役割は、取締役の個人別の報酬等の決定であり、株主総会に付議する報酬上限額を定める議案の決定ではないため、報酬委員会に議案の決定権を付与することには疑問も残る。そこで、移行に際しての報酬議案の決定権は、原則どおり、取締役会に属すると解することが合理的と考えられる[3][4]。

3）内田・前掲注1）17頁。なお、同文献は、実務上は、報酬等の決定に対する社外取締役の関与を重視し、必要に応じて任意に報酬委員会の同意を得ておく（又は報告しておく）といった対応も考えられるとする。
4）監査等委員会設置会社においては、監査等委員会に監査等委員以外の取締役の報酬得等についての株主総会における意見陳述権があるほか（法361条6項。Q25参照）、監査等委員である各取締役に監査等委員である取締役の報酬等についての株主総会における意見陳述権がある（法361条5項。Q11参照）。そこで、監査等委員会設置会社への移行に際し、任意の対応として、これらの意見陳述権に係る監査等委員会が選定する監査等委員の意見又は各監査等委員の意見の代替として、監査委員会が選定する監査委員や各監査委員の意見陳述を認めることは可能であるが、指名委員会等設置会社においては、そもそも取締役の選任に関する株主総会における意見陳述の仕組みが存在せず、監査委員（会）には同等の権限はないことから、その必要性は低いと思われる。

第7章

その他

Q49　監査等委員会設置会社の設立

Q　監査等委員会設置会社の設立に際して、留意すべき点はありますか。

A　監査等委員会設置会社の設立の手続は、それ以外の機関設計の株式会社の設立の手続と基本的に同じです。

●解説

　監査等委員会設置会社の設立の手続は、それ以外の機関設計の株式会社の設立の手続と基本的に同じである。

　もっとも、監査等委員会設置会社に固有の点としては、①原始定款において、監査等委員会を置く旨の定款の定めが必要であること（法326条2項）、②設立時監査等委員（株式会社の設立に際して監査等委員となる者をいう。）である設立時取締役とそれ以外の設立時取締役とは区別して選任しなければならないこと（法38条2項、88条2項）、③設立時監査等委員である設立時取締役は、3人以上で、その過半数は、社外取締役でなければならないこと（法331条6項）、④発起設立の場合において、設立時監査等委員である設立時取締役を解任するときは、それ以外の設立時取締役の解任は発起人の議決権の過半数をもって決定する（法43条1項）のと異なり、発起人の議決権の3分の2以上に当たる多数をもって決定する必要があること[1]（同条かっこ書き）等である[2]。

---

1)　募集設立の場合には、設立時取締役の解任は、設立時監査等委員である設立時取締役とそれ以外の設立時取締役とを区別せず、いずれも創立総会において議決権を行使することができる設立時株主の議決権の過半数であって、出席した当該設立時株主の議決権の3分の2以上に当たる多数をもって行う創立総会の決議による必要がある（法91条、同法73条1項）。

2)　一問一答（平成26年改正）76頁。

Q50 監査等委員会設置会社の登記事項

Q 監査等委員会設置会社についての登記事項について教えてください。

A 監査等委員会設置会社においては、監査等委員会設置会社である旨など一定の事由が登記事項とされています。

●解説

監査等委員会設置会社においては、取締役会及び会計監査人を置く株式会社の登記事項に加えて、以下の事由が、登記事項とされている（法911条3項22号）。

監査等委員会設置会社についての登記事項

① 監査等委員会設置会社である旨
② 監査等委員である取締役及びそれ以外の取締役の氏名
③ 取締役のうち社外取締役であるものについて、社外取締役である旨
④ 法399条の13第6項の定款の定め（取締役会の決議によって重要な業務執行の決定の全部又は一部を取締役に委任することができる旨の定款の定め）があるときは、その旨

上記①③については、指名委員会等設置会社について、指名委員会等設置会社である旨及び取締役のうち社外取締役であるものについて、社外取締役である旨をそれぞれ登記することとしていることと同様である（法911条3項22号）。なお、登記を要する社外取締役は、監査等委員である取締役に限られず、監査等委員以外の社外取締役も登記を要する。

また、上記②については、監査等委員である取締役は、取締役と監査等委員との地位が不可分であるため、監査等委員である取締役以外の取締役と区別して氏名が登記されることになる。

上記④については、監査等委員会設置会社では、定款の定めがある場合は、取締役会の決議により、重要な業務執行の決定を大幅に取締役に委任することができることとしているところ（**Q34**参照）、当該定款の定めは登

記により公示すべきと考えられたことから、登記事項とされたものである。

事項索引

●著者紹介

太子堂厚子（たいしどう・あつこ）　※旧名：浜口厚子

森・濱田松本法律事務所パートナー弁護士
　1999年3月　東京大学法学部卒業
　2001年10月　弁護士登録

Q&A 監査等委員会設置会社の実務〔第2版〕

2016年4月30日　初　版第1刷発行
2021年9月1日　第2版第1刷発行
2024年6月30日　第2版第4刷発行

著　　　者　　太子堂　厚　子

発　行　者　　石　川　雅　規

発　行　所　　㈱商 事 法 務
　　　　　　　　〒103-0027 東京都中央区日本橋 3-6-2
　　　　　　　　TEL 03-6262-6756・FAX 03-6262-6804〔営業〕
　　　　　　　　TEL 03-6262-6769〔編集〕
　　　　　　　　https://www.shojihomu.co.jp/

落丁・乱丁本はお取り替えいたします。　　　　印刷／広研印刷㈱
© 2021 Atsuko Taishido　　　　　　　　　　Printed in Japan
　　　　　　　　　Shojihomu Co., Ltd.
ISBN978-4-7857-2895-3
＊定価はカバーに表示してあります。